다름과 만나기

이 저서는 2018년 대한민국 교육부와 한국연구재단의 지원을 받아 수행된 연구
임 (NRF-2018S1A6A3A03043497)

디아스포라의 흔적, 크리올화의 공간

다름과 만나기

로빈 코헨 · 올리비아 셰링엄 지음 최영석 옮김

애
ㄹ피

모빌리티인문학은 기차, 자동차, 비행기, 인터넷, 모바일 기기 등 모빌리티 테크놀로지의 발전에 따른 인간, 사물, 관계의 실재적·가상적 이동을 인간과 테크놀로지의 공-진화co-evolution라는 관점에서 사유하고, 모빌리티가 고도화됨에 따라 발생하는 현재와 미래의 문제들에 대한 해법을 인문학적 관점에서 제안함으로써 생명, 사유, 문화가 생동하는 인문-모빌리티 사회 형성에 기여하는 학문이다.

모빌리티는 기차, 자동차, 비행기, 인터넷, 모바일 기기 같은 모빌리티 테크놀로지에 기초한 사람, 사물, 정보의 이동과 이를 가능하게 하는 테크놀로지를 의미한다. 그리고 이에 수반하는 것으로서 공간(도시) 구성과 인구 배치의 변화, 노동과 자본의 변형, 권력 또는 통치성의 변용 등을 통칭하는 사회적 관계의 이동까지도 포함한다.

오늘날 모빌리티 테크놀로지는 인간, 사물, 관계의 이동에 시간적·공간적 제약을 거의 남겨두지 않을 정도로 발전해 왔다. 개별 국가와 지역을 연결하는 항공로와 무선 통신망의 구축은 사람, 물류, 데이터의 무제약적 이동 가능성을 증명하는 물질적 지표들이다. 특히 전 세계에 무료 인터넷을 보급하겠다는 구글Google의 프로젝트 룬Project Loon이 현실화되고 우주 유영과 화성 식민지 건설이 본격화될 경우 모빌리티는 지구라는 행성의 경계까지도 초월하게 될 것이다. 이 점에서 오늘날은 모빌리티 테크놀로지가 인간의 삶을 위한 단순한 조건이나 수단이 아닌 인간의 또 다른 본성이 된 시대, 즉 고-모빌리티high-mobilities 시대라고 말할 수 있다. 말하자면, 인간과 테크놀로지의 상호보완적·상호구성적 공-진화가 고도화된 시대인 것이다.

고-모빌리티 시대를 사유하기 위해서는 우선 과거 '영토'와 '정주' 중심 사유의 극복이 필요하다. 지난 시기 글로컬화, 탈중심화, 혼종화, 탈영토화, 액체화에 대한 주장은 글로벌과 로컬, 중심과 주변, 동질성과 이질성, 질서와 혼돈 같은 이분법에 기초한 영토주의 또는 정주주의 패러다임을 극복하려는 중요한 시도였다. 하지만 그 역시 모빌리티 테크놀로지의 의의를 적극적으로 사유하지 못했다는 점에서, 그와 동시에 모빌리티 테크놀로지를 단순한 수단으로 간주했다는 점에서 고-모빌리티 시대를 사유하는 데 한계를 지니고 있었다. 말하자면, 글로컬화, 탈중심화, 혼종화, 탈영토화, 액체화를 추동하는 실재적·물질적 행위자agency로서의 모빌리티 테크놀로지를 인문학적 사유의 대상으로서 충분히 고려하지 못했던 것이다. 게다가 첨단 웨어러블 기기에 의한 인간의 능력 향상과 인간과 기계의 경계 소멸을 추구하는 포스트-휴먼 프로젝트, 또한 사물 인터넷과 사이버 물리 시스템 같은 첨단 모빌리티 테크놀로지에 기초한 스마트 도시 건설은 오늘날 모빌리티 테크놀로지를 인간과 사회, 심지어는 자연의 본질적 요소로 만들고 있다. 이를 사유하기 위해서는 인문학 패러다임의 근본적 전환이 필요하다.

그러므로 모빌리티인문학은 '모빌리티' 개념으로 '영토'와 '정주'를 대체하는 동시에 인간과 모빌리티 테크놀로지의 공-진화라는 관점에서 미래세계를 설계하기 위한 사유 패러다임을 정립한다.

차례

일러두기

- 대문자로 시작하는 '크리올Creole(s)'은 이 표현으로 규정되거나 이에 기대어 자기동일성을 얻는 개인이나 집단을 의미한다.
- 흔한 용례는 아니지만 크리올creole은 '크리올 언어'나 '크리올 음식'처럼 형용사로도 사용된다.
- 카보베르데에서 가장 널리 쓰이는 언어는 'Krioulu'이며, 마르티니크에서는 'Kréyol'이다. 시에라리온에서는 'Krio'를 가장 많이 쓰고, 모리셔스의 대다수 주민들은 'Kreol'로 말한다.
- 본문의 〔 〕는 옮긴이 설명이다.

스튜어트 홀Stuart Hall은 자메이카 출신으로 2014년에 사망한 영국의 사회 참여 지식인이다. 날카로운 통찰력으로 널리 존경받았던 그는 21세기에 가장 중요한 문제를 말해 달라는 요청에 이렇게 말했다.

서로 다른 문화 · 배경 · 종교를 가지고 아주 다른 역사를 경험한 사람들이 같은 장소에서 함께 살아가기 위해 직접 뭉치거나, 동일한 상징 세계를 가진 까닭에 디지털 기기로 소통하면서 제 정체성을 찾은 이 사람들이, 서로 잡아먹는 부족들로 퇴행하거나 다른 사람들도 자신들과 똑같이 보이고 행동하고 생각해야 한다고 고집하지 않으면서 일상적인 삶을 함께 살아 나갈 방법이 있을까?*

이 책은 스튜어트 홀의 질문에 대한 대답이다. 물론 다른 민족, 국적, 종교 사이의 수많은 갈등 사례를 늘어놓는 것은 너무 쉽다. 뉴스를 훑어 보면 민족배타성, 소수언어 교육, 종교의 정통성, 영토분리

---

* Stuart Hall, 'Living with difference: Stuart Hall in conversation with Bill Schwarz', *Soundings: A Journal of Politics and Culture*, 37, 2007, pp. 150-1.

주의 등을 내세우는 과격한 주장들이 비일비재하다. 발칸반도의 코소보와 세르비아, 르완다의 후투족과 투치족, 레바논의 기독교인과 무슬림, 중동의 유대인과 팔레스타인인, 스리랑카의 타밀족과 싱할라족, 북아일랜드의 개신교계와 가톨릭계, 시리아의 알라위파와 시아파 및 수니파, 우크라이나 동부의 러시아계와 우크라이나인 등이 벌인 분쟁들이 당장 떠오른다. 민족·종교 갈등의 여러 형태들이 중요한 문제이긴 하지만, 우리는 여기에 초점을 맞추지 않을 것이다. 대신에 이 책은 다양한 유산을 물려받은 사람들이 언제, 어디서, 어떻게 만나고 융합하는지, 그리고 더 긍정적인 이 결과를 이해하는 것이 인류의 미래를 위해 왜 중요한지에 집중한다.

우리는 여러 가지 전략을 상호 보완적으로 추구하기로 했다. 새로운 사회적 정체성은 접촉이 형성되는 시기(초기의 고정관념들이 나타날 때)에 발생하고, 관계가 심화될수록 변화하며 다양한 측면을 드러낸다. 사회적 행위자들은 과거에서 놓아 버릴 수 없는 것, 현재의 상황과 맥락에서 흡수할 필요가 있거나 받아들이고 싶어하는 것들을 이 복잡한 만남에 끌어들인다. 우리는 세 가지 개념, 즉 사회적 정체성 형성social identity formation, 디아스포라diaspora, 크리올화creolization를 발전시키고 다듬는 방향으로 나아가야 했다. 1장은 이 세 가지 개념을 자세하게 다룬다.

문화적 차이의 출발이 무엇이었는지는 역사적으로 확실하게 설명하기 어렵다. 어떤 종교들이 말하듯이, 다름은 신의 의지가 낳은 결과일까? 신의 권능과 지식을 탐한 인류의 오만방자함을 징벌한 것일까?(바벨탑 이야기는 이 내러티브를 잘 담고 있다) 다윈에게서 비롯된 추론에 따르자면, 다름은 유전적 변이, 이주, 그리고 새로운 환경에 대한 각기 다른 적응의 결과로 나타난 것일까? 다름은 어쩔 수 없는 것일까? 다르게 생기고 말하고 행동하는 자들이 처음 마주쳤을 때 느끼는 불신이나 두려움이 낳은 본능적 공포의 일종이라서? 2장에서는 서로 낯선 종족들 간의 초기 접촉을 상세히 살펴보고, 문화적 경계가 어떻게 상상, 구성, 위반되는지를 밝힌다.

'시대'와 '장소'를 보완하면 개념상으로나 역사적으로 이 문제를 더 깊이 파고들 수 있다. 이방인들 간의 초기 접촉은 기본적으로 교역과 탐사가 이끌었고, 이후 열대지방 물자 생산, 산업 생산 증대, 그리고 지금의 금융과 서비스의 세계화로 이어졌다. 3장에서 논하듯이, 이 변화를 정치경제학적으로 선명하게 보여 주는 특별한 접촉 지역(섬, 플랜테이션, 항구 그리고 '초다양성super-diversity 도시*')들은 새로운 사회, 공동의 사회적 관행, 새로운 정체성이 출현하는 주요 장소, 다시 말해 크리올화된 공간을 낳는다.

그 다음 장들에서는 문화의 접촉과 융합에 대한 실증적 설명과 비교 분석을 서술했다. 실제 현장조사 결과를 바탕으로, 디아스포라적 조건이 어떻게 무르익고, 때로는 배아 수준에 머무를지라도 새로운 사회적 정체성이 어떤 식으로 출현하는지를 보여 주려고 했다. 4

---

* [역주] 초다양성은 사회학자 스티븐 버토벡이 2007년에 제시한 개념으로, 국제 이주의 증가로 예전의 다양성 개념으로는 포착하기 어려운 고도로 복잡한 다양성이 등장한 상황을 가리킨다. 3장 '초다양성 도시' 참고.

장에서는 언어와 음악이, 그리고 다음으로는 카니발 축제(5장)와 전통의 구성과 재구성(6장)이 새로운 정체성과 과거의 정체성, 디아스포라와 크리올화 사이의 복잡한 상호작용을 촉발시키는 방식에 초점을 맞췄다. 7장에서는 정체성 갈등의 표출을 재현, 문화이론, 정치적 충성의 관점에서 살펴보았다.

사람들이 다름을 인정하고 살아가는 방법을 익힐 수 있을까? 스튜어트 홀의 혜안이 보여 주듯이, 이는 우리 시대의 가장 도전적인 과제 중 하나임이 틀림없다. 책의 마무리인 8장에는 이 문제에 대한 우리의 생각을 담았다.

감사의 말

카보베르데·모리셔스·루이지애나·과들루프의 연구 참여자
와 친구들인 마리아 칸디다 콘살베스, 비자야 틸록, 린지 콜렌, 람
씨구빈, 로비 스티븐, 캐서린 스티븐, 아르노 카푸란, C. 르 카르티
에, J. F. 라플뢰르, 로즈벨 보스웰, 로란 메디아, 쉴라 리치몬드, 메
리 게만, 수잔 달러, 피터 그레고리, 모니크 부이에, 테렌스 모슬리,
메리 베르네, 캐시 햄브릭-잭슨, 데이빗 I. 베리스, 미셸 S. 마틴, 줄
리앙 메리옹, 로즈-리 라키 등에게 감사드린다(로빈 코헨).

마르티니크의 리처드 앤 샐리 프라이스, 도미니크 아우렐리아, 파
울로 아타네스, 파트리시아 도나티엔, 파스칼 라바네르, 게리 레탕,
질 알렉상드르, 로베르트 베르당, 로저 드 자함, 파트리크 샤무아조,
크리스티안 에마뉘엘, 수쟨 로랑, 바르바라 콜롱베, 마르티니크와
과들루프에서 많은 도움을 준 제라르 델베, 프레드 레노, 레나 블로,
로즈-리 라키, 에마뉘엘 이베네, 알리쟈, 캐롤, 니콜 드 쉬몽, 줄리앙
메리옹, 베르나르 핍스, 카보베르데의 조시나 프레이타스, 주앙 포
르테스, 마누엘 리마 포르데스, 탕블라 알메이다, 마르가리다 마르
틴, 모아키르 로드리게스, 셀레스트 포르테스, 마누 카브랄, 키키 리
마, 호르헤 마르틴 등 마르티니크·과들루프·카보베르데의 연구
참여자들과 친구들에게 감사를 표한다(올리비아 세링엄).

올리비아 셰링엄은 마르티니크와 카보베르데에서 프랑스어와 포르투갈어로 인터뷰를 진행하고 내용을 번역했다. 모리셔스와 루이지애나의 인터뷰는 로빈 코헨이 담당했다. 주석의 길이를 적절하게 조정하기 위해 본문에서 출처는 간단히 인터뷰라고 칭하고 필요한 경우 인터뷰 대상자의 이름을 밝혔다.

엠마 클라인펠터와 제임스 캐텔, 레오 케텔에게(올리비아 셰링엄) 그리고 셀레나 몰테노 코헨과 제이슨 코헨, 《The Creolization Reader》(2010)의 공동편집자인 파올라 토니나토에게도(로빈 코헨) 개인적으로 감사를 전한다.

우리는 이 연구를 지원해 준 레버흄 재단(Grant number F/08/000/H)과 옥스포드 디아스포라 프로그램(http://www.migration.ox.ac.uk/odp/)에 감사한다. 조이 포크, 클레어 플레처, 제니 피블, 샐리 킹스브로는 이 연구의 행정 업무 및 편집을 맡아 주었다. 동료인 조쉬 드 윈드, 카치크 퇴뢰리얀, 스티븐 버토벡, 이안 골딘, 니콜라스 반 히어, 페기 레빗, 요르겐 칼링, 랠프 그릴로, 드니 콩스탕 마르탕, 에드가 피에터스 등은 비평과 조력을 아끼지 않았다. 원고를 꼼꼼하게 검토해 준 토마스 휠란 에릭센은 특히 큰 도움을 주었다. 7장 중 일부는 2016년 2월 《Ethnic and Racial Studies》에 실린 글과 동일한 내용임을 밝혀 둔다.

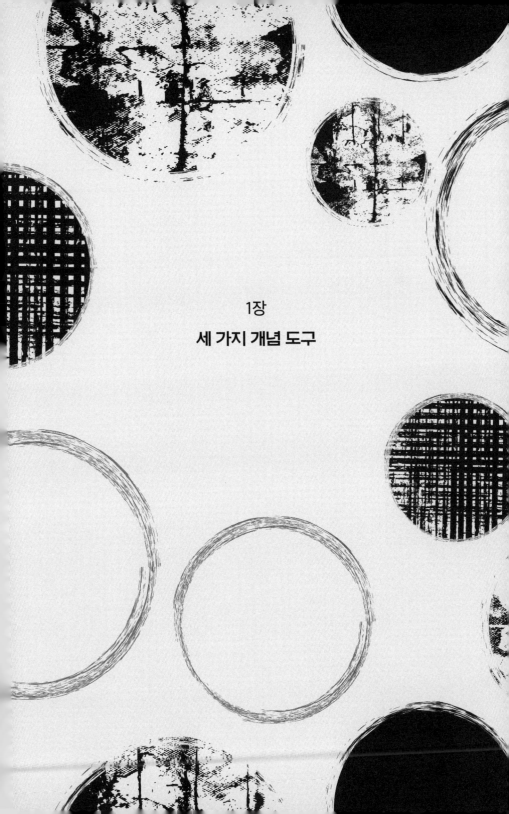

1장

세 가지 개념 도구

'사회적 정체성'은 디아스포라, 크리올화와 함께 이 책의 세 가지 주요 개념 중 하나다. 비교적 최근에 주류 사회과학으로 진입한 개념이지만 이제는 어디에나 등장하는 것처럼 보인다. 사회적 정체성을 형성하고 방어하려는 강력한 욕구는, 세계화가 촉진한 연결 확대와 온갖 종류의 이주(강제/반강제/자의, 여성/남성, 여러 민족/종교/국적)가 보여 주는 거대한 규모와 다양성에 대한 반작용일지도 모른다.

이민자·난민·정착민들의 정체성 구축은 세계시민적인 자세를 취하게 할 가능성을 품고 있기도 하지만 민족성, 국민주의, 종교적 지침을 주장하거나 다시 언명하게 만들기도 한다. 사회적 정체성들이 겉으로 드러나면서 서로 차이를 크게 벌리고 모순된 궤적을 그리는 시기는 언제일까? 반대로 교차하거나 융합하는 때는 언제일까?

사회적 정체성과 달리 디아스포라와 크리올화는 오래전부터 사용된 말이다. 디아스포라는 고대 그리스인들이 발전시키고 유대인들이 당대의 요구에 맞춰 다듬고 적용한 개념이다. 관습적으로 이 말은 추방과 상실의 역사, 흩어진 집단 구성원들끼리의 연대의식을 가리키기 위해 사용되었다. 따라서 디아스포라는 고국을 세우거나 재건하려는 결연한 노력은 물론이고 같은 기원과 고향을 공유한다는 신화의 발달과도 관계가 깊다. 이 용어가 일반화되려면 우선 유대인(다음은 아르메니아인과 아프리카인)에게만 적용되던 제한을 넘어서고 희생양이라는 은유에 갇히지 않아야 했다. 주로 민족성을 내세우는 여러 집단들이 스스로를 디아스포라라고 칭하면서, 또 많은 사회과학자들이 이 개념을 고전적 의미에서 해방시켜 폭넓게 활용하면서 디아스포라는 광범위하게 쓰이기 시작했다.[1]

정체성 형성 차원에서 디아스포라와 대조를 이루는 개념이 크리올화이다. 이 책의 세 번째 중심 개념인 크리올화는 상호작용하는 서로 다른 사회들 간의 이종교배를 뜻한다. 혼종성hybridity, 혼혈métissage(프랑스어)·mestizaje(스페인어)·mestiçagem(포르투칼어), 문화상호주의interculturalism, 다문화주의multiculturalism, 다문화multiculture, 복합문화pluriculture, 문화횡단transculturation, 문화 다원주의cultural pluralism, 혼합주의syncretism와 혼합mixity에 이르기까지 비슷한 말들이 너무 넘쳐난다고 볼 수도 있을텐데, 여기 적지 못한 말들도 몇 개 더 있다. 이 개념들의 어원과 역사를 모두 자세히 살펴볼 수 없어 우리의 작업과 비슷한 방향을 취하거나 이를 보완해 줄 수 있는 용어들을 간략하게 정리해 보았다.

• 혼종성Hybridity은 최근 주로 문화 연구와 문학에서 문화전통의 중첩이나 '제3의 문화'의 등장을 가리키기 위해 사용한 용어이다. 인종학이나 식물학의 역사를 살펴보면, 혼종성은 그리 유쾌하지 못한 의미였다. 자손을 퍼뜨릴 수 없는 개체의 생장력, 극단적으로는

퇴화를 의미했기 때문이다. 하지만 요즘은 대부분 훨씬 긍정적인 의미로 쓴다. 혼종성 개념이 어디에나 파고든 탓에 혼종적이지 않은 요소들은 '문화 담론에서 쫓겨나고, 침묵하고, 절멸했다'는 탄식도 있을 정도이다.[2]

- 혼합주의Syncretism는 원래 여러 신앙의 절충이나 선별 수용을 뜻하며, 사람들을 토론에 뛰어들게 만드는 사회적 상호작용의 장場이기도 하다. 찰스 스튜어트Charles Stewart는 혼합주의가 주로 종교 혼합을 의미했다면서 "사람들이 싫어할 만도 하지만 유익한 과거"라고 말한다. "이 과거가 받아들여질 수 있다면, 우리는 의식적으로 혼합주의를 재전유하는 위치에 있다"는 것이다.[3]

- 문화상호주의Interculturalism는 문화 융합을 의미하는 가장 새로운 용어라고 할 수 있다. 다문화주의multiculturalism가 암시하는 모종의 구분들을 뛰어넘는다는 큰 장점도 지녔다. 진보적인 교육이론가들에게 환영받으며 일부 집단에서만 쓰였지만, 최근 들어서는 국제기구들과 유엔에서 이를 채택하는 경우가 점점 늘어나고 있다. 영국에서 진행된 가치 있는 토론인 '공동체 결속community cohesion'[*] 논의에서도 중심 개념이었다.[4]

우리의 주장은 이 세 개념 모두에 기반하고 있지만, 가장 선호하

---

[*] [역주] 2000년대 초반, 빈발하는 폭동에 대처하고자 영국 정부가 채택한 개념 및 정책. 동화정책이나 다문화정책의 한계를 극복하기 위해 지역사회의 비전, 소속감, 다양성 존중, 결속력 등을 강조하였다.

는 것은 크리올화이다. 역사적 경험, (특히 언어학에서의) 학술적 사용, 대중적 실천 등과 단단하게 결합되어 있는 심층 개념이라고 보기 때문이다. 적어도 5세기가 넘는 기간 동안 크리올어가 존재했고, 크리올 민족이나 크리올화된 사회라고 스스로를 규정하는 이들이 있어 왔다.

이제 이 세 가지 핵심 용어를 어떻게 사용할 것인지 설명할 차례다.

사회적 정체성

사회적 정체성은 지난 30여 년 동안 엄청난 관심을 받았고, 인류학과 사회학의 지배적인 주제가 되었다. 역사적으로 볼 때 막스 베버, 칼 마르크스, 에밀 뒤르켐, 브로니스와프 말리노프스키 등 이 분야의 대가들 대부분이 사회적 정체성 개념을 도입하지 않고도 훌륭한 업적을 쌓았다는 사실이 놀라울 정도다. 이들은 인종·민족·공동체·계급 또는 종교 ('젠더'는 거의 고려하지 않았다)가 단단하게 고정된 사회적 범주라고 가정할 만큼 순진하진 않았지만, 몇몇 정체성들이 그렇게 유연한 면모를 보이리라고는 아무도 예견하지 못했다. 어쩌면 우리가 너무 편의적, 관습적으로 위의 이름들을 나열했을지도 모른다. 그 대신 게오르그 짐멜Georg Simmel, 조지 허버트 미드 George Herbert Mead, C. H. 쿨리Charles Horton Cooley 등 일찍부터 정체성에 관해 사유한 이들의 계보를 그려 볼 수도 있다. 특히 다수가 정해 놓은 기준에 따르지 않으려고 애쓰는 소수자들을 다룬 쿨리의 연구는 주목할 만하다. 리처드 젠킨스Richard Jenkins는 사회적 정체성을 설명하면서 이 또 다른 지적 기원을 논의하였는데, 그러나 "1990년대 들어 정체성이 모든 사회과학의 주제가 되었고 그 무게가 줄어들 것 같지는 않다"고 단언하여 패러다임 전환이 비교적 최근에 일어난 것으로 보았다.[5] 다음의 세 연구가 이 패러다임 전환을 대표한다.

① 에릭 에릭슨Erik Erikson은 정체성 연구의 초점을 자아와 성격이 일생 동안 어떻게 조절되는지를 다루는 전통적 심리학의 영역에서, 개인들이 수행하도록 요청받는 사회적 역할에 관한 논의로 옮겨 놓았다. 그가 내놓은 '정체성 위기identity crisis'[6] 개념은 이 역할 수행에 따르는 긴장이 존재하리라는 생각에서 비롯되었다. 여러 사회과학자들이 그의 연구가 갖는 사회학적 측면을 주목하고 확산시켰다.

② 후대에 큰 영향을 끼친 피터 L. 버거peter L. Berger와 토마스 루크만Thomas Luckmann의 연구는 일부 사회과학자들이 종교적 신조에 가깝게 여기는 사회구성주의social constructivism를 정설로 자리 잡게 했다.[*] 이들의 연구는 주어진 역사적 사실이나 물질적 실체, 나아가 집단 정체성의 범주까지 의문시하는 급진적 반反본질주의를 떠받쳐 주었다. 다시 말해 재현, 상상, 사회적 행위

---

[*] 사회구성주의는 현실이 객관성(자연적 · 물질적 세계의 인식) 또는 주관성(개인의 인식이 결정하는 세계)보다는 사회적 상호작용(또는 상호 주관성)으로 결정된다는 것을 의미한다. 사회 구성주의는 역사, 구조, 관습보다는 인간 행위와 자발성에 근거한 설명을 선호한다.

는 현실 그 자체를 구성, 파괴, 재구성할 수 있다는 것이다.[7]

③ 이런 급진적인 시도들과 비교해 보면, '국민은 상상의 공동체'라는 베네딕트 앤더슨Benedict Anderson의 유명한 선언은 상당히 온건한 주장이다.[8]

학술 분야에서의 사유 전환과 발맞춰 현실 세계에서도 변화가 일어났다. 정치적 동원의 중심축이 계급 정치에서 정체성 정치로 옮겨 간 것이다. 민족, 인종, 젠더, 종교 등에 기반한 수많은 공동체들이 막 수면 위로 부상하는 여러 다른 목소리들 사이에서 자신들만의 목표와 방향을 제시하였다.

사회적 정체성이 고정되어 있다는 생각을 뿌리째 뒤흔들어 놓는 지적 개입과 사회 변화가 일어났다. 사회적 세계는 순수성·동질성·영속성을 갖는 한정된 실체가 아니라, 유동적 정체성, 경계 형성/변형, 경계 지대, 흐릿함, 불확실성, 혼종성, 혼합의 세계가 되었다.[9] 유동성을 강조하는 이 새로운 경향은 점점 더 세계화되는 현실과 조응하는 바가 많았다. 접촉이 쉬워지면서 다른 문화를 맞닥뜨리는 일이 잦아졌고 충돌도 일어났다. 신자유주의적 세계 자본주의에 대한 저항은 옛날의 종교적 믿음과 새로운 사회운동 모두를 자극했다. 이방인들은 텔레비전 화면 속에만 존재하는 것이 아니라 지역사회에서 살아 있는 현실로 나타났다. 국제 이주민들의 다양성이 증가했기 때문이다. 급진적 사회구성론자들은 이 상황을 예견하고 설명할 수 있었다. 이데올로기, 시민권, 국민국가를 통해 다름을 통합하려고 한 모더니티는 모호하고 복잡한 포스트모더니티 세계에 자리를 내주어야 했다. 거대 서사가 아무것도 설명하지 못하는 시대가 온 것이다. 현실은 급진적 우연성으로 축소되었다.

2008년 9~10월 국제 금융체제가 붕괴 직진까지 가면서 상황이 역전되었다. 먼저 국민주의가 다시 표면화되었다. 러시아 · 남아프리카 · 그리스 · 이스라엘에서 역겨운 인종차별이 기승을 부렸고, 유럽 · 캐나다 · 오스트레일리아를 비롯한 여러 나라들이 시민권을 통한 통합이라는 근대화 프로젝트를 재가동했다. 낡은 보호무역주의와 반외국인 정서가 초국민 담론의 고요하고 유동적인 표면 아래에서 치솟아 올랐다. 냉소적인 정치인들이 앞장서면서 겁먹은 노동계급과 실업자들이 이 정서를 받아들이는 일이 잦았다. 일방주의와 군사력 우선주의 등 신보수주의자들의 엉터리 처방에 신물이 난 세계인들에게 새로운 희망으로 떠올랐던 집권 초기의 '오바마 현상'도, 실은 링컨을 환기하고 미국의 애국주의에 호소하며 또다른 '다수로 이루어진 하나'*를 재구성하려는 시도였다.

사회적 정체성의 다섯 형태

정체성은 때에 따라 강해지거나 약해져서 종잡기 어렵다. 그래도 세계화, 국제 이주, 급속한 사회 변화가 낳은 여러 어려움을 겪으면서 자기 개념이나 정체성의 궤적을 (재)정의하고자 하는 이들이 부

---

* E pluribus unum(다수에서 하나로)는 1776년 이래로 미국의 국가 슬로건으로 자리 잡았다.

딪힐 결과를 정리해 볼 수는 있다.[10] 사회적 정체성 형성의 주요 형태는 다섯 가지이다(그림 1.1. 참조).

- 씨족, 부족, 민족ethnicity, 지역 혹은 언어 집단과 같은 '하위국가적 실체'에 대해 느끼는(즉, 사회적으로 구성된) 원시적 충성심의 재확인.
- 소련 해체, 발칸반도 분열, 최근의 테러 사건들, 국제 금융 불안과 이주 사태에 대한 반발 등에서 잘 드러나는 '국민주의의 부활'.
- '디아스포라 정체성', 그리고 세계 종교(예컨대 움마〔보편적 성격을 갖는 이슬람 공동체〕, 국제적인 가톨릭 신앙)와 세계적 언어 집단(이를테면 프랑코포니)과 같은 국가횡단 정체성의 재등장.

그림 1.1 사회적 정체성의 다섯 형태

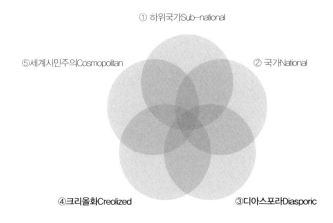

- '크리올화, 혼종화' 과정을 거쳐 다른 집단과 연결되거나 혼합.
- 모든 특수성을 뛰어넘어 인류의 특질, 즉 '세계시민주의적' 가능성을 강조하는 보편 정신으로의 발전.

그림 1.1은 위에서부터 시계 방향으로 가장 좁은 범주의 정체성부터 가장 넓은 범주의 정체성까지 배치한 것이다. 그림에서 보듯 정체성 형성의 경계는 배타적이지 않고 동시성, 중복성을 갖고 있다. 예를 들어 신앙은 하위국가적이면서 국가횡단적이기도 하다. 한편으로 이 그림은 사회적 정체성의 주요 형태들을 분리해 분석적으로 다루는 데 유용하다. 형성 과정을 강조하는 개념인 ③ 디아스포라와 ④크리올화로 넘어가기 전에 ①, ②, ⑤를 살펴보자.

하위국가 정체성

씨족, 부족, 민족ethnicity, 지역 집단, 언어 집단은 국민국가nation-state 체제를 크게 위협한다. 하위국가적인 움직임들의 예를 들어 보자. 소말리아에서 씨족은 국가 자체보다 더 큰 영향력을 가진다. 부족은 아마존, 아프리카, 인도 산악 지역 일부에서 여전히 중요한 사회 단위로 남아 있다. 부족을 에둘러 말하거나 그보다 포괄적인 의미를 담을 때 사용해 온 용어인 민족ethnicity은 세계 여러 곳에서 국민국가 체제를 뒤흔들었다. 마찬가지로, 국가 통제를 거부해 온 종교는 몰몬교·메노파Mennonites〔16세기 종교개혁기에 등장한 개신교 교단. 국가와 종교의 분리를 주장한다)·라스타파리Rastafari[*]처럼 국가 법률에서의 예외를 주장하거나, 교황을 직접 볼 수 있도록 제작한 교황 전용차를 타고 전 세계를 돌아다니며 교세 확장을 위해 노력한 요한 바오로 2세, 다시 주목받는 국제적인 이슬람 공동체 움마, 그리고 비슈바 힌두 회의the Vishwa Hindu Parishad[**]처럼 국경을 넘나들며 신자들을 확보하려고 노력했다. 지역주의는 지난 2~3백 년간 추진된 국가 중앙집권화 속에서도 살아남았다. 바스크, 체첸, 웨일스, 스코틀랜드, 브르타뉴, 카탈루냐 등 유럽만 놓고 봐도 그러하다. 마지막으로, 세계의 6대 주요 언어(북경어, 스페인어, 영어, 힌디/우르두어, 아랍어, 포르투갈어)가 세력을 넓히는 와중에도 더 작은 규모의 언어들이 여러 곳에서 끈질기게 버텨 왔다.

국민주의

모더니티는 다양성을 인정하지 않는 시각을 떠받쳐 왔다. 다문화주의(호주와 캐나다에서는 여전히 공식 담론이지만 다른 국가들에서는 논쟁에 휘말려 있거나 반대에 부딪히고 있다)는 이 시각이 확실히 약화되었다는 인식에 기반한다. 인종이 다르면 다른 곳에서 살아야 한

---

[*] [역주] 1930년대 자메이카에서 시작된 인권, 종교, 문화 운동. 에티오피아의 하일레 셀라시에 1세 황제를 재림 예수로 보고 아프리카계 사람들의 실질적, 정신적 해방을 지향했다.

[**] [역주] 인도의 힌두교 민족주의 단체. 전투적이고 극단적인 강경론을 내세워 각종 종교 분쟁 및 테러와 관련이 깊다.

다는 19세기식 주장은 이제 대부분의 나라에서 터무니없고 황당하게 들린다. 단일 언어, 하나의 체계를 갖춘 공적 법률과 규범, 공통의 국민교육제도, 시민의 의무로서의 군대, 배타적인 시민권과 국가주권 등 국민국가의 이상적 요소들은 현저하게 약화되었다.

그렇지만, 사회적 정체성의 영토적 표현으로 간략하게 규정할 수 있는 국민주의는 이를 경험하지 못한 세계 여러 나라 사람들에게 여전히 엄청난 매력을 풍긴다. 국민국가는 대략 2백 여 개 정도가 있다. '민족─문화 집단'은 4천 개 이상인데, 그 구성원들은 대개 여러 민족으로 구성된 사회를 받아들이지만 새로운 국민국가 창설을 요구하는 경우도 있다.[11] 그러나 이들의 요구가 모두 관철되기는 힘들고 따라서 인정을 받아 내기 위한 노력은 더 처절하게 전개될 것이다. 특히 국가 없는 국민stateless nation으로 불리는 쿠르드족과 팔레스타인인들의 투쟁은 멈출 기미가 없다. 쿠르드족은 현재 시리아와 이라크에서 벌어지고 있는 살육의 수혜자가 될지도 모른다. 19세기 이래로 제국의 해체는 국민국가를 창출했다. 오스만, 프랑스, 영국이 그랬고 소련도 마찬가지였다. 배타적 국민주의는 인종청소로 사회 통합을 확보하려는 잔인한 시도로 이어질 때가 많다. 인도와 이스라엘의 국가 수립은 대량의 난민을 발생시켰고, 그보다는 덜하지만 발트해, 발칸반도, 코카서스 및 유라시아의 다른 지역에서도 국민국가 등장이 난민 문제를 낳았다.

한 지역에서 오랫동안 살아온 사람들도 국민주의에 다시 사로잡힌다. 하위국가적으로는 분리 독립이나 자치 주장, 국가횡단적으로는 지역 통합의 속도, 경제나 문화의 세계화가 주는 위협, 이민이 국민국가의 성격을 흐릿하게 만든다는 인식 등이 위기감을 조성하기 때문이다. 프랑스, 이탈리아, 그리스, 네덜란드, 오스트리아, 영국에서 우파 정당이 약진하는 현상이 그 증거다. 그러나 국민주의의 확대는 새로 건국된 나라나 우파 정당에만 국한된 현상이 아니다. 남아프리카공화국은 세계에서 가장 진보적인 헌법을 자랑하지만, 외국인 혐오가 낳은 이주자와 난민에 대한 폭력이 불안정한 민주주의 체제들을 뒤흔들고 있다. 이탈리아의 실비오 베를루스코니나 러시아의 블라디미르 푸틴 같은 포퓰리스트들이 국민주의라는 위험한 폭탄을 교묘하게 이용하고 있다는 사실도 언급해 두겠다. 푸틴의 크림반도 병합이나 우크라이나 동부에서 진행 중인 분쟁은 민족적·국민적 단결을 공개적으로 호소하는 행위가 얼마나 위험한지를 잘 보여 준다.

세계시민주의

세계시민주의는 '한 인류'라는 이상을 내세워 다른 사회 범주들을 거부하거나 약화시키므로 가장 보편성을 갖는 사회적 정체성 형태다.* 고대 그리스 시기 아테네인들이 이방인에게 취한 개방적 태도로 거슬러 올라가는 오래된 개념이기도 하다. 페리클레스는 추도

---

* 인류에만 초점을 맞추는 '종 차별' 대신에 동물이나 생물권에게까지 도덕적 기준을 확대하자고 주장하는 철학자들도 많다(가이아 가설). 고려할 만한 가치는 있지만 이 책의 시야를 넘어서는 것이므로 여기서는 다루지 않는다.

연설에서 이렇게 개방성을 찬양했다. "우리는 세계를 향해 도시의 문을 엽니다. 적들이 우리의 관대함을 이용하더라도, 우리는 외부인들이 배우고 관찰할 기회를 뺏지 않습니다."[12] 스티븐 버토벡Steven Vertovec과 로빈 코헨Robin Cohen의 주장에 따르면 세계시민주의는 국민국가 모델을 뛰어넘고, 지역과 세계를 연결하며, 사회과학의 반본질주의 전환에 대응하고, 뒤엉킨 여러 소속과 정체성들을 대표하는 용어로 받아들여졌기 때문에 다시 주목받았다.[13]

언뜻 보기에 세계시민주의는 사회들의 혼합이 언제 어떤 식으로 이루어지는지를 다루려는 우리의 목적에 잘 들어맞는다. 이 개념을 중심으로 책을 전개할 생각도 있었으나 세 가지 이유로 그렇게 하지 않았다. 첫째, 세계시민주의는 지식인이나 정치권이 위에서 이끄는 국가 및 정치권 주도 프로젝트를 여전히 떠올리게 한다.** 반대로 우리는 확실한 아래로부터의 상향식 개념이 필요했다. 둘째, 세계시민주의는 휴머니즘의 우월성을 내세우는 규범적인 태도를 암시한다. 매혹적이지만 문제가 있다. 스튜어트 홀이 말했듯이 "다름을 감추거나 부인하는 태도는 '타자'를 지배하려는 모종의 권력 작용과 관련되어 있다."[14] 셋째, 보편성 없는 사회적 정체성도 놀랍도록 오래 유지된다. 시대와 장소에 맞게, 유전적인 이유로, 심리적·감정적·사회적으로 인간의 욕구에 답해 주기 때문일 것이다. 사회적 정체성은

** '일상의 세계시민주의everyday cosmopolitanism'라는 개념은 세계시민주의가 지닌 억압적 요소를 어느 정도 덜어 내려는 말이다.

합쳐지고 수렴하며 사라졌다가 나타나고 스러졌다가 다시 구성되며 후퇴했다가 우회하고 전진한다. 세계시민주의는 수면 아래에서 전개되는 사회적 정체성의 굴곡과 뒤틀림을 잡아내지 못한다. 이를 포착하려면 디아스포라와 크리올화 개념이 더 적합하다.

디아스포라

1990년대와 2000년대 사회적 정체성 연구의 특징은 초국민적·반본질주의적 전환이다. 수정된 디아스포라 개념은 여기에 적용되면서 큰 몫을 했다. 특히 오랫동안 완전하게 통합되지 않은 소수민족 집단과, 고국의 문화나 사회와 계속 관계를 맺고 싶어하거나 그렇게 해야만 하는 새로운 이민자들을 이해할 길을 마련해 주었다. 디아스포라 개념은 사람들의 이동이 잦아진 세계, 소속감과 소외감, 고향과 타지, 정치적 포용과 사회적 배제의 세계를 포착한다. 국제 이주와 민족 문제에 관한 연구들이 제각각 목소리를 높이고 있는 현 상황에서 이 개념에 보편성이 있는지는 논란거리이지만, '디아스포라'는 이제까지 해명이 어려웠던 현대 이주민들의 세계를 설명해 주는 핵심어가 되었다(표 1.1 참고).

디아스포라 개념은 사회과학의 틀을 넘어 문화, 문학, 탈식민 연구에 재빠르게 흡수되었다. 디아스포라가 진보적 문화정치의 요즘 흐름을 살펴보는 데 유용하다고 보는 차리안디David Chariandy의 주장이 좋은 예다. 우리가 아직도 "근대의 식민주의와 국민국가 건설이

표 1.1 디아스포라

정의	장점
디아스포라는 오랜 시간 동안 지속되어 왔고 다른 집단과 구분된다는 생각을 기반으로 하는 강한 민족 집단 의식을 보여 준다.	사회적 정체성 연구의 국가횡단적이고 반본질주의적인 전환을 반영한다.
디아스포라는 공통의 문화 종교적 유산을 내세우며 같은 운명에 처해 있다고 믿는다. 이 믿음은 여러 나라에 걸쳐 공유된다.	오랫동안 완전하게 통합되지 않은 소수민족 집단, 또 고국의 문화나 사회와 계속 관계를 맺고 싶어하거나 그렇게 해야만 하는 새로운 이민자들을 이해할 길을 마련해 준다.
디아스포라는 고국에서 여러 외국으로 흩어져 거주하는 특징을 갖는다. 그 과정은 트라우마로 남기도 한다.	사람들의 이동이 잦아진 세계, 소속감과 소외감, 고향과 타지, 정치적 포용과 사회적 배제의 세계를 포착한다.
그 밖에, 디아스포라는 일을 찾아 이주하면서 형성된다. 무역을 하거나 식민지에서 새 삶을 꾸리려는 목적 때문이다.	난민의 이탈과 이주를 들여다볼 수 있는 프리즘을 제공한다.

낳은 사회문화적 혼란을 설명하는 데 적합한 용어를 발견하려고 애쓰고 있다"고 보는 그는, 디아스포라에서 "역사적으로 제 권리를 빼앗겨 온 자들이 종속 상태에서 벗어날 전략을 발전시킬" 방법을 찾을 가능성을 읽어 낸다. 디아스포라 연구는 "민족, 인종, 무엇보다 국민이라는 속성이 딱딱하게 굳어 제 역할을 하지 못하는 상황에 도전하며 (…) 요즘 떠오른 비판적 방법론과 사회 정의를 위한 현재의 여러 운동들 사이를 새롭게 연결해 준다"는 것이다.[15]

　'디아스포라'는 지적·정치적으로 중요한 과업을 떠맡았다. 당연히, 한 개념에 너무 많은 것을 담으려고 하면 항상 말썽이 생기는 법이다. 이 개념의 유용성을 의심하거나 오용을 지적하는 시각[16]이 늘어나자, 이번엔 반대로 과도한 회의주의가 문제를 일으켰다. 우리는 디아스포라가 사회적 정체성이 구성되는 중요한 과정을 예리하게 들여다볼 수 있게 해 준다고 본다. 하나의 국민적 정체성 아래 불완전하게 포섭되면서도, 떠나온 고국 혹은 막연하게 떠올리는 '고향'에 계속 소속감을 느끼는 것이 이 과정의 특징이기 때문이다. 통합, 그리고 고향에 대한 애착이라는 양극 사이에는 국가를 뛰어넘는 수많은 행위들(고국으로의 송금, 가족 방문, 특정한 음식을 애호하는 것, '고향'의 스포츠 팀을 응원하는 일 등)이 존재하며, 이 '디아스포라의 흔적'들은 살아남아 번성한다.

크리올화

크리올화는 새롭고 신기한 것을 찾아 대충 만들어진 말이 아니라 깊은 역사적 울림을 가지고 있는 개념이다. 이것이 우리가 관련된 여러 개념들 중에서도 크리올화에 주목한 이유다. 'crioulo'라는 표현은 15세기 북대서양의 카보베르데 제도 산티아고섬에서 포르투갈과 아프리카 문화의 상호작용으로 탄생한 이후, 대서양을 건너 신대륙과 여러 다른 지역까지 퍼져 나갔다. 크리올화는 민족, 언어, 문화의 지속적 혼합을 가리킨다. 크리올화가 발생하면 사람들은 건너왔거나 물려받은 문화에서 몇몇 요소들을 선택하고 원래의 문화와는 다른 의미를 부여한 다음, 창조적으로 융합해 기존의 형식을 압도하는 완전히 새로운 변형을 선보인다(표 1.2 참고). 따라서 크리올화는 '지금 그리고 여기'의 감수성을 불러일으킨다. 오래된 뿌리를 갈아엎고, 정체성이 새롭게 탄생하는 장소에서 참신하고 창조적인 출발을 하기 때문이다. 이와 반대로 디아스포라 의식 속에서 과거는 정체성의 기준이 되는 매력적인 장소다.

크리올화는 다의성의 좋은 사례라고 할 수 있을 만큼 여러 이론에서 다양한 해석들을 낳았다. 여기에서는 이를 세 갈래로 나누어 살핀다.

① 크리올화를 제한적으로 사용해야 한다고 보는 입장이 있다. 트라우마, 소외, 억압 등 카리브해의 섬들과 플랜테이션에서 발생한 극단적 조건하의 문화 접촉으로 이해하는 것이다. 어떤 연구자들은 이를 크리올화의 표준 사례로 받아들이기도 한다. 스테판 팔미Stephan Palmié는 의미 제한을 가장 힘주어 강조하는 사람이다. 그에겐 언어학에서 유래한 이론을 다른 학문 분야로 확대 적용할 수 있다는 확신이 없다. "분석 언어에 막대한 혼란"을 초래할지 모른다는 우려다. 그는 크리올화 이론이 널리 받아들여지면 포스트모던의 앞잡이가 되어 아직 유효한 기존 인류학 이론을 공격할 것이라고 걱정한다.[17]

② 크리올화를 폭넓게 적용하는 입장에서는 과거 카보베르데의 선례는 물론이고 시에라리온·니카라과·가이아나·카보베르데·카리브해의 섬들과 카리브해 연안·레위니옹·모리셔스·세이셸·라이베리아·나이지리아 등 다양한 나라들에 크리올 사회가 존재한다고 본다. 브라질, 남아프리카, 미국도 인

구 중 상당수가 복합적인 성격을 띠고 있어서 크리올화의 잣대로 다시 연구된다. 한 걸음 더 들어가 다양하게 뒤섞인 현대 도시들에서 크리올화의 새로운 형태와 장소가 나타나고 있다는 의견도 등장했다. 스웨덴의 사회인류학자 울프 하네즈Ulf Hannerz 는 크리올화가 특정 국가나 조건에서만 나타난다는 생각을 뛰어넘어 우리는 모두 "크리올 세계"에 살고 있다는 도발적인 주장을 내놓았다.[18]

③ 크리올화 이론의 세 번째 갈래는 크리올화의 대안적 성격을 놓고 입장 차를 보인다. 한쪽은 아주 안정된 문화 종합, 혹은 '제3의 문화'를 이야기한다. 프랑스어권 카리브해에서 제기된 크리올리테créolité; creolenes*가 그 예다. 다른 한쪽은 크리올화가 계속 반복되는 혼란스러운 과정이라고 본다. 에두아르 글리상Édouard Glissant 같은 이론가들은 예전의 환경이나 요즘 새롭게 등장한 거대도시에서도 크리올화는 모호성, 불연속성, 다양성, 일시성으로 가득한 끝없는 지옥inferno이라고 주장한다.[19]

위에서 언급한 이론들을 존중하면서도, 이 책에서는 크리올화된 대중 문화(특히 음식, 축제, 음악과 춤), 혼합종교, 크리올 언어에 관한 논의에 집중한다. 수십 년간 연구되어 온 대상들이지만 사회학과

---

* [역주] 1980년대에 프랑스어권 카리브해에서 제기된 문학 운동, 이론. 네그리튀드 운동이 '흑인성'을 주요 가치로 내거는 것에 반발해 언어, 문화의 혼종이 특징인 크리올 자체의 가치를 앞세웠다. 7장 참고.

표 1.2 크리올화

정의	장점
크리올화가 발생하면, 사람들은 건너왔거나 물려받은 문화에서 몇몇 요소들을 선택해야만 하거나, 마음대로 선택한다.	중심이 아닌 주변부에서 나온 개념을 사회 이론의 중심에 자리하게 한다.
사회적 행위자들은 원래와는 다른 의미를 발전시키고, 기존의 형식을 압도하는, 여러 태도와 행위들이 뒤섞인 변형을 창조한다.	'혼종성' '혼혈' 등의 개념 저변에 자리한 불쾌한 생물학적 의미를 무효화시킨다.
크리올 사회, 문화, 언어는 지배 내부에 구조화되어 있다. 즉, 어떤 문화가 지배해도, 그로 인해 완전히 소멸되는 문화는 없다.	실제 역사의, 현재의, 변화하는 언어·사회·문화와 관련되어 있다.
저항 행위는 새로운 사상, 민속, 감수성을 낳는다.	언어와 민속의 변화에서 나타나는 창의성을 포착한다.

인류학의 성과, 문화정치학의 연구와 실천이 크리올화를 새롭게 조명해 준 덕분에 의미 있는 재해석이 가능해졌다. 흥미로운 것은, 디아스포라 개념을 중시하게 만든 힘이 크리올화 개념에도 정당성을 부여한다는 사실이다. 이동이 잦고 국가횡단적인 집단들의 사회적 행위는 비슷한 형태를 가질 때가 많다. 다양성과 국제적 이동성이 같은 색깔만을 강요했던 과거 지배 문화를 뒤흔들거나 전복하기 때문이다. 바로 이 점으로 인해 문화가 더 이상은 예전처럼 경계를 갖거나 자율적이지 않다는 관점, 그리고 복합적이고 불균형한 끊임없는 흐름이 예전부터 이어져 내려온 정체성을 새로운 방식으로 다시 형성하고 있다는 시각이 신빙성을 얻는다. 우리는 크리올화가 식민지 정착, 흑인 노동력 도입, 플랜테이션이나 섬 등의 기본 사실과 관

런이 있다는 것을 인정하지만, 비슷한 상호작용이 나타나는 또 다른 경로와 장소가 존재한다는 점을 통해 크리올화에 보편적 적용 가능성이 잠재한다고 주장한다.

결론

이 연구의 기본적인 틀은 "다른 유산을 지닌 채 같은 공간에 놓인 사람들이 어떻게 공동의 감수성을 만들어 내는가?"라는 질문에 대한 응답이다. 물론 다른 가능성이 없는 것은 아니다. 서로를 향한 끝없는 전쟁이 이어질 수도 있다. 증오, 대량학살, 인종주의, 외국인 혐오로 점철된 홉스식 악몽이 벌어지는 것이다. 서로를 무시할지도 모른다. 상호작용을 최소한으로 줄이고 공동의 공간도 최대한 만들지 않으며 평행 우주에 사는 것이다. 우리의 출발점을 분명하게 밝혀 두겠다. 모든 가능성을 고려하되, 사람들이 더 혁신적이고 긍정적인 방식으로 어떻게 상호작용할 수 있는지, 오래된 정체성과 집단 기억을 이용하면서 새로운 문화 형식과 새로운 정체성을 어떻게 창출할 수 있는지에 초점을 맞출 것이다.

집단 정체성 형성의 과정은 앞서 설명한 여러 결과와 궤적을 낳는다. 새로운 사회적 정체성과 실천이 나타나는 방식을 이해하기 위해, 우리는 사람들이 현재 있는 곳에서 마주친 다른 문화의 요소들을 포용하듯이 그들이 떠나온 곳에서 형성된 과거의 정체성을 조정하면서 상호작용하는 모습에 주목하였다. 결합된 정체성은 회복,

경험, 상상의 가능성 및 과정의 조합으로 등장하며, 이는 디아스포라와 크리올화라는 프리즘을 통해 유용하게 개념화될 수 있다. 결합된 정체성이 역사적으로 또 경험적으로 어떻게 형성되었는지는 책의 나머지 부분에 담겨 있다.

이 책에서 활용한 사례들은 광범위하다. 브라질·카리브해·서아프리카·유럽 및 남아프리카에서 장기간 머무르며 연구하였고, 카보베르데·모리셔스·마르티니크·루이지애나 등 네 곳에서는 전문적인 현장조사를 진행하여 디아스포라와 크리올화 사이의 미묘한 줄다리기가 의미심장하게 어긋나거나 수렴하는 모습을 포착하였다. 이 네 곳에서는 정식 출판되지 않은 자료들을 포함하여 영어·포르투갈어·프랑스어·지역 크리올어로 쓰인 여러 문헌자료들을 조사하고 방문, 인터뷰, 중요한 행사 참석과 대중문화 연구(춤, 축제, 음악, 예술, 종교, 전통 구축) 등으로도 보완하였다.

이어지는 2장에서 다름의 변화와 재현 문제를 살펴보고, 문화 상호 간의 소통이 어떻게 시작되었는지 알아보자.

2장

다름의 탐사
초기 상호작용

1장에서 '사회적 정체성', '디아스포라', '크리올화', 세 개념 도구들에 대해 알아보았다. 이 개념들을 적용하려면 2장에서 주로 다룰 문화 상호작용의 구성, 맥락, 역사를 우선 이해해야 한다. 원주민이 이방인과 관계 맺은 방식들을 살피다 보면 서로 모순되는 두 관점이 나타난다. 하나는 요즘 자주 입에 오르내리는 말인 헌팅턴의 '문명의 충돌'이 의미하듯, 인류가 근본적으로든 역사적으로든 다름에 휘둘려 왔다는 주장이다.[1] 반대로 인류 문화는 끓는 도가니 속에서 끝없이 뒤섞이는 것이라는 시각도 있다. 어느 하나를 선택하는 대신, 우리는 근대 초기에 나타난 다름의 구축을 추적해 볼 것이다. 근대 초기는 다양하고 복잡하며 대개 유럽 지식인들이 재현한 접촉으로 인해 큰 구분 기준들이 설정된 시기이다. 이 당시의 해외 탐험은 다름을 분명하게 하는 동시에 그 경계를 아주 흐릿하게 만들기도 했다. 실제로도 또 비유적으로도 그렇다. 한 장소에서 오랜 기간에 걸쳐 형성된 공동체에 속했던 세계 곳곳의 사람들 사이에서 일어난 상호작용은 때로는 명백하게, 때로는 암암리에 근대 초기의 언어적·사회적 관행을 만들어 냈다. 다름은 서로 이야기를 주고받는 다양한 배경을 가진 사람들이 늘어날수록 완화되기 마련이다. 따라서 우리는 새로운 언어(피진pidgin과 크리올)이 어떻게 나타났는지도 설명해 보려고 한다.

다름의 탄생

태초에는 문화적 차이라고 할 만한 것이 없었다. 인류는 아프리카의 공통 조상에서 유래했다고 알려져 있다. 최근의 유전학과 DNA 연구는 나미비아와 남아프리카공화국 접경 지대를 인류의 요람이라고 본다. '에덴동산'이라고도 불리는 이곳은 보기 드문 풍경을 자랑한다. 지금은 바위 틈에 사는 이끼류, 60여 종의 희귀한 풀, 극소 식물들만이 생존에 필요한 영양분을 찾으려고 애쓰는 황량하고 극적인 암석사막이지만, 10만 년 전 이곳에는 유전적으로 다양한 인구가 거주했을 것이다. 북쪽과 동쪽으로 사회집단들이 이주하면서 그 다양성은 약화되었다. 아마도 현재의 홍해 자리를 가로질러 이주한 150명 정도가 세계 인구 대부분을 이루게 되었을 것이다.[2]

우리 조상들은 이주하면서 다양한 기후와 지형을 겪었고 예전과 다른 생활방식에서 비롯된 새로운 위협을 맞닥뜨렸다. 새로운 대응방식이 필요했다. 음식을 모으고 쉴 곳을 마련하고 옷을 지어 입는 여러 방법이 등장했고 새로운 언어, 관습, 종교가 발전했다. 이주, 유전적 차이, 다양한 환경은 생물학적 표현형에서의 차이나 문화적 차이에 대한 과학적 이해의 기초를 마련한다. 다윈은《종의 기원》(1859)에서 이 문제를 자세히 다루지 않았다. "인류의 역사에 빛이 비춰질 것"이라는 희미한 언급이 전부였다. 그는 인류가 아프리카에서 진화했을 것이라고 추측하면서 인류는 한 종이라고 확신했지만, 인간들 간 다름의 기원에 대해서는 거의 언급하지 않았다. 높은 명성을 얻은 뒤 다윈은《인간의 유래》(1871)에서 이 문제로 돌아와, 짝짓기에서의 선호도 차이가 세계 각지 원주민 집단 사이의 눈에 띄는 차이를 설명한다고 주장했다. 놀랍게도 성적 매력이 자연선택보다 더 큰 원인일 수 있다고 본 것이다.[3]

성경을 문자 그대로 믿는 이들은 인간의 다양성과 문화 차이를 완전히 다르게 설명한다. 신이 그렇게 되라고 명했다는 것이다. 다음의 〈창세기〉 구절은 유대—기독교 전통에 속한 이들에게 아주 중요하다.

온 땅의 언어가 하나요, 말이 하나였더라. 이에 그들이 동방으로 옮기다가 시날 평지를 만나 거기 거류하며 서로 말하되, "자, 벽돌을 만들어 견고히 굽자." 하고 이에 벽돌로 돌을 대신하며 역청으로 진흙을 대신하고 또 말하되 "자, 성읍과 탑을 건설하여 그 탑 꼭대기를 하늘에 닿게 하여 우리 이름을 내고 온 지면에 흩어짐을 면하자." 하였더니 여호와께서 사람들이 건설하는 그 성읍과 탑을 보려고 내려오셨더라. 여호와께서 이르시되 "이 무리가 한 족속이요 언어도 하나이므로 이같이 시작하였으니, 이후로는 그 하고자 하는 일을 막을 수 없으리로다. 자, 우리가 내려가서 거기서 그들의 언어를 혼잡하게 하여 그들이 서로 알아듣지 못하게 하자." 하시고 여호와께서 거기서 그들을 온 지면에 흩으셨으므로 그들이 그 도시를 건설하기를 그쳤더라. 그러므로 그 이름을 바벨이라 하니 이는 여호와께서 거기서 온 땅의 언어를 혼잡하게 하셨음이니라. 여호와께서 거기서 그들을 온 지면에 흩으셨더라. ─ 〈창세기〉 11장 1~9절; 개역개정

하늘에 닿도록 쌓은 탑 이야기에는 역사적인 근거가 없지 않다. 기원전 2900년경 메소포타미아 유역에는 종교적 목적으로 지은 계단식 피라미드인 지구라트들이 건설되었다. 〈창세기〉에서 언급한 건축물이 바빌론 마르두크 대신전의 지구라트일 수도 있다. 그러나 성경에 나온 이야기는 역사가 아니라 도덕적 교훈이다. 인간이 원죄를 갖게 된 이유를 설명하는 에덴동산 추방 설화와 매우 유사하다. 신은 너무 많은 지식을 얻어 도약하려는 인간의 야심 혹은 욕망을 용납하지 않는다. 인간들의 시도는 신의 징벌로 귀결된다. 종교에서 말하는 바에 따르면, 신은 인간이 겸손과 복종을 배우도록 언어와 문화를 흩어 놓았다.

이슬람의 경우는 어떨까? 9세기 신학자인 알 타바리는 《예언자와 왕들의 역사》에서 비슷한 설명을 내놓는다. 님로드의 통치자가 바빌babil이라는 탑을 세우도록 명하자 마찬가지로 신이 분노해 인류 공통의 언어인 시리아어를 72개의 언어로 나눴다는 것이다.[4] 스코틀랜드 출신의 선구적인 사회인류학자 제임스 조지 프레이저는 《구약의 전승》에서, 하늘에 닿으려다가 비슷한 운명을 맞는 이야기가 아프리카, 멕시코, 미얀마의 카렌족, 인도 아삼 지역의 미키르족, 애드

미럴티 제도 등에서도 전해진다고 했다. 그는 탑이 등장하지는 않지만 언어가 서로 다른 이유를 설명하는 전설들도 정리했다. 제우스의 금지령에도 불구하고 헤르메스가 인간들에게 여러 언어를 가르쳐 주었다는 고대 그리스신화도 여기에 포함된다.[5]

비유로서의 바빌론

전설이나 신화로 치부할 법한 이 모든 이야기들은 가끔 순진해 보이기도 하지만 인류의 다양성을 설명하려는 시도가 널리 퍼져 있다는 것을 알려준다. 다름에 대한 설명들 대부분은 상호이해가 불가능한 언어 문제와, 바벨탑 이야기의 핵심인 인간들 사이의 불화를 강조한다. '바벨Babel'과 혼합·혼란이라는 뜻의 헤브루어 '바발babal'이 비슷한 어원을 갖는다는 사실도 이와 관련된다. 바벨탑은 고급문화와 대중문화를 가리지 않고 여기저기에서 등장한다. 안톤 루빈시테인의 오페라 〈바벨탑〉, M. C. 에셔, 아타나시우스 키르허, 귀스타브 도레, 그리고 피터르 브뤼헐의 바벨탑 그림(그림 2.1) 등을 예로 들 수 있다.

인간의 어리석음과 언어 혼란을 묘사할 때는 인간의 사악함도 암시하는 경우가 많다. 특히 대중예술에서 그렇다. 예를 들어 엘튼 존의 노래 〈바벨탑〉에서 바벨탑은 소돔과 고모라가 만나는 곳이다.[*6] 시리

---

* [역주] 엘튼 존의 1975년 앨범 'Captain Fantastic & The Brown Dirt Cowboy'에 실린 〈Tower

아 출신의 미국 조각가 다이아나 알 하디드Diana Al-Hadid는 현대의 해
석 방식을 따라, 바벨을 9·11 테러와 연결한다. 런던 사치미술관의
설명에 따르면, 알 하디드의 작품은 진보와 세계화를 의미하며 "바
벨탑 같은 전설에서든, 세계무역센터 테러와 같은 현실에서든… 문
화 차이와 갈등 문제의 상징이다."[7]시인 레너드 슈워츠Leonard Schwartz
도 〈새로운 바벨The new Babel〉에서 비슷한 결합을 시도했다. '그라운
드 제로'라는 단어를 바벨 이전의 유일한 언어로 상정하면 그 안에
포함된 언어의 다양성이 드러난다는 식으로 신화를 살짝 비튼 것이
특징이다.

바벨은 탑의 붕괴, 뒤이어 만들어진 언어의 거대한 혼란.
옹알이Babble는 언어의 시작, 언어이기 전에 아직 노래.
바벨은 땅ground이자 영zero이며, 중세 영어 그라운드와 아랍어 제피
　르zefir, 사이퍼cipher, 제로이니—바벨을 그라운드 제로라고 부르자.
바벨은 신에 대한 반항이며 심장에 자리한 오만, 아직 태어나지 않은
　태양을 향한 지구라트, 열망을 품은 입 안의 탑. 인간은 신들을 창
　조한다.
한때는 북쪽과 남쪽에 솟아 있던 남근들의 자리에, 이제는 불타오르
　는 균열이 입을 벌리고 변덕스러운 바람이 연기를 흩뿌린다.

Of Babel)의 가사에 소돔과 고모라가 언급된다. "… It's party time for the guys/In the tower
of Babel/Sodom meet Gomorrah/Cain meet Abel…."

연기 속에 시체들이 타오르고, 우리는 서로를 들이마신다. 그러니 바벨은 카불이다. 우리는 서로를 들이마신다.[8]

줄리언 템플Julian Temple의 박진감 넘치는 다큐멘터리 〈런던, 현대의 바빌론London: The Modern Bybylon〉(2012)은 현대의 논쟁거리를 바빌론에 비유한 또 다른 예이다. 이 영화는 빅토리아-에드워드 시대의 흑백사진들과 1980~90년대 비디오들을 이어 붙인 콜라주를 속사포처럼 쏘아 댄다. 어떤 평론가에 따르면,

템플 감독은 폭력과 폭도들에게 계속 초점을 맞춘다. 무질서를 그리워하게 하거나 낭만적으로 다루는 점은 감독이 책임져야 할 부분일 것이다. 이 영화를 보면서 나는 궁금해졌다. 주기적으로 일어나는 폭력 사태는 사람들이 한데 뭉쳤을 때 치러야 하는 피치 못할 대가일까? … 비슷한, 기묘하고 알 수 없는 역기능의 징후는 음악, 시와

---

*   〔역주〕원래 폭탄이 떨어진 자리를 의미하던 그라운드 제로Ground Zero는 9·11 테러 이후 파괴된 세계무역센터의 부지, 혹은 이 사건 자체를 가리키는 고유명사처럼 쓰인다. 슈워츠는 '그라운드 제로'라는 말을 바벨 이전 단일한 언어의 위상에 올려놓고, 그라운드와 제로의 어원을 암시해 이 말 안에서 여러 언어의 흔적을 찾는다. 다만 이 탐색은 바벨 이후 언어가 갈라져 나갔다는 전승과는 반대의 시간축을 향한다. 파멸 이후의 언어 안에 잠재해 있던 예전의 교류, 차이, 대립을 암시하는 방식이기 때문이다. 그라운드는 영국 중세어에서 유래하는 말이고, 제로는 '0'을 의미하는 아랍어 시푸르صفر가 어원이다. 이탈리아를 거치며 제피르zefir가 되었다가 현재의 제로가 되었다. 현대 영어에서 숫자, 암호 등의 의미인 사이퍼cipher도 같은 어원을 가지며, 프랑스를 거쳐 영어로 들어온 말이다. 슈워츠는 바벨탑 설화를 차용하고 비틀어 세계무역센터 파괴를 여러 언어, 문화, 역사적 갈등의 집결지이자 파국으로 비유한다. 마지막 행의 카불은 아프가니스탄의 수도이다. 9·11 테러 후 미국은 아프가니스탄을 침공하였다.

예술의 폭발이다.[9]

예를 하나 더 들면서 이 대목을 마무리하겠다. 줄리 베르투첼리 Julie Bertucelli 감독은 24개국에서 건너온 11~15세 어린이들이 다니는 파리 교외의 초등학교 교실을 다룬 다큐멘터리를 찍고, 당연하게도 '바벨의 학교La Cour de Babel'(2014)라는 제목을 붙였다.

칸트: 세계시민주의자의 한계

18세기 유럽 철학자들은 보편적 인본주의를 내세우고 특수주의를 버린다면 문화의 불일치와 언어의 혼란—다름에 대한 근대 초기의 이해 방식—을 극복할 수 있을 것이라고 보았다. 이 생각은 프랑스 공화주의자들의 이상에서도, 계몽사상가들의 견해에서도 핵심이었다. 그러나 세계시민주의의 주창자로 널리 알려진 독일 철학자 임마누엘 칸트(1724~1804)만큼 보편성을 강조한 사람은 없을 것이다. 그는 아직까지도 인류가 해결하지 못한 가장 중요한 문제들을 짚어 냈다. 칸트에 따르면 국민국가의 권력은 개인의 자유를 압도하지 않아야 한다. '국가 간의 합법적인 외부 관계'가 필요하다는 주장은 UN의 등장과 국제법의 발전을 내다본 것이다. '보편적 시민 사회'에 기초한 '세계시민주의적 질서'가 있어야 한다는 주장은 특히 우리가 가장 주목할 만한 것이다. 나아가 그는 세계시민주의적 이상이 역사와 사회에 대한 경험적 관찰에서 간단하게 추출되는 것이

아니며, 인간이 새로운 도덕질서를 구축할 수 있는 다른 방법들을 찾아야만 달성될 수 있다고 보았다.[10]

균형을 잡기 위해, 선구적이고 진보적인 칸트의 사유에 그다지 아름답지 못한 부분도 있다는 것을 첨언해야겠다. 칸트의 초기 지리학 연구를 살펴보자. 데이비드 하비는 해당 분야의 서술이 "지적으로, 또 정치적으로 당혹스럽다"고 표현했다. 인용하자면 "백인종은 인간성의 가장 위대한 수준에 완벽하게 도달했다. 황인종인 인도인들은 능력이 뒤떨어지고, 흑인종들은 더 열등하며, 신대륙의 어떤 족속들은 그보다도 못하다." 남아프리카의 호텐토트족은 "더럽고 냄새나"며, 자바인들은 "도둑질을 잘하고 비열하며 노예근성에 찌들어" 있고, 북반구 극지대의 종족들은 열대 민족들과 비슷해서 "겁 많고 게으르며 미신을 신봉하고 독한 술에 빠져" 있다.[11]

칸트가 인종을 바라보는 관점은 혐오스럽다. 독일인은 "숭고의 차원에서나 아름다움의 차원에서나 감정에 있어서 행복한 조합을 이루고" 있으나, "영국인과 프랑스인은 그 절반 정도에 그친다"는 진술은 또 어떤가. 나이지리아 출신의 미국 포스트식민 철학자 엠마누엘 이즈Emmanuel Chukwudu Eze의 초기 저작《인종과 계몽Race and Enlightenment》은 흑인 연구 분야에서 널리 읽히고 있으나, 칸트 연구자들은 이 책을 인용하는 일이 거의 없다. 이즈의 연구에 호의적인 하비도 이 점에서는 마찬가지다. 혹시 우리가 18세기 환경을 고려하지 않고 인종 개념을 시대착오적으로 바라보고 있는 것일까? 칸트는 그저 당대의 상식을 반영한 것이 아닐까? 그러나 그가 같은 시대의 철학자 요한 고트프리트 헤르더(1744~1803)의 인류 역사에 대한 견해를 잘 알고 있었다는 사실로 미루어 볼 때 빠져 나갈 구멍은 그리 크지 않다. 뒤에서 따로 논하겠지만, 헤르더는 피부색으로 다양한 인종을 분류하는 일이 가능하다고 보지 않았다. 칸트와 달리 헤르더는 각각의 문화가 존중받을 자격이 있으며 '우월'이나 '열등'이라는 말을 적용시킬 수 없다고 생각했다. 칸트는 이 문제를 놓고 치밀하게 헤르더를 공격했다.[12] 여기서 초점은 세계시민주의의 대변자를 폄하하려는 것이 아니라 더 일반적인 문제, 즉 보편주의의 탈을 쓰고 문화적 헤게모니의 정치학을 관철시키는 양상을 짚어 보자는 데 있다. 요즘의 예를 들자면, 2010년 프랑스에서 니캅niqab(얼굴을 가리는 베일)을 금지한 사건은 세속국가 가치, 페미니즘의 이상, 그리고 계몽주의 정신에 부합했고 나아가 유권자들의 반이슬람적 편견을 자극하는 편리한 수단이었다.

문명 혹은 문화

우리는 문화적 헤게모니에서 아주 중요한 문제를 언급했다. 왜 어떤 문화들은 다른 문화들이 쇠락하거나 어려움을 겪을 때 우월성을 확보하는 것일까? 사회학과 문화연구 이론가들은 이 한 쌍의 대립을 헤게모니 문화와 하위 저항문화 간의 대립으로 보겠으나, 세계 사상사 차원에서 이 대립은 그 무엇보다 앞서는 보편주의와 일부에만 한정되는 특수주의 사이의 대립이므로 본질적으로 상당히 다른 면모를 갖는다. 두 권으로 펴낸 노베르 엘리아스의 역사서 《문명화 과정The Civilizing Process》에 잘 드러나 있듯이 '문화Culture'는 '문명civilization'과 합쳐졌다. 제1권 《매너의 역사The History of Manner》에서 엘리아스는 프랑스의 문명 개념과 독일의 문화 개념을 날카롭게 구분한다. 18세기 프랑스 부르주아 계급은 문명civilisé이라는 말을 조악하고 원시적인 방식과 구별되는 세련된 궁중 예의범절이라는 뜻으로 썼다. 물론 그들은 이 궁정식 매너를 따라하고 전파시키려고 애를 썼다. 문명은 '야만'과 맞닿아 있는 단순한 생활방식을 개선, 변형, 발전, 변형시키려고 고안된 것이었다. 문명화 사명에 반대하는 이들은 비이성적이고 후진적이고 미신을 믿는 자로 치부되었다. 계몽과 혁명의 계승자들은 보편 인권, 자유, 박애를 전파하는 사명을 자임했다. 나폴레옹은 1798년 이집트 원정 당시 이렇게 연설하면서 사기를 고취시켰다. "병사들이여! 그대들의 정복은 문명화를 엄청나게 진척시킬 것이다!"[13] '고귀한 야만인'의 자유를 높이 평가한 루소는 의견이 달랐지만, 문화를 문명화되지 않은 사람들이 조상에게 물려받은 옛날 방식을 버리고 따라야 하는 빛나는 별, 의심의 여지 없는 보편적인 선이라고 보는 이들은 루소의 견해를 무시하거나 비웃었다.

헤르더와 문화

독일 낭만주의 사상가 헤르더는 프랑스 계몽 전통과 현격한 차이를 보인다. 유일하고 보편적인 문명과 달리, 문화는 사회들 사이의 표식이다. 프레드 잉글리스Fred Inglis는 독일 철학자 헤르더가 개별 사회들을 구분하는 잣대로 문화 개념을 격상시킴으로써 기독교 신학, 그리고 계몽주의 사상가들에 맞설 돌파구를 마련했다고 주장한다.[14] 모두 하나의 목적을 향해 예정된 바람직한 길(사실상 유럽 기독교나 세속적 합리성)을 따라가는 대신, 헤르더는 다름이 갖는 '활기 넘치고 약동하며 빠져들게 하는' 본질을 찬양하자고 제안했다. 이교도 사회들은 "단순히 기독교를 전파해야할 대상이 아니라 그들만의 아름다움과 창의적인 활력을 지녔다"는 것이다. 다음의 인용문은 헤르더의 입장을 잘 요약해 준다.

헤르더는 민족이 기후, 교육, 대외 관계, 전통, 유전에 따라 개별화·차별화된다고 생각했다. 그는 "숲과 산맥, 바다와 사막, 강과 기후만이 아니라 언어, 성향, 특성으로 훌륭하게 민족성을 구별한" 신의 섭리를 찬양했다. 헤르더는 부족민들의 태도를 찬미하면서, "아내와 아이와 자기 자신을 사랑하며 조용한 기쁨을 누리고 자기 부족의 제한된 활동 반경 안에서 제 삶을 즐기는 야만인은, 내가 보기엔 인류 전체라는 그림자에만 사로잡힌 문명화된 그림자들보다 훨씬 실제 삶에 가깝다"고 썼다. "개별 민족은 그 안에 무게중심과 비슷한 행복의 중심을 품고 있다"는 것이다. "모든 민족들은 완벽성의 기준을 그 자체 내에 지니고" 있어서 다른 민족들의 기준에서 완전히 독립되어 있으니 서로 우위를 논할 필요가 없다. "민족성은 모든 면에서 다

다르지 않은가? 문학도, 외양도, 취향도, 관습이나 언어도 다르다. 민족에 따라 종교도 다르지 않은가?"[15]

우리가 다양한 문화들을 떠올릴 때, 개개의 민족들이 폐쇄적인 정체성에 갇혀 있다고 상상하는 것은 헤르더의 유산이다. 이처럼 엄격하게 제한된 틀로 문화를 바라보는 관점은 이제 흔히 '본질주의'나 '근본주의'라는 비난을 받는다. 대부분의 사회과학자들처럼 필자들은 반본질주의적 입장이다. 그러나 다양한 문화전통들이 갖는 진보적인 요소들 중 일부는 기억할 만한 가치가 있다.

- 헤르더를 참고하면 인간의 문화가 드러내는 순수한 아름다움, 활력, 다양성을 기념할 수 있다. 문화에 대한 헤르더의 시각은 20세기 중반까지 맹위를 떨친 근대 민족주의, 다문화주의, 인류학적인 문화 이해 등에 큰 영향을 주었다.[16]
- 식민주의 시기, 모든 인류가 제 나름의 가치를 갖는다는 용감한 주장은 산림에 사는 부족이나 고립된 사회가 착취당하지 않게 막아주는 역할을 했다(이 전통은 토착민 민족운동 지원으로 이어져 남아 있다).
- 여러 가지 방식의 믿음이 존재한다는 명확한 인식은, 자기 신앙을 강제로 전파하려는 종교적 광신자들을 상대할 때 반박할 수단을 제공한다.
- 현대 문화와 상업적 세계화가 지닌 단조롭고 획일적인 특성은 물

위의 기름막처럼 순식간에 퍼져 나간다. 다른 방식들도 있다는 것을 충분히 인식한다면 코카콜라 외의 음료가, 햄버거 외의 음식이, 쇼핑몰의 옷 말고도 다른 옷들이, 조이스틱으로 하는 컴퓨터 게임이 아닌 게임들도 있다는 것을 떠올릴 수 있다.

아랍, 중국, 유럽에서 장거리 항해를 시도한 이후 복잡하고 강렬하게 일어난 문화 간의 접촉은 고유 문화가 무엇이라고 말하는 일을 점점 불가능하게 했다. 어느 정도 분명한 경계가 있었던 사회도 경계가 불분명해지면서 문화의 침투를 막지 못했고, 전통은 서로에게 전파되고 바뀌고 사라졌다. 문화 변동은 두 단계로 일어났다. 첫째로 무역, 선교, 제국주의 및 식민주의 등으로 인해 장기 접촉이 늘어났다(근대). 둘째로 사상, 재화, 관념, 이주자, 여행자, 방문자의 물결이 국제 교류의 양과 방향을 크게 변화시켰다(현대, 혹은 세계화 시대).

춤과 식인종 이야기

근대 들어, 낯선 자들은 친구처럼 환영받거나 신으로 숭배되기도 했다. 없애 버리거나 쫓아내야 할 무서운 적일 때도 있었다. 다른 사회나 민족에 관한 허황된 이야기가 실제 만남이 일어나기도 전에 떠돌아 다녔다. 중국 해안 지방에는 유럽인들이 원래 변비에 잘 걸린다는 소문이 돌았다. 그렇지 않고서는 그렇게 뚱뚱할 수가 없지 않은가. 변비 치료제인 장군풀을 잔뜩 먹지 않으면, 유럽인들은 부풀어 올라 빵 터져 버릴 것이다. 유럽 쪽에서는 여러 기록에 잘 드러나 있듯이 오해, 모독, 공포, 매혹, 호기심, 흉내 내기가 뒤섞인 결과물이 문화 접촉의 특징이 되었다.

말이 통하지 않아도 새로 나타난 사람들과 원주민들은 어떻게든 소통해야 했다. 초기 접촉을 담은 많은 이야기들은 춤과 음악이 그 수단이었다고 전한다. 16~17세기 북미 탐험대에는 드럼, 트럼펫 등을 다루는 음악 연주자들이 포함되어 있었다. 이누이트(에스키모)족은 선원들이 음악에 맞춰 춤을 춘 이후 무역에 응했다. 1603년 메사추세츠주의 알곤킨족은 젊은 기타리스트의 '부드러운 음악'에 이끌려 나와, 선물을 잔뜩 주고 그의 주위를 돌면서 "여러 가지 야만인의 손짓을 하고 로, 라, 로, 라, 라 노래를 불렀다."[17] 전 세계에 비슷한 이야기가 많았다. 예를 들어, 1788년 1월 29일 훗날 보타니 베이라고 불리게 되는 곳에 정박한 영국 함대의 장교 윌리엄 브래들리는 오스트레일리아 원주민들과 마주쳤다. 원주민들은 친절했고 비무장 상태였다. 브래들리에 따르면, "이들은 우리와 뒤섞여 모두 함께 춤을 췄다." 다음날에는 "즉석 댄스 파티가 열렸다." 브래들리는 나중에 그린 수채화에서 이 광경을 소풍 나온 어린이들이 서로 손을 잡고 춤추는 것처럼 묘사했다.[18]

1832년 비글호가 티에라 델 푸에고 항에 정박했을 때의 만남도 유명하다. 이 배에 탑승해 있던 젊은 생물학자 다윈은 푸에고섬 사람들이 흉포한 야만인이라는 소문을 그대로 믿고 있었다. "야만인과 문명인의 차이는 얼마나 큰가! … 그들은 불신과 경악이 뒤섞인 표정을 지었다." 그러나 이 상황은 그리 오래가지 못했다. 푸에고인들은 얼굴을 찡그리고 노래하고 알아들을 수 없는 소리를 내지르며 춤을 추었다. 영국인들은 그들의 행동을 흉내 내는 것으로 응수했다. 푸에고 사람들은 잠시 어리둥절해 하더니, 금방 왈츠를 따라 추었다. 저녁에 이르러 "우리는 아주 좋은 친구가 되어 헤어졌다. 다행이었다. 춤과 온갖 야단법석들은 힘겨루기로 빠지기가 쉬우니까."[19]

다윈의 반응이 잘 보여 주듯이, 따뜻한 만남의 표면 아래에는 불안감이 잠재해 있었다. 유럽인들은 에런라이크Barbara Ehrenreich의 말처럼 "원주민들이 한데 모여 힘이 다하도록 춤추고 노래하다가, 어쩔 때는 황홀경에 빠지는" 이 '황홀한 의식'을 두려워했다. 에런라이크는 "모닥불 주위에서 몸에 색칠을 하고 기괴한 옷을 걸친 채로 북을 울리며 춤추는" 이미지에 초점을 맞춰서 유럽인들이 야만인의 이미지를 구성했다고 본다.[20] 도발적이고 관능적인 몸짓은 배의 선장이나 과학자, 그리고 고상한 태도를 중요시한 다른 관찰자들을 격분시켰지만, 배의 하급선원들은 그다지 신경 쓰지 않았다. 예컨대 어떤 배에 탑승했던 한 식물화가는 우호적인 태도를 보여 주려고 옷을 다 벗고 자기 성기를 숯가루로 칠한 채 나타났다. 아프리카계 미국인들의 종교의식에 공감한 어떤 사람은 함께 소리 지르고 비명을 내지르며 "황홀감을 표출했다." 얼굴은 "붉게 달아오르고" 발은 "무의식 중에 감염된 것처럼" 쿵쿵거렸다.[21]

사실 유럽인들은 황홀한 의식보다도 잡아먹힐지 모른다는 것이 더 두려웠다. 불 주위에서 원주민들이 춤을 추고, 불 위에는 유럽인

―보통 선교사가 많았다―이 산 채로 묶여 있는 장면이 반복해서 캐리커처에 등장했다. 이 신화를 무너뜨린 두 학자의 의견을 참고해 보자. 윌리엄 아렌스William Arens는 담담하게 서술한다. "생명이 경각에 달린 상황을 제외하면, 어떤 사회의 어떠한 형태의 관습에서도 식인풍습을 뒷받침해 줄 증거가 나온 적이 없다."[22] 외부인들이 언급한 폴리네시아 식인풍습의 진위를 세심하게 따져 본 가나나트 오베예세케레Gananath Obeyesekere는 이 기록들은 대부분 식인풍습을 서술한 것이 아니라 과장, 날조, 오해로 점철된 '식인종 이야기'에 불과하다고 결론 내렸다. 그의 주장에는 크게 세 가지 측면이 있다. 첫째, 사랑하는 사람의 살점 일부를 먹은 사례가 있으나 이는 아스텍 의식이나 기독교 성찬식 비슷한 종교적 희생의례에 가까웠다. 신성한 본질의 일부를 받아들여 존경을 표하는 행위였던 것이다. 이 의식들에 관한 이야기가 우스꽝스럽게 과장되면서 이른바 '식인종 섬'에서 너도나도 인육을 먹는다는 소문으로 부풀어 올랐다. 둘째, 인간 두개골을 내건 것에 대한 말들이 많지만 식인풍습의 결과라는 해석은 잘못된 것이다. 참수는 예전 전쟁에서 자주 있었다. 심리학적 해석을 따르자면 거세 불안의 표출이다. 전쟁 이후 해골 더미가 생기는 일이 흔했고 기독교 교회에 전시된 경우도 많다(이탈리아 오트란토 성당의 유리벽 안에는 오스만제국 군대와 싸우다 '순교한' 831명의 해골이 진열되어 있다. 하지만 그들의 몸을 누군가 먹었다는 이야기는 전혀 들리지 않는다). 마지막으로, 오베예세케레는 커다란 동물 뼈를 들고 먹거나 혀로 살점을 핥는 동작을 취하는 마오리족의 예를 든다. 이

경고 행위는 잘 속아 넘어가는 유럽 침입자들이 겁을 집어 먹게 만드는 매우 효과적인 기술이었다.[23]

멀리서 온 방문자와 원주민의 만남이 아무리 우호적으로 이루어졌다고 해도, 깊고 의미 있는 상호 교류를 낳는 일은 드물었다. 어느 쪽도 기본적인 태도, 습관, 의향을 바꾸지 않았고 양자 사이에 큰 틈이 벌어져 있었다고 추정해 볼 수 있다. 이들은 서로에게 소리치고, 손짓 발짓을 하고, 음식을 나누고, 등을 두드리고, 살을 꼬집고, 머리를 빗겨 주고, 노래하고 춤을 췄으며 옷을 차려입고 신이 나서 돌아다녔다. 흥겨운 광경이었겠으나 깊이 있는 의사소통과는 거리가 멀었다. 물론 여러 여행객들이 증언하듯이 어떤 표시나 신호로 원하는 것을 받을 수도 있다. 꿀딱 소리를 내면 물을, 씹는 시늉을 하며 입을 가리키면 음식을, 하품하며 손을 접어 머리에 대면 침대나 해먹을 원한다는 의미다. 그러나 원하는 결과를 제공받았다면 방문객이 평소 마임 아티스트 마르셀 뒤소를 열심히 연구해서라기보다는, 그 지역 사람들이 '멀리서 온 사람은 목마르고 배고프고 지쳤겠지'라고 짐작했기 때문일 것이다.

근대 초기의 유럽 탐사대는 다른 소통 방법을 찾으려고 노력했다. 예를 들어, 서부 아프리카 해안의 토착민들과 재화를 거래하는 '침묵의 무역'은 복잡하고 포괄적이었다. 한쪽에서 구슬, 머스킷 총, 동전, 직물, 금속 그릇 등을 한꺼번에 내놓는다. 다른 쪽도 목재, 곡물, 고기, 야자 술, 조개, 식물성 기름 등을 들고 온다. 서로의 물건 더미에서 무엇을 빼고 더할 것인지는 고개를 끄덕이거나 내젓는 것으로 결정되었고, 여기서 거래의 기초가 마련되었다. 아프리카에는 또 다른 특이한 예가 있다. 남부 로디지아[현재의 짐바브웨]의 금 광산 노동자로 모집된 사람들은 그림문자를 발전시켰다. 이들이 새롭게 만들어 낸 상징들은 나무에 새겨져 다른 종족 출신 노동자들에게 음식이 형편없거나 고용주가 잔인하다는 등의 끔찍한 상황을 알려주는 역할을 했다.[24]

서로에게 말 걸기: 융합의 시작

위와 비슷한 상호작용들이 특정 목적을 만족시키기는 했지만, 공통 언어가 없으니 더 깊은 관계를 맺기는 힘들었다. 피진과 크리올 언어의 등장은 이 벽을 넘게 해 주었다. 카보베르데가 좋은 예이다. 1462년 포르투갈인들은 산티아구라고 불리게 될 대서양의 한 섬에 상륙했다. 이후 카보베르데의 영토에 속할 10여 개의 섬들 중 하나였다. 카보베르데라는 이름은 세네갈의 '푸른 곳'이라는 지명에서 따온 것인데, 너무 미화된 명칭이기도 하다. 섬들 대부분이 메마른 화산암으로 이루어져 있기 때문이다. 예외에 해당하는 중요한 곳이 딱 한 군데 있다. 산티아구 남쪽은 큰 강이 흘러서 배들이 식수를 구할 수 있었다.

선주민이 없는 섬이어서 정착을 가로막을 사람들도 없었다. 포르투갈 사람인 선장은 큰 꿈을 그려 보기로 했다. 열대지방 최초, 최고의 도시인 '시다데 벨라Cidade Velha'를 건설하여 교회를 위한 거룩

한 소명을 다하리라. 게다가 아직 탐험하지 못한 대륙과 무역을 하면 엄청난 이득을 얻을 것이다. 오늘날에도 시다데 벨라 주위를 돌아보면, 언덕 위 거대한 석조 요새와 장엄한 대성당의 유적에 깃든 그때의 웅대한 청사진을 엿볼 수 있다. 중앙광장은 좀 칙칙한 느낌을 준다. 한쪽에는 밋밋한 관공서 건물과 버스 정류장이 있고, 다른 쪽에는 중국인 가게가, 그 옆에는 주문만 하면 어떤 음식이든 내주는 식당이 있다. 반대편에는 박물관 겸 기념품 가게와 아이들이 깔깔거리며 기어오르는 석탑 비슷한 기념물이 있는데, 이 유적이야말로 포르투갈 식민지의 끔찍한 흔적이다. 현재의 수단 지역에 살았던 풀라족 노예들을 매달아 거래하고, 세례를 거부하면 구타하거나 살해하는 데 사용된 형틀이기 때문이다. 아프리카인들은 언덕 위 요새 중앙에 큰 우물을 팠고 건물 측면에 진흙으로 줄을 내서 누수를 막는 기술을 유럽인들에게 보여 주었다. 포르투갈인들의 집이나 농장 뒷마당에서 아프리카인들이 짠 정교한 무늬의 직물들은 대륙과의 노예무역에서 화폐처럼 쓰였다. 물이 충분하지 않았기 때문에 목화 농장이나 설탕 농장을 건설하려는 시도는 실패했다. 유럽과 아프리카가 처음으로 깊숙한 만남을 가졌을 때, 언어와 민족과 문화의 공유가 일어났다. 이 셋을 모두 크리올이라는 말로 표현할 수 있다. 더 이상 변화가 없는 어떤 결과를 뜻하는 말은 아니다. 크리올화된 공간이 출현한 후, 크리올화는 지금까지 진행 중이다. 노예무역이 급성장하면서 크리올 현상은 대서양을 건너 카리브해 열도와 미국 본토에까지 상륙하면서 새로운 뿌리를 내리고 새싹을 틔우며 새로운 변화를 받아들였다.

아프리카인들과 유럽인들은 피진과 크리올로 서로 이야기하는 방법을 배우기 시작했다. 피진과 크리올의 차이가 무엇인지, 어떻게 생겨났는지를 두고 많은 논란이 있다. 언어학자들은 둘 사이에 중대한 차이가 있다고 하지만, 크리올을 쓰는 지역에 가 본 사람이나 심지어 크리올로 말하는 사람도 피진과 크리올을 구분하기가 쉽지 않다.* 피진은 어떻게 생겨났을까? 다른 문화권에서 성장한 두 사람이 어떤 거래를 하려고 할 때, 한 편이 무언가를 가리켜 자기 언어로 말하면 다른 편에서 제 언어에서 쓰는 단어를 말하고, 서로 이해할 법한 제3의 언어도 시도해 본다. 이 과정이 다 실패로 끝나면 상호 합의에 따라 새로운 단어가 만들어진다. 도널드 윈포드Donald Winford가 깔끔하게 정리해 주었듯이, 피진은 "무역, 강제노동, 기타 경계선에서의 접촉 등 제한된 맥락에서 서로 다른 언어 환경을 가진 두 집단이 원활하게 의사소통하기 위해 생겨났다. 접촉의 여러 다양한 요소들은 그들이 수행하려는 특정 목적을 위해 고도의 축소, 단순화, 변형을 겪는다."[25] '피진'이 근대에 들어 생겨난 말이긴 하지만(영어 단어 비지니스business의 변형태이다), 그와 비슷하게 단순화된 언어는 지중

---

* 대중적인 쓰임과 학술적 용법이 일치할 때도 있다. Kweyòl(세인트 루시아, 도미니카, 아이티), Creolese(가이아나), Krio(시에라리온), Creole(벨리즈)등이 그렇다. Donald Winford, *An Introduction to Contact Linguistics*, Malden, MA: Blackwell Publishing, 2003, p. 305. 그러나 오해의 소지도 있다. 뉴기니의 토크 피진talk pidgin을 학자들은 크리올어로 분류한다. 86개에 달하는 크리올어 중 상당수는 학문적 분류와 일치하지 않는다.

해 지역의 링구아 프랑카Lingua Franca처럼 중세나 그 이전에도 존재했다. 당연히 여러 무역 거점에서 많은 피진이 생겨났다.

그럼 크리올과의 차이는 무엇인가? 언어학자 데렉 비커튼Derek Bickerton은 유쾌하게 써 내려간 자서전《잡종 언어Bastard Tongues》에서 이렇게 구분한다.

피진은 천천히 말하는 경우가 많다. (크리올보다 세 배 정도는 느리다.) 일관된 구조나 문법 규칙이 없다. 어휘들은 제한적이고 계속 바뀐다. 대부분 성인들이 쓴다. 모어母語는 그대로 유지된다.

크리올은 다른 언어들과 같이 구조화되어 있다. 성인이 아니라 어린이가 배운다. 감정, 논증, 추상적 사고를 충분히 전달할 만큼 어휘가 많고 어휘의 수도 늘어난다. 모어로 자리 잡고, 예전의 언어는 축소·소멸한다. 놀랍게도 전 세계의 크리올 언어들은 서로 닮았다.[26]

라젠드 마스리Rajend Mesthrie는 여기에 덧붙여, 피진은 지배집단이 피지배집단에게 의사소통을 요구할 때 쓰이는 '수직적' 명령에 가깝고 두 집단 사이의 사회적 거리를 줄이는 데는 거의 공헌하지 않는다고 주장한다. 반대로 크리올은 친밀감을 나누는 언어, 모어로 자리 잡는 '수평적' 언어다. "크리올화는 축소가 아니라 팽창 과정이므로 피진화pidginization의 정반대편에 있다."[27]

서로 다른 인구 집단들이 함께 살아야 했던 곳에서부터 출발한 크리올 언어는 이제 세계 여러 곳에 뿌리를 내렸다. 보통 크리올어는 해당 지역 언어나 다른 곳에서 들어온 언어와 혼합된 유럽 언어를 가리킨다. 그러나 동아프리카의 스와힐리어는 유럽 어휘를 갖고 있지 않고 아랍-아프리카 크리올로 분류되며, 벵골만의 안다만 제도에서 사용되는 크리올어는 힌디어가 기반이다. 많은 크리올 언어들은 여러 언어를 뿌리로 둔다. 일례로 하와이 제도 전체에서 사용되는 하와이 크리올어에는 영어, 하와이어, 포르투갈어, 스페인어, 광둥어, 필리핀의 일로카노어, 한국어, 오키나와어, 일본어가 섞여 있다. 지역어나 다른 곳에서 온 말들이 섞이는 비중이 너무 커서, 이를테면 프랑스어에 기초한 크리올어라고 해도 프랑스어 원어민이 이해하기 불가능할 때가 많고, 프랑스어 어휘에 기반한 크리올어는 영어·네덜란드어·스페인어·포르투갈어에서 빌려 온 어휘를 쓰는 크리올어 화자들이 이해하기 어려운 경우가 흔하다. 크리올 언어는 전 세계의 열대나 아열대 지역에서 나타났으나, 이주와 전파가 거듭되면서 지금은 수많은 나라에서 사용된다. 어떤 집계에 따르면 약 84개의 크리올어가 존재한다.

다른 언어들처럼 크리올도 계속 변화하고 있다. 교육정책, 정체성 정치,* 사회적 지위, 그리고 많은 국제 이주민들이 모여드는 '초다양성' 도시로 크리올어 사용자들이 이주하는 현상(3장 참고) 등이 영향을 끼친다. 어떤 크리올어는 뿌리를 찾아 파고든다. 런던의 자매

---

*　[역주] 차별에서 벗어나 정체성을 확보하려는 소수자의 정치적 운동을 뜻한다. 소수민족, 퀴어, 여성, 장애인 운동 등.

이카인들이 그러하듯 디아스포라적 근원을 향해 나아가는 것이다. 정반대 방향을 향하기도 한다. 지배적인 어휘들을 제공한 언어와 가까워지려고 하는 흐름이다. 어쨌든 일반적으로 볼 때, 피진은 단순한 상태로 남고 크리올은 더 풍부하고 복잡한 모어가 된다. 이 과정에서 언어는 아주 중요한 역할을 수행한다. 새로운 환경에 대응하고, 어떤 인격의 성장을 온전히 담아내고, 감정을 완전하게 표현하며, 구체적이고 추상적인 논증이 가능해야 한다. 사회언어학자들은 어린이들이 게임, 학교, 공원과 길가에서 새로운 언어를 구축해 내는 방식에 관심을 기울인다.[28] 손에 잡히는 어떤 파편이라도 모아서 구조를 만들어 내는 어린 아이들의 뇌 속에서 언어 형성이 설계된다고 보기 때문이다. 비커튼은 이렇게 서술한다.

이 파편들이 모여서 나온 결과가 어디에서나 똑같지는 않다. 아니, 똑같을 수가 없다. 다른 장소의 파편들은 서로 다를 것이고 있는 대로 긁어모은 언어의 조각들은 새로운 언어로 합쳐질 것이기 때문이다. 어떤 곳에서는 다른 곳보다 그 정도가 더 심할 것이다. 그러나 이 파편들의 융합이 낳은 모형은 이 아이들이 어디에 살든, 누구이든 유사한 형태를 지닐 것이고 그 부모들이 어떤 언어를 사용하든 비슷한 구조를 보여 줄 것이다.[29]

이 주장이 옳다고 생각해 보자. 크리올 언어 형성의 신비를 꿰뚫어 볼 수 있다면 우리는 인간 창의력의 온상을 통찰하는 놀라운 경험을 하게 된다. 옛것에서 새것을, 조악함에서 교묘함을, 번영 · 쇠퇴 · 소멸로 향하는 전통에서 풍부한 상상력을 길어 내는 인간의 창의성을 이해하게 될 것이다. 크리올 언어가 품고 있는 창의적인 가능성은 크리올화의 여러 형태(이후 논의할 음악, 춤, 카니발, 그리고 사회적 삶의 여러 측면들)에 대한 우리의 주장을 확장하기 위한 기초를 제공한다.

결론

인류의 기원은 동일하고 우리는 유전자 구성의 많은 부분을 아직도 공유한다. 물론 진화에 따른 유전적 차이가 생겨났다. 특히 Y염색체의 변화 분석과 유라시아 대륙에서 네안데르탈인과 일부 혼혈이 있었다는 새로운 연구 결과는 유전적 차이를 더 정밀하게 밝혀 준다. 다름은 생물학적 표현형의 다름이자, 서로 알아들을 수 없는 언어를 사용하면서 사회적으로 만들어진 것이기도 하다. 다름은 여러 방식으로 표현되는데, 어떤 '표지標識'라고 뭉뚱그려 이야기될 때가 많다.(7장 참고) 말 그대로 겉으로 드러나는 표식도 있다. 몸에 새겨서 남들과 다른 정체성을 표시하면 눈에 바로 띄는 '사회적 피부'가 된다. 서아프리카의 여러 지역에서처럼 생물학적 표현형이 비슷할 때 사용한 방법이다. 눈에 바로 보이지는 않지만 더 고통스러운 표식은 할례인데, 다른 종족과의 혼혈에 대한 반발로 나타나기도 한다. 역사적 사례를 들자면, 바빌론에서 디아스포라 상태에 있었던 유대인들은 고대 유대 지방의 이방 민족들과 통혼하지 않은 '순수한' 유대인을 구별하기 위해 남성 할례를 했다. 장신구, 의복, 헤어스타일, 수염, 머리 장식, 춤, 음악, 그 외 여러 문화적·사회적 실천에서 나타나는 차이들은 다름을 더 강조하기 위해 신중하게 고르고 사용한 결과물이다.

문화적 차이를 만드는 과정은 셀 수 없이 많겠으나, 이 장에서 우리는 다름을 합리화하고 강화하고 재현하는 세 단계를 강조했다. 첫째, 다름은 종교적 해석의 힘을 빌려 정당화되었다. 사람들이 주제넘게 행동한 대가로 신의 징벌을 받아 다름을 떠안게 되었다는 것이다. 둘째, 다름은 근대 초기의 다양하고 복잡한 접촉들과 (대개는) 유럽 지식인들의 묘사를 거치며 확대 왜곡되었다. 셋째, 그들의 설명이나 곡해는 '자기'와 '타자'를 규정하는 지배 담론의 영역에 들어가 자리 잡았다. 문화적 차이에 관한 현대의 일반화된 담론들이 '식인종 이야기'와 비슷한 것이라고 말하면 조금 과장일지 몰라도, 이와 유사한 집착·불안·과장이 전개되는 모습은 가령 유럽 정치인들이 이민을 바라보는 관점에서 잘 드러난다.

세계 여러 지역에서 상호작용이 일어날 때, 오랜 역사를 가진 공동체들은 근대 대탐험 시대의 산물에 대해 공공연하거나 은밀하게 부정적인 태도를 취한다. 그러나 이 시기에는 훨씬 양호한 형태의 문화 상호작용들도 나타났다. 그중 언어 공유의 발전은 특기할 만하다. 바로 크리올이다. 이 책에서는 크리올이라는 말을 더 광범위한 의미로 쓰고 있지만, 사회언어학자들의 논의도 문화 상호관계의 복잡성과 계속적인 재창안을 분명하게 인식하고, 이른바 '크리올 연속체'의 여러 부분에 속한 사람들 간의 권력 문제를 놓치지 않는다면 적절하고 유익하다. 세심한 수고를 필요로 하는 이 연구의 핵심 개념들은 새로운 상황이나 패러다임에 적용되면서 많은 성과를 냈으며, 사회학·인류학적 크리올 연구의 중요 지점들을 선취했다. 무엇보다 크리올 언어 형성의 창의적이고 상황에 민감하게 반응하는 성질은, 각기 다른 곳에서 모여 선택이든 우연이든 어쩔 수 없어서든 함께 살아가게 된 사람들 사이의 새로운 융합 모델에서 디아스포라적 과거가 다시 기능하는 현상을 이해하는 데 결정적인 역할을 한다.

우리는 근대 초기의 접촉에서 '자기'와 '타자'가 어떻게 구분되었으며, 경계가 어떻게 상상·형성·위반되었는지를 살펴보았다. 변동을 거의 겪지 않는 사회는 드물지만, 거주 범위가 좁고 급속한 변화가 닥쳐오지 않는다면 크리올화는 제한될 것이다. 그러나 상업자본주의 시대에는 천만 명의 노예들이 대서양을 가로질렀고, 150만 명의 계약노동자들이 그 뒤를 따르면서 엄청난 변화가 생겨났다. 신대륙의 플랜테이션 사회에서 만들어진 크리올화한 공간은 전 세계에 영향을 끼쳤다. 3장에서 다룰 내용으로 처음에는 몇몇 섬들과 플랜테이션, 다음에는 특정 항구, 현재는 '초다양성 도시'가 주요 접촉 지역이 되었고 여기에서 크리올적인, 또 디아스포라적인 상호작용이 결정적으로 모습을 드러냈다.

3장

정체성 형성의 장소
접촉 지역

상대성이론의 두 벡터는 시간과 공간이다. 역사학자들은 시간을, 지리학자들은 공간을 강조한다. 시간에 따른 변화를 무시하자는 것은 아니지만, 우리는 현장이나 장소라는 의미에서의 공간과 관련된 문제에 일단 집중하고자 한다. 사회적 접촉과 상호작용이 모든 사회과학의 전제 조건이긴 하지만, 많은 사회지리학자들이 강조하듯 어디에서 그 일이 일어났는지가 사건의 성격에 결정적인 영향을 준다. 한마디로, 공간은 중요하다. 도린 매시Doreen Massey 등의 지리학자들은 앙리 르페브르나 미셸 푸코 같은 사회이론가들의 연구에 힘입어 공간의 복잡하고 역동적이며 관계적인 특성에 주목했다. 이들 주장의 핵심은 공간이 사회적 구성체이며, 도린 매시가 역설하듯이 공간은 "사회적 관계와 물질적·사회적 실천으로 구성된다"는 것이다. 그런데 매시는 더 나아가 공간이 사회적으로 구성되어 있을 뿐만 아니라 사회가 공간적으로 구성되어 있다고 주장한다. 말하자면, 사회의 공간적 구성이 그 작동 방식에도 영향을 미친다. 그러므로 공간은 (시간성의 역동적인 면모와 대비되는) 안정적인 상태나 인간 행위를 담는 그릇으로서의 수동적 역할과는 거리가 멀다. 공간은 "역동적이지 않은 어떤 것이라고 개념화할 수 없는, 사회적 관계들

의 동시적 공존"이다.[1]

3장에서는 디아스포라, 그리고 특히 크리올화와 연관된 과정과 실천을 공간이나 맥락이 어떤 식으로 분명하게 드러내거나 불투명하게 하는지를 알아보고자 한다. 새로운 환경으로 옮겨 갈 때 이 개념들이 어떻게 발전하거나 변화하는지도 우리의 관심사다. 디아스포라는 고대 유대인의 사례를 중심축으로 삼는 예전 개념에서 탈피한 지 오래지만, 크리올화는 여러 공간에 나타난 특정한 종류의 다양성과 사회적 상호작용을 기술하기 위한 개념으로 점점 더 많이 쓰이는 추세에 있다. 물론 용어는 새로운 환경 속에서 변화한다. 예를 들어 디아스포라의 핵심 개념인 '고향'은 이동이 잦고 전 세계적 연결망이 엄청나게 늘어난 시대에 들어 모호한 의미를 갖게 되었다. 그렇지만 디아스포라적 공간이 바뀌거나 과거의 기억이 디아스포라적 메아리나 흔적으로 흐릿해지더라도, 그래서 더는 현실이 아니어도 '고향'은 존재한다. 마찬가지로 '크리올화'라는 용어도 이를 거대도시 사회의 문화 간 관계 문제에 적용할 때는 신중해야겠으나, 이 말이 등장한 역사적 환경, 그리고 계급적, 인종/민족적, 젠더화된 권력이 문화 상호작용을 조건 짓는 방식을 확실하게 염두에 둔다면 사용해 볼 만한 용어이다. 안타깝게도 우리가 사는 사회에서 그 같은 조건들은 너무나 일반적이다. 페미니스트 정치학자 프랑수아 베르제Françoise Vergès의 말을 빌리자면 우리는 "현대 세계의 플랜테이션과 불평등의 지정학이 메아리치는" 소리를 들을 수 있다.[2] 베르제는 덧붙여 이렇게 말한다. "크리올화 과정이 나타날 법한 장소들(세계적 도시, 지역)을 더 연구해야만 한다. 내 가설은, 크리올화 과정이 무차별적인 다문화주의, 아파르트헤이트, 민족 차별이나 분리정책 등 접촉과 갈등이 만들어 낸 과정들과 함께 존재하리라는 것이다."[3]

우리는 크리올화와 디아스포라가 세 가지 주요 접촉 지역, 곧 섬과 플랜테이션, 항구도시, 현대의 '초다양성' 도시에서 교차한다는 관점을 진전시켜 볼 것이다. '접촉 지역contact zone'은 메리 루이즈 프랫Mary Louise Pratt에게서 빌려온 개념으로, 역사성과 공간성을 모두 놓치지 않게 해 준다. 프랫은 이 지역들이 "서로 공통점이 없는 문화들이 만나고 충돌하고 서로를 파악하는 사회적 장소"라면서, "식민주의와 노예제, 그리고 전 세계에 걸쳐 살아남아 있는 그 흔적들"처럼 "지배와 피지배의 비대칭성이 대단히 높다"고 지적했다.[*]

상업자본주의 시대를 주 무대로 하는 첫 번째 접촉 지역은 섬과 플랜테이션으로, 노예와 자유롭지 못한 노동자들이 여기서 열대 지역 생산품을 만들어 냈다. 두 번째 접촉 지역인 특정 항구들은 무역 및 공업 자본주의의 팽창과 긴밀한 관계가 있다. 상품과 인구의 이동이 훨씬 많아진 현상에 심대한 영향을 받았기 때문이다. 전 지구

---

[*] Mary Louise Pratt, *Imperial Eyes: Travel Writing and Transculturation*, London: Routledge, 2008, p. 7. 어떤 면에서 프랫의 견해는 '다원적 사회plural societies'에 대한 예전의 논의들을 연상시킨다. 식민주의가 함께 거주하게 만든 여러 집단들은 '섞이지만 결합하지는 못하며', 각각의 집단들은 자신들의 종교·문화·민속을 그대로 유지한다는 것이다. 영국 식민지 행정관이었던 퍼니발의 고전적인 견해에 따르면 제국이 수입해 온 인간 집단들은 구매와 판매를 통해서만 서로 만난다. 지금의 시점에서 보면 그의 생각은 지나치게 염세적이었다. J. F. Furnivall, *Colonial Policy and Practice: A Comparative Study of Burma and Netherlands India*, Cambridge: Cambridge University Press, 1948.

적 자본의 전면화가 진행된 시기에 나타난 세 번째 지역은 다양한 구성의 인구가 거주하는 도시들이다. 이 지역 인구의 상당수는 금융 및 서비스 분야에서 일한다.

접촉 지역으로서의 섬과 플랜테이션

다시 베르제의 말을 빌리자면, "크리올 문화는 섬과 플랜테이션이라는 두 모체에서 나왔다."[4] 우리도 이 말에 동의한다. 서로 다른 디아스포라적 근원에서 태어나 크리올화한 정체성들의 출현을 뒷받침해 준 것은 섬이라는 공간성, 그리고 플랜테이션의 잔인성이었다. 카리브해·대서양·인도양의 많은 플랜테이션들도 섬에 위치하고 있다. 우선 섬이라는 공간을 먼저 논의해 보자. 물론 우리가 섬에서만 크리올화가 일어난다고 주장하는 것은 아니다. 괴테의 소설 제목을 빌리자면, 섬의 공간적 특성은 크리올화, 디아스포라, 섬이라는 속성 사이에서 작용하는 일종의 '선택적 친화력elective affinity'에 가깝다는 것이 우리의 주장이다.* '섬이라는 속성' 하나만으로 섬 주민들이 서로 어떻게 연결되는지, 그 공간을 어떻게 구성하는지, 섬 공간이 사회적 관계를 어떻게 형성하는지를 다 설명할 수 있을까? 불가능하다. 섬이라고 해서 모두 비슷하지는 않다. 면적이 10평

---

* [역주] 괴테는 소설 《친화력》(1809)을 쓰면서 두 물질을 섞어 놓으면 각각의 물질들을 구성하던 특정한 원소들끼리 서로 이끌려 달라붙는다는 화학 현상, '선택적 친화력'을 제목으로 삼았다. 부부가 각기 다른 이성에 끌리면서 빚어지는 갈등과 파국이 주요 줄거리.

방킬로미터 이상인 큰 섬은 5,675개가 있고, 대부분 사람이 거주한다.[5] 그렇지만 이 중에는 아주 큰 섬도, 아주 작은 섬도 있다. 뉴기니의 사회적 규범적 질서를 그 나라가 섬이라는 사실만으로 설명하기는 어렵다. 섬에서의 삶이 차별화되는 지점이 있으려면, 일단 섬이 아주 좁은 공간이어야 하고, 거주민들이 계속해서 밀도 높은 접촉을 가져야 할 것이다.

흔히 주위에서 볼 수 있는 사례를 들어 보자. 프랑스의 시테섬은 분명히 작은 섬이다. 그러나 이 섬은 파리 한가운데에 있고 지하철역 2개, 시내와 이어 주는 멋진 다리들, 매해 1,300만 명이 방문하는 유명한 노트르담 대성당을 품고 있다. 단순히 섬이라는 사실만으로 이 모든 것을 설명하기는 어렵다. 섬이라는 속성이 사회학적으로 큰 의미를 가지려면 원거리에 있고 접근하기 어렵다는 조건도 포함되어야 한다. 당연히 지리적으로 얼마나 먼지, 시간적으로 얼마나 오랫동안인지가 문제다. 섬들은 세계적 조류에 연결되기도, 그렇지 못하기도, 다시 연결되기도 한다. 이탈과 편입/재편입 사이의 이 흔들림은 섬의 속성에서 아주 중요한 요소다. 맥커스커Maeve McCusker와 소아레스Anthony Soares는 "섬의 분리성을 지켜 주는 것처럼 보이는 바로 그 바다는, 사람과 문화의 이동과 교환을 용이하게 하는 연결관 역할을 항상 해 왔다"고 주장한다.[6] 바로 이 이동성이 식민화와 압제의 공간, 식민계획의 실험 공간, 정치적 야심이나 개인적 환상을 충족시키는 이국적 공간이라는 섬의 본질을 일러 준다.

섬의 특성을 갖추었는지를 따져 보려면 몇 가지 질문들을 더 던

져야 한다. 해당 섬에 사람이 거주했는가? 그렇다면 오랫동안 살아온 집단이 새로 나타난 집단에 저항했는가, 전염병이나 우월한 무기 때문에 쉽게 밀려났는가? 새로 나타난 집단의 구성원들은 동족인가, 다양한 디아스포라적 배경을 갖고 있는가? 다양한 배경을 갖고 있다면, 얼마나 많은 문화가 있고 그 문화들은 서로 얼마나 다른가? 섬은 대륙보다 태풍, 화산 폭발, 쓰나미, 수위 상승 등의 자연재해에 취약한데, 이 취약성이 일종의 사회적 단합이나 협력을 낳는 어떤 조건을 마련하는가?

데이비드 피트David Pitt는 이런 따분해 보이는 질문들을 처음으로 사회학 이론의 중심으로 끌어들인 학자들 중 하나다. 피트의 연구에 덜 다듬어진 측면이 있기는 하지만, 그는 섬이 더 단단한 사회적·도덕적 질서를 구축할 때가 많아 공동체 개념에 부합하는 것처럼 보인다는 점에 주목했다. 섬은 바다로 통하기는 하지만 고립될 때가 많다. 피트에 따르면 격리되어 있는 섬은 "독창적 사유의 중심지"나 "문화 생존"의 안식처가 될 수 있다. 폐쇄적인 곳에서 문화가 섞이면, 태평양의 화물 숭배Cargo cult나 카리브해의 부두교처럼 "종교적 열정"이나 "창조성"이 두드러지는 "격렬한 사회적 행위"가 나타날 가능성이 생긴다. 섬이 완전히 고립되는 일은 없다는 것이 피트의 주장이다. 섬은 더 큰 맥락(바다)과 사회(육지)에 연결된다. 사회집단들은 섬들의 자연적 경계에 가로막히기도 하지만, 그 경계를 건너갈 수도 있다. "경계 횡단은 아주 중요한 요소다. 섬에서는 서로 얽힌 여러 무리들 사이에서 일종의 혼종적인 활력이 생기기 때문에,

섬 주민들은 생산적으로 협력하고 바깥의 개입에 맞설 가능성을 얻는다".[7] 이 주장의 상당 부분은 크리올화 개념과 그 가능성을 연상하게 한다. 피트가 크리올화라는 말을 쓰지는 않았으나 그의 관찰에서 아래와 같은 추론을 이끌어 낼 수 있다. 섬이라는 속성 자체가 크리올화의 원인은 아니지만 섬은 크리올화가 발생하기에 적합한 환경을 마련한다.

섬 자체보다는 섬 주민들을 사회학적으로 조사하는 사회이론도 있다. 이를테면 캐나다 브리티시컬럼비아주 섬에 정착한 주민들의 사회적 특성을 묘사한 필립 바니니Phillip Vannini의 연구 같은 경우다. 바니니가 인터뷰한 4백여 명 중 상당수가 스스로의 선택으로 섬 주민이 되었다. 그들의 표현에 따르면 본토의 '쥐떼 경주'에서 이탈해 도시나 교외의 생활방식을 등진 것이다. 이들은 전형적인 섬 주민들은 아니다. 벤슨Michaela Benson과 오라일리Karen O'Reilly가 말하는 '라이프스타일 이주자lifestyle migrants'에 가깝다.[8] 강제로 배에 실려 오거나 열대지방의 커피·코코아·바나나·설탕 플랜테이션에서 노동을 강요당한 다른 섬 주민들과 전혀 닮지 않았다. 바니니의 조사 자료가 예외적이기는 하나, 그는 모든 섬 생활이 지닌 두 가지 특성 때문에 섬이라는 장소가 거주민에게 선망의 대상이 된다고 주장한다. 그것은 '차단'과 '고립'이다.

차단과 고립은 동전의 앞뒷면이고, 여기서 이 동전은 섬이다. 차단은 대도시의 헤게모니적인 공간적 이동성에서 한 걸음 떨어져 있는 공동체로 들어가는 '적극적인' 행동이다(적어도 지역 주민들은 그렇게 생각한다). 고립은 사회 주변부로 밀려나 소외된 결과로 생겨난 '소극적인' 행동이다(역시 주민들은 그렇게 받아들인다). 차단과 고립은 이동성이나 비이동성에 대한 지향을 보여 주는 이 공동체들의 특징이자 그 지향이 실현된 결과이다.[9]

상당수 플랜테이션이 섬에 만들어졌고, 섬이라는 문화적 모체는 가혹한 노예노동이라는 조건하에서 강화·증폭되었다. 대서양 중간항로를 따라 서아프리카에서 신대륙으로 오는 길에서 살아남은 문화전통을 다룬 풍부한 학술 논의들은, 미국의 인류학자 멜빌 J. 헤르스코비츠Melville J. Herskovits가 각고의 노력을 들여 저술한 신대륙의 아프리카 문화전통 연구에 큰 빚을 지고 있다. 브라질의 사회학자이자 인류학인 질베르투 프레이리Gilberto Freyre가 브라질 플랜테이션의 사회적·문화적 특징을 창의적으로 포착해 낸 결과도 그만큼 인상적이다.[10] 이 연구들을 간략하게 요약해 보면, 어떤 아프리카 문화전통은 유지·재건되었지만 원래 사회 전체는 그렇게 되지 못했다. 북 연주, 춤, 구술 전통, 관습, 종교, 언어 등 세부적인 '문화 문법'은 크고 작은 어려움을 겪으며 다시 나타났다. 미셸 롤프 트루요Michel-Rolph Trouillot는 여러 플랜테이션들이 경제적 효율성 면에서, 또 백인과 흑인 혹은 남성과 여성 사이의 인구통계학적 균형 면에서 다양한 차이를 보인 것이, 주인과 노예 간 '문화적 아파르트헤이트'의 범위와 수준을 크게 바꾸었다고 지적한다.[11] 크리올화의 기반은 섬이나 플랜테이션이었다. 창의력과 저항의 뿌리는 간과하기 쉬운 아프리카인들의 다양한 노력에서 자라났다. 자신들의 유산을 되찾고, 디아스포라적 흔적을 되살리고, 스스로 발견한 이 낯선 세계와 관계 맺는 법을 배우려는 노력이었다.

차단과 고립, 원거리와 재연결, 제한과 경계 횡단 등, 위에서 서술한 섬과 플랜테이션의 특징들은 특정한 사회적 구조를 만들어 낸다. 앞으로 다루겠지만, 이 구조는 섬과 플랜테이션뿐 아니라 비슷한 특징이 발전된 내륙에서도 나타난다. 그렇다면 섬과 비슷한 정체성은 다양한 장소에서 등장할 수 있다. 루이지애나주의 습지나 강 하구 지역, 베네치아공화국의 유대인 게토 지역, 항구도시들의 자치 공간, 세계적 도시의 소수민족 구역 등이다.

섬 정체성

섬 정체성과 크리올화를 분석할 때 가장 중요한 접촉 지역 중 하나인 카리브해 제도를 우선 주목해 보자. 아이샤 칸Aisha Khan은 이 지역이 '지배적 상징'이라고 비판하기도 했다. 우리도 특정 지리학적 장소/순간에 맞춰 크리올화 개념을 제한하는 것은 문제가 있다고 본다. 모델과 현실의 자리를 바꾸면 픽션이 될 수 있다. 칸이 말했듯이, 이렇게 되면 "폐기해야 할 바로 그 가정이나 접근 방식들을 지원하게" 된다.[12] '섬'이라는 용어와 크리올화 개념이 서로 수렴하게 하려면, 이 말들이 여러 층위에서 작동한다는 점에 주의해야 한다. 둘

다 역사상 특정 공간이나 시기를 가리키는 특수한 말이면서도 비유로 쓰이기 때문이다. 크리올화는 문화 변이와 문화적 저항을, 섬은 원거리·편협·고립을 비유할 때 등장한다. 나아가 둘 모두 경계성, 중간자, 완결되지 못한 과정을 나타낸다. 두 용어 모두 특정한 과정과 실천을 의미하면서도, 글리상Édouard Glissant의 '관계의 시학'(7장 참조)이나 베니테스-로호Antonio Benítez-Rojo의 '반복되는 섬'을 떠올리게 하는, 세계를 향한 관계성·개방성을 뜻하기도 하는 것이다.[13]

이 의미론적 유사성은 왜 크리올화가 뿌리나 기원과 대립하는 경로·여행·이동의 특징을 갖는 공간인 바다에서 특히 두드러지는지를 설명해 줄 단서를 제공한다. 섬은 바다 교통로의 피난처나 연결 지점 역할을 하기 때문에 크리올화 과정이 제 형태를 갖춰 갈 때 중요한 역할을 한다. 위에서 언급했듯이, 공간성 문제를 이론화한 연구자들은 사회와 공간의 역동적인 관계를 지적했다. 이들의 통찰은 여기에서 빛을 발한다. 섬이 크리올화에 필수적인 공간은 아니다. 섬이라는 공간은 사회관계가 나타나길 기다리는 백지 상태가 아니라, 오히려 사회관계를 구성하고 사회관계 안에 깊숙이 자리한다. 카리브 제도를 비롯한 많은 탈식민 섬 공간에서 보듯, 이 사회관계들은 심각하게 불평등한 권력관계가 특징이다. 스튜어트 홀이 크리올화에 관해 논하며 말했듯이, "문화 간의 뒤엉킴만큼이나, 권력은 언제나 핵심적인 질문 대상이다."[14]

예컨대 카리브해 프랑스령 앤틸리스 제도의 크리올화는 뜨거운 논쟁을 불러왔다. 리처드 버턴Richard Burton 등 여러 연구자들은 크리올화를 둘러싼 어떤 긴장에 주목했다. 한편에는 '크리올 부흥운동'과 크리올 언어·문화·사상의 정착(이것 자체도 논란거리다)이 있지만, 이와 동시에 프랑스에 계속 의존하는 관계가 야기한 '탈크리올화'도 진행되고 있다는 것이다(7장 참조).[15] 그러나 프랑스령 앤틸리스 제도가 지닌 섬으로서의 속성은 프랑스 주류 문화로의 완전한 동화에 대한 저항과 관련되어 있으며, 어쩌면 저항의 부분적인 원인이라고도 할 수 있다. 한편으로 이 섬들은 식민지화 이후 프랑스에 '소유'되어 프랑스의 상상력이 주조한 이국적이고 귀중한 '욕망의 대상'으로 재현되었다.[16] 또 한편, 프랑스와 프랑스 문화에 대한 모방은 앤틸리스 정체성의 특징이기도 하나, 앤틸리스 제도가 단일 정체성 강요나 프랑스 동화정책에 저항하고 차이를 표출하는 강렬한 크리올화의 모범적인 예라는 점도 분명한 사실이다.

마르티니크(앤틸리스 제도의 화산섬) 출신 작가이자 사상가인 에두아르 글리상은 《관계의 시학Poétique de la relation》에서 역사의 트라우마, 플랜테이션의 트라우마에서 비롯된 카리브해 정체성의 특징인 예측불가능성과 창조적 카오스를 강조했다. "멀리 떨어진 그 공간은 언제나 다언어 다인종의 뒤엉킴이 계통의 그물망 속에 풀 수 없는 매듭을 만드는 곳이며, 그래서 서구 사유의 빛이 내리쬐던 선명한, 하나로 이어지는 질서를 무너뜨린다."[17] 역사적 경험의 트라우마가 낳은 카리브해 정체성, 크리올화한 공간의 복합적이고 리좀Rhyzome적인 본질이 '관계'의 세계를 사고하는 새로운 방식을 출현시켰다는 것이다(7장 참조). 글리상은 이렇게 말한다.

관계, 혹은 타자와의 열린 접속, 내가 관계의 시학이라고 이름 붙인 개념이 휘황찬란하고 의기양양했던 소위 대륙적·체계적 사고방식을 흐리멍텅하게 하거나 의기소침하게 만드는 곳, 다시 말해 카리브해나 태평양 등의 여러 바다에서 제도나 군도로 불리는 섬들을 떠올려 보면 어떨까? 분명 우리는 어디에나 적용할 수 있는 어떤 모델도 패턴도 찾아내지 못할 것이다. 카오스로 들끓는 우리 세계의 비유인 카오스의 '실험실'에서, 빛이 사방으로 분산되는 이 세계에서, 카오스는 아름답다. 카오스는 증오와 전쟁이 아니라 문화 교환의 희유稀有한 복잡성에서 태어났으며, 신대륙에 사는 이들을 마침내 처음으로 깊이 통합하고 진정으로 다양하게 했다.[18]

이 인용문에서 볼 수 있듯이, 섬 정체성, 제도나 군도의 정체성, 크리올화한 정체성은 현대사회에 대한 어떤 입장을 대변한다. 따라서 우리는 크리올화가 섬에서만 나타난다고 주장하는 것이 아니다.* 오히려 우리는 '섬이라는 속성'을 방정식 속의 한 변수로 넣는

---

* 섬과 다른 환경에서는 크리올화도 다른 형태로 나타날 것이라고 보는 것이 합리적이다. 예를 들어 쿠바 출신 소설가 베니테스-로호는 〈되풀이되는 섬The Repeating Island〉에서 수백만 명의 사망에도 불구하고 인구 감소가 절멸에까지는 이르지 않았기 때문에 중앙아메리카와 남아메리카 본토의 크리올화는 여타 지역과 다른 성격을 갖는다고 주장했다. 원주민 인구가 점차 회복되면서 이들은 스페인 정착민들과 연합하여 특유의 국민주의적이고 크리올화한 정치운동을 발전시켰다. 현대에는 특히 대중문화 차원에서 새로운 형태의 크리올화가 세계화한 '초다양성' 도시들에서 나타나고 있다. H. Adlai Murdoch, *Creolizing the Metropole: Migrant Caribbean Identities in Literature and Film*, Champaign, IL: University of Illinois Press, 2012.

것이 차별성 있는 크리올화의 형식을 찾아내고, 실제 혹은 비유로서의 크리올화가 두드러지게 나타나는 과정, 실천, 환경을 숙고하게 해 준다고 본다.

접촉 지역으로서의 항구도시

항구도시에 관한 초기 연구 대부분은 지중해 지역에 초점을 맞췄다. 아테네, 이스탄불, 제노바, 이즈미르, 테살로니키, 트리에스테, 알렉산드리아 등의 유명한 항구들이다. 이 지중해 항구들은 상당한 "인력, 권력, 사회적 · 문화적 자본의 집중"을 과시했다.[19] 세계시민주의라는 발상은 아테네에서 출현했고(세계시민주의cosmopolitanism는 그리스어로 '세계'와 '도시'가 합쳐진 말이다), 이 항구도시들에 다양한 기원을 가진 사람들이 모여들자 몇몇 학자들이 '세계시민'이라는 모호한 표현을 쓰게 되었다. 세계시민이라는 말이 생겨났다고 해서 항구도시의 여러 문화 사이의 관계가 밝고 달콤했다고 넘겨짚는 것은 옳지 않다. 조금 의외일지 모르겠으나, 이 지점을 논하기 위해 셰익스피어의《베니스의 상인》을 예로 들어 보겠다.

역사가들이 말해 주듯이, 베네치아는 세계에서 가장 강력하고 부유한 항구도시 중 하나였다. 14세기 들어 이 도시의 힘은 다른 유럽 도시들을 멀찍이 따돌리고 국가들과 경쟁할 정도로 자라났다. 베네치아 함대는 지중해를 재패했다. 베네치아 의회는 베네치아공화국의 경계를 넘어 콘스탄티노플과 크레타, 그리스 일부까지 통치했다.

전성기에는 세계 곳곳의 상인들이 베네치아로 몰려들었다. 1385년에 유대인 거주 허가가 떨어졌는데, 장거리 항해에 필요한 자금을 융통해 줄 대금업자들이 필요했기 때문이었다(셰익스피어 희곡에 등장하는 샤일록은 바로 이 일에 종사했다). 유대교 신앙을 지키는 대신에 유대인들은 여러 가지 방식의 차별을 받았다. 가령 제한구역인 '게토' 바깥으로 나갈 때는 왼쪽 어깨 위에 노란 원 모양의 표식을 달아야만 했다. 베네치아의 '게토'는 세계 최초의 게토ghetto였다. 제한구역 근처에 '게토getto', 즉 제철소가 있었기 때문에 붙은 이름이다.[20] 현재, 게토는 차별받는 집단들이 거주하는 도시 빈곤 지역을 가리킨다.

셰익스피어 희곡의 플롯은 샤일록이 안토니오의 친구에게 돈을 빌려준 사건이 중심이다. 만약 기한 내에 돈을 갚지 않으면 안토니오의 살 1파운드로 변제한다는 조건이었다. 이 기묘한 계약의 밑바탕에는 자기 배가 돌아오면 큰 이익을 볼 테니 충분히 돈을 갚을 수 있다는 안토니오의 자신감, 그리고 유대인이라는 이유로 안토니오에게 계속 모욕을 당해 왔던 샤일록의 증오가 있다. 결국 안토니오의 배는 침몰하고 샤일록은 그의 살을 요구한다. 이 작품에는 인물 차원이든 사회적 차원이든 복잡한 여러 층위가 개재해 있으며, 두 법학자의 지적에 따르면 법 체제의 본질을 결정적으로 간파한 작품이다. 기독교도들은 확실히 유대인을 증오했다. 그러나 국제무역이 증가하면서 베네치아는 차별을 용인하지 않는 법의 원칙하에 상업을 관리해야 했다. 법률 준수의 의무와 시장 이데올로기가 샤일록과 안토니오 사이의 기괴한 계약을 성립시켰다.[21] 요컨대 일찍이 표

명된 자본주의 원칙은 국가 층위의 불편부당함과 사회 층위의 불공
정함을 결합시킨 것이다. 현대에 사는 우리에게도 친숙한 이 병치
는, 자신도 같은 인간이라고 말하는 샤일록의 대사에서 더 신랄하게
조명된다.

나는 유대인이오. 유대인은 눈이 없나? 손이, 내장이, 몸이 없냔 말
이오. 감각도, 감정도, 열정도 없는 줄 아시오? 기독교도들과 같은 음
식을 먹고, 같은 무기에 찔리면 다치고, 같은 병에 걸리고 같은 약으
로 낫지요. 똑같이 겨울에는 춥고 여름에는 덥습디다. 찔러 보시오,
피가 안 나나? 독을 먹여 보시오. 안 죽겠소? 우리에게 나쁜 짓을 하
면, 우리라고 복수를 안 하겠소? 다른 일에서 우리가 당신네와 비슷
하다면, 이번 일에서도 똑같이 할 거요.[22]

부유한 가문들이 세운 장엄한 궁전들이 과거의 영광을 아직도 보
여 주고 있기는 해도 베네치아는 쇠퇴했다. 그러나 베네치아는 동
지중해 항구도시들이 보여 줄 일반적인 특성들을 선취했다. 드리센
Henk Driessen에 따르면, 이 도시들이 자랑한 "다언어, 다종교, 개방성,
진취성, 문화 교류, 그리고 미약하나마 갖췄던 관용성"은 "무슬림이
아닌 자들에게도 보호와 어느 정도의 자율성을 보장해 준 오스만 밀
레트 제도"에 뿌리를 두고 있다.*[23] 여기서 핵심은 "미약하나마 갖췄

---

* [역주] 밀레트Millet는 오스만제국의 종파별 자치 공동체를 의미한다. 이슬람 외의 종교공동

던 관용성"과 "어느 정도의 자율성"이다. 이 도시들에 거주한 다양한 성격의 인구들을 (차이를 찬양한다는 의미를 지니는) '세계시민'으로 보는 것은 과장이다.[24] 주거지 분리와 종족/종교 갈등을 제한된 문화 교류로 봉합하는 형태였으며, 이는 크리올화는 물론이고 세계시민주의에도 한참 모자라는 것이었다. 비슷한 예로 페리클리스 시대 아테네는 세계시민주의를 내걸었지만, 아테네 거주민 대부분은 그 이상과는 거리가 멀었다.

19세기에 자본주의와 무역이 크게 발전하면서 옛 항구도시들의 성격도 변화했다. 영국은 1809~1849년 사이 40년 동안 수입이 3배, 수출은 5배 증가했다. 그 대부분이 런던을 통해 이루어졌다.[25] 지중해 항구들도 19세기 들어 성장했고 부유한 상인들은 자기 민족 거주지 바깥에서 학교, 병원, 도서관 등 공공사업에 기부했다. 인도와 무역을 하게 된 이후 뭄바이·콜카타·홍콩·상하이 등이 개항했고, 노예무역을 포함한 대부분의 무역 중심지가 지중해에서 대서양으로 옮겨지면서 리스본·포르투·보르도·낭트·브리스톨·리버풀 등의 서유럽 항구가 번창했다. 대서양 너머 신대륙에는 사우바도르 데 바이아, 뉴욕, 뉴올리언스 등의 거대한 항구도시들이 성장해 상품과 노예, 이민자, 선원들이 상륙하는 주요 기점이 되었다. 상호작용의 새로운 가능성을 낳은 팽창이었다.

체들도 종교, 관습, 언어를 유지할 수 있었으며 납세 의무 등의 제한 외에는 재판권까지 갖는 폭넓은 자치 권한을 지녔다

항구도시는 이주와 이동성을 제어하는 관문이자 다종교·다민족·다언어적 배경을 지닌 사람들이 모여 드는 장소였으나, 사회·민족·종교적 통합과 배제가 이루어지는 무대이기도 했다. 여기에 나타난 자치 공간들은 다양한 세계를 매개했고 지리학적 극장으로 기능했다. 이 극장에서 개인, 사회, 국가는 각자의 이득을 위해 다양한 역할을 하는 기술을 익혔다.[26]

새로 활력을 얻은 항구도시들, 즉 크리올화한 공간은 홍등가나 범죄 위험이 높은 지역, 혹은 과도기적인 공간인 경우가 다반사였지만 점점 번성해 나갔다. 남아프리카공화국 케이프타운의 제6구역은 당국에 반항적인 크리올화 지역이었고, 아파르트헤이트 정책을 펴던 백인 정부는 이곳을 불도저로 밀어 버렸다. 〔웨일스 남부〕카디프의 타이거 베이에서는 소말리아·예멘·이탈리아·스페인·카리브해·아일랜드 이민자들이 성적으로, 문화적으로 웨일스 사람들과 깊은 관계를 맺었다. 리버풀의 톡스테스는 아일랜드인 및 웨일스인, 그리고 영연방 최초의 아프리카인인 카리브인들과 중국인들을 수용했다. 대서양 건너편에서는 더 극적인 대규모의 크리올화가 일어났다. 아프리카 민속종교와 가톨릭 전통이 융합한 종교인 칸돔블레Candomblé가 브라질의 사우바도르 데 바이아에서 여러 나라로 퍼져 나가 이제는 신도가 2백만 명에 달한다. 사우바도르는 춤, 음악, 곡예를 합쳐 노예들이 발전시킨 무술 카포에이라의 고향이기도 하다. 브라질에서 크리올화한 삼바는 전 세계에서 수많은 사람들이 열광하는 춤이다. 4장에서 살펴보겠지만 뉴올리언스에서 출현한 크리올 음악인 재즈는 전 세계 대중음악의 기반이 되었다.

브라질과 미국의 춤·종교·음악 등 많은 문화유산들은 여전히 활발하게, 더 많은 인기를 모으며 건강하고 창조적인 방식으로 계속해서 크리올화하고 있다. 그러나 여러 항구도시들에서 다민족 접촉은 국민주의와 내전으로 일그러졌다. 레바논의 베이루트는 '그린 라인green line'으로 동부 기독교인 지역과 서부 무슬림 지역으로 나눠진 상태다(그린 라인은 이스라엘이 1948년 전쟁에서 승리하며 획득한 땅의 경계선을 의미한다)* 이집트의 알렉산드리아는 E. M. 포스터, 로렌스 더럴, 클라우디아 로덴 등의 작가들이 칭송했던 다채로운 과거에 비하면 단조로워졌다. 저명한 음식문화 작가인 로덴은 알렉산드리아 시장에서 아랍인, 그리스인, 터키인, 아르메니아인, 콥트교도와 유대인들이 뒤섞여 있던 풍경을 나직하게 읊조리면서(5만 명에 달했던 유대인은 이제 50명 정도 남아 있다), 상류 계층들이 주로 먹던 음식들이 "정말 거의 에로틱할 정도로 끝없는 즐거움"을 주었다고 회고한

---

* [역주] 이 설명에는 오류가 있다. 그린 라인은 분쟁 지역에서 휴전 및 정전 시기에 설정된 완충 지대를 가리키는 일반 용어로서, 터키계와 그리스계 사이의 내전으로 분단된 키프로스나 인도-파키스탄 국경 분쟁 지역 등에 지정된 그린 라인이 대표적인 사례다. 한반도의 DMZ도 그린 라인의 성격을 갖는다. 물론 가장 유명한 그린 라인은 이스라엘이 48년 전쟁뿐만 아니라 이후의 중동 전쟁에서 승리하면서 레바논, 시리아, 요르단, 이집트와의 경계 사이에 정한 그린 라인들이다. 그러나 베이루트의 그린 라인은 1970년대부터 90년대까지 계속된 레바논 내전 중에 설정된 것으로서, 1948년 이스라엘 독립전쟁과는 직접적인 관계가 없다. 현재 레바논 당국은 옛 그린 라인 지역의 재개발을 위해 노력 중이나 여전히 그린 라인 양쪽으로 종파에 따라 분리 거주하는 현상은 지속되고 있다.

다.[27] 비슷한 예로, 내륙 항구인 콜카타에서 토론토와 런던으로 이주한 영국-인도 혼혈인과 중국인들도 '디아스포라적 도시'를 그리워하며 강한 향수를 드러낸다. 영국-인도 혼혈인들이 이웃들, 살던 거리, 클럽과 교회를 회상하거나, 중국인들이 무두장이 · 목수 · 제화공 · 치과의사 등으로 일했던 경험을 흐뭇하게 떠올릴 때면 도시 공간에 대한 새로운 디아스포라적 동경이 나타난다. '고향'은 거대하고 민족국가적인 공간이라는 일반적인 관점의 변화를 보여 주는 중요한 대목이다.[28]

초다양성 도시

세계자본의 시대인 요즘, 널리 알려진 도시들 대부분이 '세계적 도시global city'라는 사실은 그리 놀라운 일도 아니다.[29] 이 도시들에는 주요 은행, 보험사, 주식거래소의 본사들이 몰려 있다. 뉴욕 · 홍콩 · 도쿄 등은 원래 항구이긴 하나, 항공기들의 허브로 더 중요한 역할을 한다. 통신과 정보의 중심이라는 점도 눈에 띈다. 방송사, 음반사, 주요 출판사나 신문사들도 이곳에 자리 잡는다. '세계적 도시'라는 개념은 새로운 공간적 위계와 새로운 국제 분업이 특징인 도시들을 분류하기 위한 지리정치학적 용어로 폭넓게 쓰이고 있다.

세계적 도시들에 대한 논의들 대부분은 세계화 이론에서 나왔고 세계자본 차원에서 이 도시들이 수행하는 기능을 주로 다룬다. 그러나 우리는 사회학 차원에서 탐사하는 쪽에 더 관심이 있다. 세계적 도시들은 '초다양성'이라는 특성으로 인해 문화 접촉의 주요 장소가 되었다. 스티븐 버토벡의 말처럼 초다양성은 민족, 언어, 종교, 지역 정체성이나 문화 가치 등이 서로 다른 여러 국가 출신의 이주민이 등장하면서 촉발된다. 이들은 이주 경로도 법적 지위도 인적 자본의 층위도 서로 달라서 쉽게 직업을 찾기도 하지만 착취당할 위험도 그만큼 높다.[30] 세계적 도시로 육성된 도시에서만 초다양성이 높아지고 있는 것도 아니다. 미국, 캐나다, 유럽으로 새로 이주한 이들 중 상당수는 흔히 짐작하기 쉬운 도시들이 아닌 곳으로 향했다. 우리는 '평범한 도시ordinary cities'라는 개념을 내놓은 지리학자 제니퍼 로빈슨Jennifer Robinson의 의견에 대부분 동의한다.

도시 세계를 출발점으로 삼아 모든 도시의 다양성과 복잡성에 주의를 기울일 것. 도시화를 시작한 도시들에만 관심을 갖지 말 것. 평범한 도시의 세계에서 도시가 존재하는 방식, 도시의 새로운 미래를 개척해 가는 방식은 아주 다양할 뿐더러, 모든 도시인들이 보여 준 창의력의 산물이다.[31]

스튜어트 홀도 세계적 도시만이 아니라 보통의 도시들도 "다양한 인간 행위를 수렴하는 공간적 자석으로 기능"한다고 주장한 바 있다. 그래야 "도시가 무역 중심지로, 시장으로, 그래서 문화 교류와 사회적 복잡성의 장소로 오랜 역사를 갖는 이유"가 설명된다는 것이다.[32] 여기서 오쿠이 엔위저Okwui Enwezor의 말을 덧붙이면 적절하겠다. 그에 따르면 도시는 "새로운 디아스포라적 배치가 공간을 재구성"하는 "오늘날의 크리올화 공간"이다.[33] 예전의 섬, 플랜테이션, 항구도시와 마찬가지로 초다양성 도시는 다양한 민족과 종교가 공존하는 접촉 지역이지만, 자본·노동·권력이 불균등하게 나누어진 공간 배치를 특징으로 한다. 우리는 이곳에서 "현대 세계의 플랜테이션과 불평등의 지정학이 메아리치는" 소리를 듣는다.[34] 또한 도시 공간은 섬처럼 만남의 장소다. 배제가 늘어나고 차이를 벌리는 곳인 동시에 새로운 문화 교류 형식을 낳고 '차이의 표식'(7장 참조)을 지우는 곳이다.

도시 공간에 디아스포라와 크리올화 개념을 나란히 적용하는 것은, 새로운 '접촉의 지리학'[35]을 둘러싼 근래의 논쟁에 신선한 관점을 내놓으려는 시도다. 민족, 인종, 계급, 젠더, 종교, 세대에 따라 다양한 기원과 성향을 지닌 사람들 간의 접촉은 오랫동안 학술 및 공공 정책의 연구 대상이었다. 다양성이라는 난제를 해결하는 데에 초점을 맞춘 지방 정책과 국가정책은 동화와 통합을 목표로 하다가 다문화주의 장려로 넘어갔으며, 다음에는 공동체 응집을 내세워 실상은 국가 주도 동화정책으로 회귀하였다. 크리올화나 디아스포라가 함축하는 바와는 정반대 방향으로 향하면서 '미국식', '영국적 가치', 프랑스의 '공화주의적 이상' 등 막연한 국가주의적 신화 밑에 종속시키는 방식으로 이 문제를 해결하려고 한 것이다.

학술 분야에서 다문화주의의 퇴조는 이른바 '다양성에 관한 태도의 전환'을 불러왔다. 다양성 그 자체를 강조하기 위해 특정 민족 집단들에 초점을 맞추는 방식, 즉 '집단 전체'를 탐구하는 태도 대신에 '관계들'에 관심을 기울이는 방향이다.[36] 어떤 민족 집단을 분석 단위로 삼아 차이를 강화하고 인위적 경계를 설정하기보다는, "다른 조건, 다른 범위, 특정 장소"에 따라 그 집단 내부에서 또는 집단을 가로질러 나타나는 차이의 새로운 구성에 초점을 두는 쪽으로 이동한 것이다. 이 연구 방향에서는 "근본적으로 지리학이 중요하다"는 인식이 점점 높아지고 있다.[37] 앞서 섬이나 항구도시에 관한 논의에서 보았듯, 사회 정체성 형성과 그 과정이 진행 중인 공간 사이의 관계는 역동적이고 상호 구성적이다.

초다양성 도시의 다양성과 차이에 대한 연구들은 분석 단위로 도시의 특정 장소를 취하는 경향이 있다. 그중 흥미롭고 풍성한 결과를 보여 주는 연구를 네 편 소개하고자 한다.

① 주잔느 베센도르프Susanne Wessendorf는 '평범한 다양성commonplace diversity'이라는 개념을 사용하여 런던 자치구 해크니에 거주하는 다양한 사람들의 상호작용을 그려 냈다. 이 꼼꼼한 문화기술지는 민족, 계급, 세대 간 경계를 가로지르며 발생하는 충성과 분리의 미묘한 형식들을 드러낸다. 혼합을 존중하는 태도는 공공 영역이나 제휴가 일어나는 영역에서 일반적으로 받아들여지지만, 사회 영역에서는 분리가 그대로 남아 있다. 극단적으로 전통을 고수하는 유대인들이나 비주류 문화에 심취한 중산층 같은 특정 집단들은 대부분의 주민들이 일상에서 겪는 문화 교차와

동떨어진 채로 살아간다.[38]

② 벤 기들리Ben Gidley는 런던 남부의 주택단지를 연구 대상으로 삼았다. 고층빌딩 세 채에 1백여 개 언어로 말하는 1백여 개국 출신 사람들이 거주하는 곳이다. 이 작은 공간에 모인 사람들이 보여 주는 특별한 복합성은 '일상의 다문화everyday multiculture'라고 표현된다. "정체성 확인의 기준이 엄청나게 많아지자, 손꼽을 만한 수의 문화들만을 상정했던 과거의 다문화주의 개념은 무용지물이 되었다." "이제 다문화라는 용어는 문화 그 자체의 본질이 다양성이라는 의미로 쓰는 편이 더 낫다."[39]

③ 모리셔스의 크리올화를 연구했던 노르웨이 인류학자 토마스 휠란 에릭센Thomas Hylland Eriksen은 오슬로 외곽 20분 거리에 위치한 푸루세에 주목했다. 쿠르드족이나 파키스탄 혈통의 소수 집단이 인구의 70퍼센트를 차지하는 곳이다. 2세대 이민자들은 기본 언어로 노르웨이어를 사용한다. 크리올화의 언어 문법을 뒤집은 셈이지만, 노르웨이 주류 사회와의 문화적 차이에 대한 감각은 여전히 남아 있다. 에릭센에 의하면, 버토벡이 말한 초다양성 개념은 런던보다 푸루세에 더 잘 어울릴지도 모른다.[40]

④ 알렉스 리스 테일러Alex Rhys-Taylor는 쿠바 인류학자 페르난도 오르티스Fernando Ortiz의 '문화횡단transculturation' 개념을 도입해 런던 내부의 좁은 도시 공간을 탐사한다. 런던 동부 시장의 문화기술지를 감각적으로 그려 낸 이 연구는 그 독특한 공간에서 경험할 수 있는 다양한 냄새와 맛의 융합에 주로 초점을 맞춘다.

과거 런던에서 인종차별적 폭력과 외국인 혐오가 빈번했고 현대에도 새로운 가면을 쓰고 출몰한다는 사실을 무시하지 않으면서, 문화 교류를 흔히 부정적으로 묘사하는 한계를 극복하고 문화 요소들이 만나고 융합해 "문화적 차이의 위험성이 희석되는" 순간을 보여 주려는 시도다.[41]

많은 연구들 중에서 네 편만 골라 보았을 뿐이지만 어떤 패턴은 분명히 나타난다. 연구자들은 일상 어휘에는 만족하지 못한다. 제목이나 서론 첫 문단부터 다문화, 평범한 다양성, 크리올화, 문화횡단 등이 등장한다. 내용이 전개되면 혼종, 일상적 세계시민주의, 공생conviviality, 트랜스내셔널리즘transnationalism처럼 동의어로 보이는 말들이 더 많이 사용된다. 그러나 이 불안정해 보이는 학술용어들은 모두 이제 막 출현하고 있는 정체성들을 겨냥하고 있다. 앞에서 언급한 디아스포라와 크리올화의 미묘한 관계처럼, 이 정체성들은 특정한 과거를 끌어오고 특정한 현재와 결합한다. 차이는 얼어붙거나 녹아내리기도 하고, 일상의 관계들을 뛰어넘기도, 그 문을 닫아걸기도 한다. 정체성은 섬처럼 근처의 내륙과 연결되기도 하고, 단절되거나 자기 안에 숨기도 한다. 앞에서 이야기했듯이 이 과정을 도시 전체가 항상 꼭 겪는 것은 아니다. 오히려 문화 접촉은 집, 거리, 공원, 시장, 카페, 교회, 이웃집처럼 특정 공간에서 일어난다. 이 공간들의 분석에 크리올화 개념을 더하는 것은 그저 다양성을 묘사하거나 교류 가능성을 타진하는 문화기술지를 서술하기 위해서가 아니다. 측정하거나 추적하기 쉽지 않지만 분명히 진행 중인 되돌릴 수 없는 변화, 창조적이고 전투적이며 이제 막 태동 중인 새로운 문화적 형태와 정체성의 출현을 분석할 틀을 마련하기 위해서다. 크리올화는 문화 상호작용을 낮춰 보거나 부정적으로 이해하는 관점을 극복하게 해 준다. 문화 상호작용이 불균등한 권력관계를 재생산한다는 식으로 단순화하지 않게 하는 것이다. 특정 공간에서 일상적으로 다름과 마주하는 경험이 지닌 생산적 가능성을 숙고하게 하는 것이기도 하다. 나아가 크리올화라는 틀에는 해방적인 성격도 있다. 주변부에서 나타난 표현을 중심부의 현실을 이해하기 위해 도입하는 것은, 식민지에 제국주의의 용어를 강요한 과거를 뒤집는 일이기 때문이다.

결론

3장에서는 사회 및 문화지리학 연구자들이 발전시킨 일반 이론들을 다루었다. 공간의 중요성을 입증한 이 이론들은 공간적, 사회적 관계가 상호 구성적이라는 것을 보여 준다. 관계의 상호 구성 과정과 섬, 항구도시, 초다양성 도시 등 세 접촉 지역은 밀접한 관련이 있다. 메리 루이즈 프랫이 '접촉 지역'이라는 용어를 어떻게 사용했는지 살펴보자. 프랫은 제국주의 시대의 여행기 분석이 목표였지만 신기할 정도로 우리와 입장이 비슷하다. 우리와 마찬가지로 초기 접촉 형식을 이해하는 것이 중요하다고 강조했고 특히 언어 접촉을 중요시했다(2장 앞부분 참고). 식민 개척자와 접촉 지역의 구별도 유용하다. 식민자가 무역 및 유럽 권력 팽창과 관련 있는 것이라면, 접촉 지역은 "이전에 지리 · 역사상으로 분리되었던 행위자들이 공존하는 공간 및 시간, 즉 그들의 궤적이 교차하는 지점을 상기시킨다." 접촉 지역은 식민자와 식민지인이 "서로 연계된 이해 방식과 관행, 근본적으로 불균등한 권력관계" 속에 얽혀 있는 공간이다.[42]

우리는 섬과 플랜테이션이 상호 교류의 대표적인 형식으로 자리잡고 거기에서 새로운 정체성이 생겨나는 과정을 살펴보았다. 섬 정체성이라는 말은 비유로서 쓰일 때 트라우마를 남긴 역사적 경험을 의미하거나 고립과 연결을 뜻하기도 한다. 개방과 폐쇄는 동시에 일어나는데, 항구도시에서도 이런 현상이 꾸준히 나타난다. 무역, 선원, 이주자의 세계를 향해 문을 열지만 게토, 격리 구역처럼 닫힌 공간도 쉽게 만들어 낸다. 섬의 정체성은 섬에서 내륙으로 건너가기도 한다. 카리브해에서 이주한 이들은 "식민 본국을 크리올화"하면서 "살던 곳의 크리올화를 흉내 내거나 재현한다." 앤틸리스 제도에서 파리로, 서인도 제도에서 미국으로 이주한 디아스포라들은 플랜테이션에서의 접촉을 식민 본국의 환경 속으로 옮겨 놓았다.[43]

도시의 문화 접촉 연구는 섬과 항구도시 연구처럼 공간의 결정적인 역할을 인식하면서 큰 진전을 보였다. 마이클 피터 스미스Michael Peter Smith가 내놓은 '국가횡단적 도시성transnational urbanism' 개념이 강조하는 지점이기도 하다.[44] 이 개념에는 "국가횡단적 도시에서 사회적 관계를 (재)구성할, 아직은 나타나지 않았으나 확실한 가능성"에 관한 인식이 담겨 있다. 스미스는 그 과정의 역사화가 중요하다고 강조하지만, '다양성'을 공부하는 많은 학생들이 역사적 맥락과 선례를 논하는 일이 거의 없다는 것은 조금 놀라운 일이다. 베르제가 말했듯이 "처음부터 다문화·다종교·다민족적이었던" 과거의 접촉 지역, 신대륙의 섬과 플랜테이션 공간은 "유럽이 이제 발견하고 있는 것"과 놀라운 유사성을 보인다. "우리는 상실, 강제 이동, 강제 이주, 폭력과 저항을 이미 경험했다."[45]

디아스포라와 크리올화 개념을 항구 및 도시 연구에 적용함으로써, "삶의 상호공유 양식"이 "권력, 인식, 물질적·상징적 자원의 현격한 격차"가 두드러지는 상황 속에서 어떻게 출현할 수 있는지를 사유하는 새로운 시각을 마련할 수 있다.[46] 우리는 이 장에서 삶의 공유 양식이 나타나는 방식을 이해하려면 공간을 고려해야만 한다는 점을 강조했다. 역사, 권력, 공간은 특정 공간에서 출현하는 정체성 형성 과정의 기저를 이룬다. 음악, 카니발, 문화유산 구축, 정체성 정치를 다루는 이 책의 다른 장들도 위의 시각을 토대로 한다. 4장에서는 음악이 섬이나 항구도시에서 그 디아스포라적 근원을 통해 어떻게 출현하고 크리올화했는지, 그래서 어떻게 새로운 디아스포라적 선구자가 되었는지를 추적해 본다.

4장

혼성 정체성의 표현
음악

앞에서 서술했듯이 문화는 완전한 형태를 원래대로 유지하거나 역사적으로 불변하지 않는다. 나타나고 다시 등장하며, 일부를 교환하고, 밀려나거나 흡수된다. 사회적 행위자는 디아스포라적 과거를 떠올리게 하는 사회적 행위양식에 관여하거나 이웃, 친구, 주변 공동체와 친밀한 관계를 만드는 존재, 행동, 이해 방식을 발전시킨다. 즉, 크리올화한다. 이 장에서는 대중문화의 핵심 분야인 음악이 어떤 식으로 발전하고 어떤 역할을 수행하는지를 고찰해 본다. 음악은 영향을 주고받기가 가장 쉬운 문화다. 음악을 하거나 듣는 일은 박수, 발 구르기, 코러스 반복 등의 가장 단순한 형태부터 화음, 음계, 리듬 등의 복잡한 부분에 이르기까지 여러 층위에 걸쳐 있기 때문이다. 특히 종교음악에서는 문화 교차가 쉽게 일어난다. 아마도 종교음악이 전달하고자 하는 슬픔, 비탄, 희망, 사랑, 헌신, 기쁨, 경외감, 두려움 등의 감정을 모두 알고 있기 때문일 것이다.

날카로운 시각을 보여 주는 프랑스의 대중음악 연구자 드니–콩스탕 마르탱Denis-constan Martin의 논의는 대중문화에 대한 우리의 관심사와 비슷한 점이 많고, 앞으로 살펴볼 카보베르데와 루이지애나의 사례에도 시사하는 바가 크다. 그는 "오늘날 대중음악이라고 불리는 음악 양식 대부분은 어떤 식으로든, 유럽인이 정복한 영토에서 노예 제도에 기반해 구성된 사회 내 행위들"이 파생시킨 것이라고 단언한다. 대중음악은 "제 고향에서 억지로 끌려온 사람들의 인간성을 부정하는 행위에 기초한, 불평등과 절대적 폭력이라는 특수한 조건 아래에서" 배태된 것이다.[1] 역경에 처했을 때 발휘되는 창의력은 크리올화의 특징을 정의하는 핵심 요소 중 하나다. 카보베르데와 루이지애나에서 전개된 사회문화적 상호작용의 주요 형태를 기술한 후(이부분은 5장 카니발에 대한 논의의 기초가 된다), 결론을 내리기 전에 두 지역에서 대중음악이 발전한 여러 방식을 자세히 설명할 것이다.

카보베르데에서의 접촉

카보베르데는 분명 "대서양 세계 최초의 크리올 사회"였으며, 아프리카 · 유럽 · 아메리카 대륙 사이에 자리한 지리적 · 전략적 위치로 인해 "무역의 시대가 시작될 때 대서양 횡단 노예무역 항로의 중심지"가 되었다.[2] 유럽 식민지 개척자들의 정복과 정착, 그리고 아프리카 여러 나라에서의 노예 수입으로 이 섬나라가 탄생했다. 따라서, 식민지화 이전의 '뿌리'에 대한 집단기억을 유지하려고 안간힘을 쓰는 상황에서 크리올 문화 실천과 정체성이 나타났다는 것은 놀라운 일이 아니다. 크리올화 경험은 너무 자연스러워서 카보베르데인들에게 크리올화와 '크리올'의 뜻이 무엇인지 물으면, 그 말들이 다른 장소를 가리킬 수 있다고 생각해 보지 못했다는 대답이 돌아온다. 그들은 카보베르데의 독특한 크리올, 혼성문화만을 의미하는 단어라고 생각해 왔다는 것이다. 인터뷰에 응한 사람들 중 한 명은 "그건 우리의 존재 방식입니다. 모든 것을 포함하지요"라고 답했다. 또 다른 사람은 이렇게 말했다. "우리에게 크리올화는 아프리카도 유럽도 아닌, 문화적으로 중간에 있는 겁니다."

카보베르데 사람들의 크리올적 성격은 명확했지만, 국민 정체성의 추구는 아프리카적인 것과 유럽적인 것, 그리고 전통과 모더니티 사이의 갈등으로 어려움을 겪었다.[3] 1975년 독립 이후에는 갈등이 더 심했다. 이 모순은 지식인들의 치열한 논쟁에서 잘 드러난다. 식민지 후기에 등장한 문화 및 문학운동인 '클라리다지Claridade'는 카보베르데의 독특한 크리올 문화와 언어 정체성을 지키려고 노력했으며,[*] 포르투갈어로 크리올이라는 뜻의 메스치사쳄mestiçagem 운동은 '포르투갈적인 문화'의 표현을 내세웠다.[4] 반대로 독립 이후의 집권당은 아프리카 유산의 복원을 노렸다.[**] 상티아구섬 깊숙이 숨어 살던 바디우, 즉 탈출 노예 후손들의 문화를 재평가하려는 노력도 그중 일부다. 정부는 이들을 "카보베르데인들의 정당성, 진정성, 해방

---

[*] [역주] 포르투갈어로 빛이라는 뜻의 클라리다지는 1936년부터 1960년까지 발행된 문학잡지로, 카보베르데 지식인들이 사회·문화·정치적인 해방운동을 벌이는 매체로 기능했다.

[**] 당시의 집권당인 카보베르데-기니비사우 독립 아프리카당은 같은 포르투갈 식민지였던 카보베르데와 기니비사우 모두에서 반식민지 투쟁을 강력하게 전개했던 조직이다. 기니비사우는 73년, 카보베르데는 75년 독립했고 두 나라의 통합 운동도 활발했으나, 1980년 기니비사우에서 쿠데타가 발생한 뒤 두 나라 간의 관계가 경색되자 당명을 '카보베르데 독립 아프리카당'으로 바꿨다.

을 위해 20세기에 벌인 투쟁의 낭만적 상징"으로 자리매김했다.[5] 그러나 정권이 교체되자 정반대 현상이 일어났다. 카보베르데 정체성의 유럽적 측면이 강조되면서 아프리카와의 거리를 벌리기 위해 국기와 국가를 모두 바꾼 것이다.

문화 엘리트나 정부가 주도한 이 일들은 모두 카보베르데의 '정통성'을 정의하고 크리올화와 디아스포라를 구성하는 다양한 요소들의 경중을 따지려는 시도였다. 그러나 카보베르데의 문화 정체성을 규정하려는 하향식 시도들은 "국민주의·민족배타주의·인종차별주의가 담긴 주관적 성격"을 보여 줬을 뿐 아니라, 이곳에서 진행된 크리올화의 숨겨진 형태들도 포착하지 못했다.[6] 과거에서 정통성을 얻어 내려는 엘리트들은 뿌리를 탐구하다가 정체성을 본질화할 때가 많다. 이는 역동적인 카보베르데 역사와 '심도 깊은 크리올화'를 무시하는 일이며,[7] 뿌리 탐구가 아니라 뿌리 뽑기로 이어진다. 또한 2세대, 3세대 이민자를 포함하면 섬에 거주하는 사람들보다 더 많은 인구를 이루는 카보베르데 디아스포라의 강력한 영향을 외면하는 것이기도 하다. 엘리자베스 챌리너Elizabeth Challinor의 말처럼 "과거와 현재를 잇는 선을 다르게 그린다면, 카보베르데 문화에 '침입'했다고 여겨지는 것이 문화 생산 과정에 동등하게 공헌하는 모습을 보게 될 것이다."[8] 이 주장을 따라 우리는 과거와 현재를 잇는 선을 다시 그려 보면서, 음악적 표현 아래에 숨어 있던 카보베르데 정체성의 다른 면모가 어떻게 출현하는지를 탐구할 것이다.

루이지애나의 디아스포라/크리올화 정체성

카보베르데가 섬의 크리올화 문제에서 그 출발점이자 중심이라면(카리브해 섬들이 이 자리를 내놓으라고 주장하긴 하지만), 루이지애나는 내륙의 크리올화에서 가장 유명하고 중요한 예다. 초기 크리올 사회의 특성은 어느 정도 비슷한 뿌리를 갖는다. 프랑스령 루이지애나는 남서쪽의 스페인 식민지, 북동쪽의 영국 식민지와 꽤 떨어져 있었다. 문화적 근원은 아프리카와 유럽이었으며, 카보베르데 크리올에서 포르투갈어 어휘가 차지하는 부분이 큰 것처럼 언어는 프랑스 크리올이었다. 카보베르데와 마찬가지로 가톨릭이 우세했고 노예제였으며, 'gens de couleur libres', 즉 자유 유색인이나 크리올 유색인으로 불리는 혼혈 집단이 뉴올리언스뿐 아니라 펜서콜라〔플로리다주〕, 모빌〔앨라배마주〕, 케인강 유역, 그리고 루이지애나의 습지와 평원을 따라 나타났다.*

다른 크리올 사회와 유사한 점이 남아 있긴 했지만, 루이지애나의 디아스포라적이고 크리올화한 정체성들은 더욱 복잡하게 진화해

---

* 여기서 말하는 '습지Bayou'는 원래 촉토족의 말로, 미시시피 삼각주에서 흔히 볼 수 있는 길쭉하게 형성된 습지를 의미한다. 이 습지는 지나가기 어려울 때가 많지만 가재, 거북, 메기 등 풍부한 먹거리를 제공하기 때문에 다른 집단들과 떨어져 아주 작은 규모로 공동체를 이루고 살아가기에는 적합하다. 고립과 연결이 간헐적으로 일어나는 다른 크리올 사회와 비슷한 환경이다. Robin Cohen and Olivia Sheringham, 'The salience of islands in the articulation of creolization and diaspora', *Diaspora: A Journal of Transnational Studies*, 17(1), 2008, pp. 6–17 (published in 2013).

갔다. 무인도나 거주민이 얼마 없는 섬에 뿌리를 내린 크리올 사회들과 달리 유럽인들이 건너오기 전 루이지애나에는 많은 아메리카 원주민들이 공동체를 이루어 살아가고 있었다. 1700년경 프랑스 정착자들이 나타나기 시작했을 때 이 지역에는 아타카파·카도·투니카·나체즈·무스코기어·치티마차 등 크게 여섯 개 종족이 존재했으며, 촉토족의 말이 이 근방에서 일종의 공용 교역어처럼 쓰였다. 이 종족들 밑에는 다시 여러 개의 작은 집단 혹은 부족(아메리카 원주민들의 사회집단을 가리키는 용어는 아직 명확하게 정립되지 않았다)이 있었고, 그 이름들은 현재의 지명에도 남아 있다. 아타카파족의 일원인 오펠루사족이 거주하던 곳이 현재의 오펄루서스이며, 카도족에 속한 내커터시족은 그림엽서에 자주 등장하는 같은 이름의 휴양도시 근처에 살았다.[9] 결핵, 천연두, 홍역, 독감이 큰 피해를 입혔지만 아메리카 원주민들은 크리올 혼혈에서 중요한 요소로 남았다(아메리카 원주민 혈통이 분명한 크리올에게는 지금도 '붉은 뼈'라는 별명이 붙는다).

아프리카 혈통을 가진 이들은 주로 만딘카*·월로프·밤바라족 등 서아프리카 종족 출신 노예들이었는데, 이들 아프리카 이주자들 사이의 균열은 아프리카에서 곧장 왔는지, 카리브해의 프랑스 식민지 생-도맹그(현재의 아이티)를 거쳐 왔는지에 따라 발생하는 경우

---

* 나중에 언급될 카보베르데의 '만딩가'에 대한 논의를 참조할 것. 만딩가는 실제 종족으로서의 만딘카와 달리 상상의 산물에 가깝다.

가 많았다. 생-도맹그보다는 수가 적지만 마르티니크와 과들루프에서 온 이들도 있었다. 카리브해를 거쳐 온 집단은 신대륙에서 태어나 크리올 문화를 발전시켰다는 점에서 이미 크리올이었다. 크리올 안에서 백인, 혼혈(자유 유색인), 흑인의 머릿수는 대략 비슷했다. 1804년 아이티 혁명이 일어나 독립에 이르자, 뉴올리언스로 9천여 명 정도의 난민이 건너왔다. 이 수는 도시 전체 인구의 3분의 1에 달했다.[10]

프랑스령 카리브해 제도에서 건너온 백인 크리올이라는 말을 이해하려면 루이지애나에서 '크리올'이라는 단어가 초기에 스페인이나 포르투갈의 어법을 따라 사용되었다는 사실을 인지할 필요가 있다. 백인 크리올은 본국이 아닌 식민지에서 태어났고, 정도의 차이는 있지만 문화적으로나 사회적으로 현지화된 백인을 가리킨다. '현지화된'이란 표현은 광범위한 상호작용뿐 아니라, 백인 프랑스 크리올과 다른 인종들 사이의 비공식적 결혼plaçage [**]이나 더 가벼운 성적 관계를 암시하는 완곡 어법이기도 하다. 조지 워싱턴 케이블은 소설 《그랑디심므가※—크리올의 인생 이야기》(1880)를 써서 족외혼을 드러내놓고 말하지 않는 백인들의 태도를 묘파했다.[11] 백인 크리올 일부의 위선을 까발리고 유색인을 위한 정의 실현을 요구하는 이 소설은, 당연히 논란을 일으켰다. 케이블은 정직하게 말한 대가로

[**] [역주] 플라사주plaçage는 북아메리카나 카리브해의 프랑스 및 스페인 식민지에서 유럽 출신 남성이 유색인 여성과 공식적이지 않은 결혼 관계를 맺은 관습을 뜻한다.

여러 사람들의 미움을 받아 루이지애나를 떠나 여생을 매사추세츠에서 보내야 했다. 루이지애나의 유럽인이 프랑스인만은 아니었다는 사실도 중요한 대목이다. 루이지애나를 1762년부터 1802년까지 지배했던 스페인인들은 이곳에서 거의 손을 뗐지만, 카나리아 제도에서 왕래한 스페인 무역상·군인·장인들은 확실한 스페인계 하위문화를 만들었다. 라인란트에서 온 독일계, 플랜테이션에서 노동자로 일한 이탈리아계, 그리고 영국계 이주자들도 이 지역에서 나름의 역할을 한 유럽인들이다.

이 집단들은 모두 크리올 음식문화에 공헌했는데, 루이지애나 음악이라는 주제를 놓고 볼 때 가장 흥미로운 대상은 '케이준 요리'를 만든 유럽계 하위집단 케이준이다. 케이준Cajun은 캐디언Cadien이 변한 말로, 이 말은 원래 프랑스령인 아카디아에서 살던 사람들을 가리키는 아캐디언Acadien이었다.[12] 오늘날 캐나다의 마리타임이 바로 이 아카디아인데, 1755년부터 1763년 사이 영국군에게 추방당한 아캐디언 대부분이 루이지애나 남서부에 정착했다. 케이준들은 자신들의 기원과 정체성을 아카디아에서만 찾으려고 고집하지만, 권위 있는 한 케이준 역사가의 정리에 따르면, 이들에겐 다른 뿌리도 존재하는 데다가 루이지애나에 도착하면서 흑인·스페인인·메티스Métis(유럽인과 아메리카 원주민 사이의 후손)·아메리카 원주민은 물론 다른 프랑스어 사용자들과도 분명히 긴밀한 관계를 가졌다.[13]

나폴레옹이 미국에 루이지애나를 매각하고 난 뒤 이곳의 크리올화는 완전히 새로운 양상을 띠게 됐다. 수잔 달러Susan Dollar의 묘사

를 참고해 보자. 1803년 미국 관리들은 뉴올리언스 다름d'Armes광장
에서 진행된 루이지애나 인수식에 참석했다. 눈앞에서 스페인 병사
와 프랑스 병사, 유색인 크리올, 또 다른 크리올, 노예, 아메리카 원
주민들이 돌아다녔고 여러 언어로 시끄럽게 떠드는 소리와 "상아,
카페오레, 구리, 흑단 빛깔의" 얼굴들이 어지럽게 얽혔다.[14] 이렇게
갈피를 잡을 수 없는 사람들을 백인 아니면 흑인이라는 미국식 이분
법 속으로 구겨 넣는 과정은 혼란과 사회 갈등, 적개심과 분노를 낳
았고 지금까지도 이 상황이 이어지고 있다.

정통성과 그리움: 카보베르데 음악

카보베르데의 정체성 혼합과 루이지애나 인구의 복잡한 기원 및
구성 요소들을 서술했으니, 이제는 문화와 인구의 복합성이 이 두
지역에서 어떤 식으로 대중음악에 드러나는지를 살펴볼 차례다. 카
보베르데 국민이나 카보베르데 디아스포라 모두에게 음악은 근본
적인 차원에서 카보베르데적인 것과 연결된다. 아프리카와 유럽 어
느 쪽에 비중을 두고 카보베르데적인 것을 정의할 것인지를 둘러싼
갈등 속에서, 음악은 국가 건설 프로젝트의 중요한 부분을 맡았다.[15]
카보베르데 음악 장르들의 기원은 논란의 대상이지만 "유럽과 아프
리카 음악 형식들이 여러 섬에서 다양한 면모를 보이다가 서로 뒤섞
이며 탄생한 대서양 문화 복합체에 뿌리를 두었다"는 점에서 크리
올적 특질을 가진다는 사실에 대해서는 학자들 사이에 일반적인 합

의가 이루어진 상태다.[16]

카보베르데를 대표하는 음악인 모르나Morna는 "민족문화의 특색과 정수를 가장 잘 드러내는" 장르라고 알려져 있다.[17] 어디에서 유래했는지는 불분명한데, 포르투갈 파두Fado 음악의 영향을 강조하는 이들이 있는가 하면 앙골라에서 발원해 브라질에서 등장한 룬둠Lundum 음악 등의 아프리카 기원을 강조하는 의견도 있다.[18] 모르나 기원 논쟁은 카보베르데 정체성을 둘러싼 논의들, 그리고 명확한 뿌리를 특정하기 불가능한 특수한 정체성을 낳은 복잡한 크리올화 과정에 관한 논쟁들을 떠오르게 한다. 크리올화된 음악 형태 때문에 모르나의 기원은 추적하기 어렵다. 새로운 환경에 진입한 음악 양식들의 독특한 '재해석'으로 보아야 할 것이다. 카보베르데의 섬들이 낳은 고난이 모르나 가사의 주요 주제이며 떠남, 그리움, 그리고 이별의 공간이자 이주를 가능하게 하는 길인 바다가 주요 모티프이다.[19]

가수 세자리아 에보라Cesária Évora가 세계적인 인기를 끌면서 모르나 음악은 글로벌 음악시장에 진입했다. 모르나보다 좀 더 빠른 템포인 콜라데이라Coladeira도 유명하다.* 분명히 음악 수출은 세계가 카보베르데에 관심을 갖게 만들고 카보베르데 뮤지션들이 훌륭한

---

* 콜라데이라는 콜롬비아의 쿰비아Cumbia 같은 라틴아메리카 리듬의 영향을 받은 좀 더 빠른 속도의 모르나로 규정될 때가 많다(Interview with Margarida Brito Martins, 5 February 2013; see also Arenas, *Lusophone Africa*, p. 67.). 카보베르데 현장조사에 참여한 인터뷰 대상자들 중 일부는 세자리아 에보라를 놓고 쓴소리를 했다. 카보베르데와 그 음악에 세계적인 관심이 쏠리도록 한 것은 사실이지만, 그녀는 동포들을 버렸고 그 성공 탓에 카보베르데 음악판이 특정한 방향으로 굳어져 다른 훌륭한 음악가들이 빛을 보지 못했다는 것이다.

그림 4.1. 카보베르데의 여러 음악 스타일을 묘사한 벽화. 산티아구 프라이아에 있다.

경력을 쌓는 데 이바지했다. 아레나스Fernando Arenas에 따르면, 이 작은 섬나라는 "세계 음악 산업의 틈새를 파고들었고 정체성을 확보했다".[20] 하지만 세계 음악 산업에서 카보베르데 음악이 '상품화'되고 많은 뮤지션이 바다를 건너 유명세를 얻었다는 사실에도 불구하고, 여기에만 초점을 맞추는 것은 대중음악이 문화적 세계화의 헤게모니에 저항하는 강력한 도구였으며 앞으로도 그러하리라는 것을 무시하는 일이 될 수 있다.

아프리카에서 유래한 음악 형식이 출현하고 탈식민 이후에 재등장했다는 사실은, 음악이 저항의 수단이 될 수 있다는 것을 보여 준다. 카보베르데에서 가장 오래된 음악인 '바투쿠Batuque'는 상티아구

섬에서 나타났다.[21] 테레이로terreiro라고 부르는 원 안에 모인 여자들만이 음악·노래·춤에 참여할 수 있는데,[22] 아프리카 문화의 영향을 받은 브라질 종교인 칸돔블레에서 신성한 공간을 의미하는 말인 테레이로와의 의미론적 연관성을 주목하지 않을 수 없다. 테레이로는 포르투갈어를 사용하는 여러 곳에서 조금씩 다른 뜻을 지니지만, 원래는 커피를 말리고 노예들이 만나던 플랜테이션의 넓은 공간을 의미했다. 칸돔블레와 바투쿠에서의 테레이로는 노예들의 신성한 야외 공간이다. 따라서 역사적으로 볼 때 테레이로는 지배권력과 분리된 공간이며 창의력을 발휘하고 저항을 가능하게 하는 장소다.

바투쿠가 시작되면 리드보컬이 노래를 부르고 나머지 사람들은 곧장 합창으로 따라 부른다.[23] 이 노래 부분을 피나송Finaçon이라고 하는데, 보통 즉흥적인 비유나 잠언이며 일상생활 묘사부터 사회 비판까지 넓은 영역에 걸쳐 있다.[24] 노래와 동시에 지휘자 역할을 하는 사람(바투카데라batukadera)이 리듬을 제시하면 나머지가 무릎을 치거나 다리 사이에 말아 놓은 천을 두드려서 화답하며, 한 명이 가운데로 나가 춤을 춘다. 부름—응답 구조*인 앞 부분이 끝나면 모든 이들이 같은 리듬으로 같은 구절을 반복하는 두 번째 부분으로 이어진다. 대개 심보아cimboa 연주자가 함께 하는데, 이 현악기는 카보베르데에만 있는 것이지만 아프리카 서부 해안에서 쓰는 악기들과 무척

---

* 부름—응답 구조는 아프리카 음악의 일반적인 특성이자 노동요, 뱃노래, 영가 등에 그 흔적을 남긴 미국 음악의 중요한 구성 요소이기도 하다.

닮았다.[25]

바투쿠뿐 아니라 이보다 늦게 등장했고 강한 아프리카 요소를 지닌 푸나나Funana 음악도 식민지 시기에 탄압받았다. 가사와 음악이 불온하고 너무 '아프리카적'이라는 이유 때문이었다. 탄압은 포르투갈에 권위적인 독재정부가 들어선 '신체제 국가' 시기(1926~1974)에 더 극심해졌다. 그래도 바투쿠나 푸나나는 상티아구섬의 깊숙한 내륙 지역에서 명맥을 이어 갔고 탈출 노예들의 후손들이 일군 바디우Badiu 문화와 아주 밀접해졌다. 지역 역사가인 모아시르 로드리게스Moacyr Rodrigues는 이 시기 포르투갈 당국이 아프리카 드럼 사용을 금지한 탓에 공연에 참여하는 여성들이 무릎을 두드리거나 옷을 말아서 쓰게 된 것이라고 말한다. 바투쿠는 아예 금지되는 것을 피하려고 상황에 맞게 관습을 변화시키고, 억압에 대한 저항과 음악 스타일의 점진적인 발전 둘 다를 성취한 것이다.

독립 이후, 아프리카에서 유래한 카보베르데 음악 양식은 국가 음악 문화의 중요 요소로 다시 등장했다. 물론 민족음악 연구에 적합한 주제로도 인정받았다. '진정한 크리올 문화전통'으로 여겨진 바투쿠와 푸나나를 장려하고 기념하는 작업은 독립 이후 카보베르데 정부의 '재아프리카화' 정책에서 결정적인 부분이었다.[26] 나아가 노동이 끝나면 들판에서, 결혼식과 세례식에서 행해졌던 바투쿠는 이제 카보베르데와 다른 나라들의 문화센터나 극장 같은 더 공식적인 무대에 올려져 '공연'된다.[27] 주류로 진입하는 것이 원래의 사회적 의미를 약간 손상시키기는 하겠지만, 어떤 연구자들은 이 음악들이 계속 정치적 표현을 하고 있고 심지어 정당정치에까지 영향을 끼친다고 주장한다. 아레나스에 따르면 "이 음악 양식들은 섬에서 노예로 살아간 역사에 뿌리를 둔 당당한 독립 정신과 저항 정신을 특징으로 하는 바디우 문화의 특수성을 강조한다".[28]

루라Lura, 마이라 안드라데Mayra Andrade 등 더 최근의 뮤지션들은 다른 장르들과 카보베르데 음악의 퓨전을 선보였다.[29] 옛 선배들처럼 이미 혼종적이었던 음악을 더 크리올화하여 새로운 카보베르데 사운드를 내놓기 위해 리듬과 스타일을 바꾸고 또 바꾼다. 카보베르데와 그 디아스포라에서 일어난 음악 스타일의 부흥과 발전은 그저 국가 건설 프로젝트의 중심이나 '민속'으로 인정받는 정도에 그치지 않고, 역동적이고 독특한 카보베르데 문화 정체성을 계속 진화시키는 데 기여할 뿐 아니라 사회를 비판하고 과거 및 현재의 불의를 폭로하는 공간을 마련한다.[30]

카보베르데 음악의 전복성을 보여 주는 두 번째 특징은, 거의 모든 노래의 가사가 공식 국가 언어인 포르투갈어가 아니라 크리올어이라는 것이다. 다시 아레나스를 인용하면, "크리올어는 카보베르데 문화를 북돋워 주는 기본적인 힘이다. 그 구어적 성격은 음악과 공생 관계를 맺게 한다. 크리올어와 음악은 카보베르데에서나 그 디아스포라들에게나 '카보베르데적인 것'을 표현하는 본질적인 매개다."[31]

크리올어 자체가 카보베르데 공식 문화를 전복하는 수단이라고 본다면 과도한 단순화일 것이다. 식민 통치에 대항해 차이를 확보하면서도 식민 통치자와 노예의 언어 및 문화를 융합시킨 크리올어는 애초부터 "포르투갈어의 내부와 외부에 역설적으로 위치했다."[32] 하지만 카보베르데 음악에서 크리올어를 계속 고집하는 현상은, 크리올어가 감정 표현에 적합한 언어라고 간주되는 데에도 원인이 있겠으나, 무엇보다 '포르투갈 언어권'의 음악 중 하나라는 정의를 거부하고 문화적 변별성을 유지하려는 욕구 때문이다. 음악과 크리올은 둘 다 친밀성과 표현이 중시되는 차원에 속해 있다. 포르투갈어가 지배하는 교회, 국가, 교육과는 대조되는 영역인 것이다. 이 지점은 앞서 테레이로에 관해 서술한 부분을 떠올리게 한다. 허가된 공적 영역 바깥에서 출현한 음악, 언어, 종교적 실천은 주류 문화에 적응·저항했고, 심지어 이를 불안정하게 만들기도 했다.[33]

음악과 크리올의 '공생 관계'는 이들이 공식 담론이나 공공 공간과 맺는 관계에서도 엿볼 수 있다. 즉, 이들은 둘 다 공식 문화 범위 안에서 어떤 수단으로 활용되면서도, 지배질서와 어느 정도의 거리를 유지할 수 있는 힘을 가지고 있다. 크리올을 공식 언어로 채택하려는 시도는 카보베르데인이나 그 디아스포라들에게 광범위한 지지를 얻었다. 카보베르데 음악을 어떤 범주에 집어넣어 고정시키려는 움직임도 있었다. 그러나 공적인 담론과 공간의 경계를 넘어서는 실천과 끊임없는 발전은 그런 포섭 시도에 대한 꾸준하고 미묘한 저항을 보여 준다.

수많은 카보베르데 디아스포라들이 카보베르데 음악에 크리올어를 사용한다는 사실은 대중음악이 저항을 표현하는 세 번째 방식을 보여 준다고 할 수 있다. 세계 음악시장에 진입해서 정체성의 위기를 겪거나 카보베르데 정부가 모르나·콜라데이라·바투쿠·푸나나·타반카Tabanca 등 '진정한' 카보베르데 음악만 지원하는 상황 속에서도, 카보베르데 문화와 정체성의 진화에서 디아스포라는 튼튼한 기반이 되었다.

카보베르데는 원래 무인도였고 강제든 자발적이든 고향에서 이주한 사람들의 섬이므로 그 기원부터 디아스포라적인 공간이다. 나아가 20세기 초반 이후 카보베르데에서는 거대한 이민의 파도가 시작되어 "오늘날의 탈영토화된 국가횡단성deterritorialized transnation"을 낳았다.[34] 여러가지 사회정치적 이유로 이민의 파도에 휩쓸려 숱한 나라들로 카보베르데 디아스포라가 확산된 상황은, 많은 카보베르데인들의 삶과 문화적 실천이 적어도 물리적으로는 국민국가의 경계 바깥에서 이루어진다는 것을 의미한다. 떠나기도 돌아오기도 한 카보베르데 이주의 긴 역사를 감안해 보면, 바깥에 살지만 여기의 사람과 사건에 밀접하게 관련된 이들이 이곳의 음악에 강력한 영향을 끼쳐 왔다는 사실은 그리 놀라운 일이 아니다. 원래의 뿌리에서 잘려 나가 이 섬에 왔고 다시 카보베르데에서의 삶을 떠나면서 발생한 '이중 상실'은 오랫동안 카보베르데 대중음악의 핵심 모티프였다.*

---

* 세자리아 에보라의 대표곡 중 하나인 〈Sodade〉(그리움)의 주제도 여기에 가깝다. 이 노래는 디아스포라들에게 큰 인기를 끌었다. 가사는 아래와 같다. '누가 네게 일러 주리/이 먼 길을?/누가 네게 일러 주리/이 먼 길을?/이 길을/상 투메로 오는 길을//그리움, 그리움/그리움/나의 땅, 상 니콜라우/편지가 오면/답장하리/나를 잊으면/나도 잊으리//네가 돌아올 그날까지.'

카보베르데의 크리올화는 디아스포라 없이 이야기할 수 없다는 의견이 많다. 전 세계에서 모여든 이민자들이 포르투갈인들보다 더 큰 역할을 했다고 주장하는 사람도 있을 정도다. 카보베르데 문화 전개 과정에서 디아스포라가 중요한 역할을 했냐는 인식이 널리 퍼져 있긴 하지만, 아직도 많은 사람들이 외부 문화 유입을 걱정하고 카보베르데 문화가 보호받아야 한다고 생각한다. 카보베르데 디아스포라에서 나타난 새로운 음악 스타일이 '진정한' 카보베르데적인 것을 위협한다고 여기는 것이다.[35] 비교적 최근에 등장한 음악인 카보주크Cabo-Zouk를 예로 들어 보자. 카보주크는 앤틸리스 제도의 주크Zouk 음악에서 유래한 것으로, 1980년대에 프랑스와 로테르담의 카보베르데인들이 만든 장르다.** 카보주크의 발상지는 로테르담이지만 앤틸리스에서 주크 음악을 경험해 본 사운드 엔지니어들이 파리에서 녹음한 경우가 많다. 비평가들은 카보주크가 "카보베르데적인 음악이 아니"라면서 디아스포라 상태의 뮤지션들이 경험한 음악적 자유는 그들이 "자기 음악의 한계를 확장"하게 해 주었고 이 과정에서 '진정한' 카보베르데적인 것이 무엇인가 따위의 문제는 설 자리가 없었다고 평했다.[36] 카보베르데의 '현실'은 국가, 문화 엘리트,

---

** 카리브해 앤틸리스 제도의 주크와 카보베르데인이 만든 카보주크 모두 비슷한 역사적·문화적 '뿌리'를 갖고 있다는 것도 흥미로운 사실이다. 호프만에 따르면 카보베르데 음악은 앤틸리스 스타일과 강하게 연결되어 있는데, 그 까닭은 "단순히 비슷한 리듬이어서가 아니라, 노예제를 비롯한 비슷한 식민지 역사를 갖고 있기 때문"이라는 것이다. Hoffman, 'Diasporic networks', pp. 209-10.

그리고 세계화의 균질화 과정에 의해 하향식으로 결정되는 것이 아니라, 이 섬들과 그 바깥에 사는 사람들의 창조적이고 반헤게모니적인 실천을 통해 창출되고 있다. 따라서 크리올화는 계속 진행 중이다. 디아스포라와의 국가횡단적인 연결, 미디어의 강력한 역할이 이를 뒷받침한다. 크리올 '문화'는 제자리에 멈춰 서지 않고 계속해서 크리올화하고 있다.

루이지애나: 대중음악의 원천

루이지애나의 창의적인 여러 음악들을 간단하게 정리하기란 어려운 일이다. 컨트리록, 워크송, 핫 뮤직, 가스펠, 루럴 블루스, 스왐프 블루스, 딕시랜드, 재즈(jazz는 예전에 jass라고 표기했다), 래그타임, 리듬 앤 블루스, 세컨드 라인, 라라, 자이데코…, 이 다양한 흐름들 속에서 유의미한 결과를 얻으려면, 우선 항의나 저항의 요소를 찾기 어려운 음악과 사회비판적 성격을 갖는 장르들을 비교해서 구분 지어야 할 것이다.

크리올 유색인 음악가들이 남긴 작품과 대중 민요들은 흥미로운 대조를 보인다. 루이지애나에는 유색 크리올 음악가들이 많았다. 예를 들어 에드몽 데데Edmond Dédé는 프랑스 보르도로 건너가 극장 오케스트라의 지휘자로 일했고 발레, 오페레타, 전주곡, 250편의 댄스곡과 노래들, 6편의 현악 사중주, 1편의 칸타타를 비롯한 여러 곡들을 썼다.[37] 이외에도 개인적으로 혹은 작은 그룹을 이루어 음악 활동을 한 사례들이 있기는 하지만, 기본적으로 이들은 유럽의 클래식 전통 아래에서 작업했고 사회적 항의나 비판에 가담했다는 증거는 거의 없다. 반면 민요는 그렇지 않다. 크리올어로 말하는 크리올 노예들은 뉴올리언스의 노예 경매장에 도착하자마자 즉석에서 풍자적인 노래를 만들었다. 한 노예는 이런 노래를 불러서 노예 매매를 기록하는 일을 하고 있던 저명한 변호사, M. 에티엔느 마주루에게 한 방 날렸다.

Mitchie Mazureau

Ki dan so bireau

Li semble crapo

Ki dan baille dodo.

사무실에 있는

마주루 선생,

양동이 속의

두꺼비 같네.[38]

숨김 없이 경멸을 드러내는 이 표현 방식은 직설적으로 권력자를 찬양하거나 풍자하는 아프리카 관습과 정확하게 일치한다. 물론 조롱이 눈에 띄지 않을 수도 있다. 슬쩍 돌려 말하거나 집단 행위의 일부로 숨어 있을 때다. 한때 뉴올리언스 콩고광장에서는 일요일 오후마다 그런 집단 행동이 나타났다. 콩고광장은 이제 '루이 암스트롱 공원'으로 불린다. 잘 정리된 길 한쪽으로 노점상들이 자리 잡고 질서 있는 음악회가 열리는 깔끔한 이 공원은 비록 예산 부족으로 재단장이 늦추어져 조금 누추해 보이기는 해도 시민들의 좋은 휴식처다. 1800년에서 1862년까지 노예들은 일요일 예배 시간이 끝나면 이 광장에 모였다. 별다른 제재를 받지 않는 유색인 집회 치고는 꽤 이른 시기에 벌어진 일이었다. 1799년에 이 도시를 방문했던 어떤 사람은 "엄청나게 많은 니그로 노예들이 남자, 여자, 아이 할 것 없이 둑 위에 올라가 북을 치고 피리를 불고 큰 원을 그리며 춤을 췄다"고 기록했다. 이 '원'은 여러 민족이 뒤섞인 아프리카인들을 하나로 묶어 주었다. 수천 명의 노예들이 일요일마다 콩고광장에 모였다. 기술자이자 아마추어 문화기술지 학자였던 한 영국인은 수도 시설을 만들기 위해 이 도시에 왔다가 "괴상한 소리를 들었다".

5~6백 명 정도 되는 사람들이 광장의 넓은 공간에 모여서 내는 소리였다. 서로 빙 둘러 서서 원을 여러 개 만들었는데, 각각 지름이 10피트 정도 되었다. 두 여자가 모서리를 잡아 늘린 거친 손수건을 손에 들고 춤을 추었다. 악기는 북 두 개, 현악기 하나였다. 어떤 노인이 원통 모양의 큰 북을 끼고 손날과 손가락을 써서 엄청나게 빠른 속도로 두들겼다. 더 작은 북은 생전 처음 듣는 굉음을 냈다.[39]

콩고광장에서 펼쳐진 이 장관을 본 많은 백인들은 벌린 입을 다물지 못했지만, 경계심도 커졌다. 밤이 되면 경찰들이 집회를 해산시켜서 대중들의 공포를 진정시키려 했고, 광장의 음악은 점점 원래의 아프리카적 색채를 잃어 갔다. 민속연구자들이나 아프리카 중심주의를 내세우는 학자들처럼 신대륙에서 변치 않는 디아스포라 전통을 찾아내려고 애쓰는 이들에게는 아쉬운 대목이겠으나, 크리올화는 창조이지 보존이 아니다. 콩고광장 집회에서 공유한(크리올화한) 아프리카 문화의 요소들이 밤볼라Bamboula춤과 칼린다Calinda춤, 부두교의 의례, 마디그라 축제의 노래, 그리고 래그타임의 크로스 리듬을 포함하는 재즈의 발전에서 발견되는 것도 놀랄 만한 일이 아니다.[40] 아프리카 기타인 밴조는 살아남았다. 아프리카 드럼 사용이 금지되자 멜로디 중심인 유럽의 피아노가 멜로디 진행과 타악기 역할을 겸하게 되었다. 카보베르데에서도 비슷한 사례가 있었다. 흑백 분리를 법제화한 '짐 크로우 법Jim Crow laws' 아래에서 '유색인'은 백인과 공연할 수 없었으므로 유색인 피아노 연주자들은 호른, 현악기, 퍼커션 등을 다룰 수 있는 아프리카인들과 팀을 짜야만 했다. 이 '강제 크리올화'가 래그타임과 재즈 사이를 맺어 주었다. 드럼 연주에는 아프리카 문화 영향이 강하게 남아 있었는데, 행정 당국은 여러 지역에서 드럼이나 시끄러운 호른을 금지했다. 언제 일어나도 이상하지 않을 노예폭동에서 봉기의 신호로 쓰일지 모른다는 우려 때문이었다.

한편으로는 존중받고 또 한편으로는 불온한 것으로 취급되는 크리올 음악의 두 얼굴은 재즈의 진화 과정에서도 엿보인다. 퍼레이드·마칭 밴드·장례 음악·콘서트가 그러하듯이, 루이 암스트롱과 마할리아 잭슨 등의 음악인들을 신성화하는 현상이 잘 보여 주듯이, 음악은 사회에 쉽게 흡수된다. 권력자들은 루이 암스트롱이 사회 비판에 가담하지 못하게 하려고 애썼지만 그를 완전히 막을 수는 없었다. 그는 민권운동에 도움을 주지 않은 아이젠하워 대통령을 비난하는 돌출행동을 하기도 했다. 그렇지만 암스트롱은 정부 후원을 받아들여 아프리카와 아시아, 유럽을 돌면서 순회공연을 진행했고 이때 붙은 '앰배서더 사치Ambassador Satch*'라는 별명을 좋아했다. 마할리아 잭슨은 자신이 겪은 인종차별을 더 단호하고 분명하게 비난했다(유명한 노래인 〈I been 'buked and I been scorned〉의 가사에도 잭슨의 태도가 잘 드러난다).** 그렇지만 2009년 '마할리아 잭슨 공연예술극장' 재개관을 기념해 루이 암스트롱 공원에서 열린 공식행사에서는 스타 성악가 플라시도 도밍고를 전면에 내세워, 사회 주류와 반목했던 잭슨의 면모가 전혀 드러나지 않았다. 공식적으로 그 부분이 지워진 셈이다. 반대로 굴곡 많은 삶을 산 유명 재즈 뮤지션들은 주류 담론에 편입되는 운명을 피할 수 있었다. 젤리 롤 모턴, 빌리

---

* [역주] 사치모Satchmo 혹은 사치Satch는 루이 암스트롱의 별명이다. '외교관 사치 Ambassador Satch'는 그가 미 국무부 후원으로 월드 투어를 돌면서 미국의 민간 외교관 역할을 했다는 이유로 불리게 된 호칭이다.

** [역주] 마할리아 잭슨은 마틴 루터 킹 주니어가 'I Have a Dream' 연설을 했던 1963년 워싱턴 행진에 참석해 25만 명에 달하는 군중 앞에서 이 노래를 불렀다.

홀리데이, 찰리 파커 등이 그 예다.^{***}

크리올 음악은 도시 음악이기도 하다. 가장 좋은 예는 뉴올리언스 서남부에서 유행한 자이데코zydeco 음악이다. 아메리카 원주민 부족인 아타카파족의 음악에서 유래했다는 등 여러 설이 분분한데, 한 학설에 따르면 그 이름은 완두콩을 뜻하는 프랑스 단어 'les haricots'에서 왔다고 한다. 인도양 쪽의 크리올화한 아프리카 기원을 주장하는 의견도 있다.[41] 대개 인정하는 사실은 이 음악이 아프리카, 카리브해, 유럽 음악의 혼성물이라는 것이다. 가장 논란이 되는 부분은 아프리카 문화의 강한 영향을 받은 이 장르가 점점 케이준 음악의 일부로 여겨지는 현상이다(케이준 자이데코라고 분류하는 경우도 있다). 자이데코는 동네 음악인들이 집집마다 돌아다니며 흥을 돋우고 위안을 제공하던 음악에서 출발했다. 그 어원이 '완두콩 les haricots'이라는 설에 따르면 이 말은 'les haricots sont pas salés', 즉 '소금을 치지 않은 완두콩'이라는 관용구의 줄임말이다. 그냥 소금을 안 쳤다는 뜻이 아니라 완두콩에 뿌릴 조미료조차 없다, 다시 말해 먹을 것이 콩밖에 없다는 의미다. 음악에 재능 있는 사람들은 이웃집에 긴너가 라라 음악을 연주하며 작은 댄스 파티를 열어서 생계를 꾸려 갔다. 퍼커션 대신에 쓰던 빨래판은 이후 목이나 어깨에 거

---

^{***} '젤리 롤Jelly Roll'은 여성의 음순을 가리키는 흑인 속어다. 그는 '자기의 불운함을 장황하게 늘어놓는 사람'으로 통했고 '포주', '사기꾼', '도박꾼', '신경질적인 사람', '허풍쟁이' 등으로 불리기도 했다(Lincoln Collier, *The Making of Jazz*, p. 95, 96). 빌리 홀리데이는 알콜과 약물에 빠진 마조히스트였다. 찰리 파커는 헤로인 중독으로 34세에 사망했다.

는 형태로 바뀌면서 프로투아frotoir라는 이름의 자이데코 악기로 변했다. 여기에 독일에서 들어온 아코디언, 그리고 밴조와 피들fiddle〔직접 만든 바이올린〕이 합쳐서 한 팀을 이루었다.

상업적 이유 때문에 다른 악기들로 연주하고 영어로 노래하는 형태가 주로 알려져 있지만, 자이데코 음악의 "진짜 모습"은 "아프리카계 카리브해인과 프랑스계 미국인의 문화적 크리올화에서 생겨났음을 분명하게 보여 주는 프랑스어 보컬과 광적인 타악기 연주"였다.[42] 여기서 '프랑스어'는 크리올화를 의미하는데, 언어와 정통성을 직접 연결 짓는 태도는 크리올어로만 노래하는 카보베르데의 사례와 유사하다. 영어권 문화에 대한 적대감이 생겼다고 해서 크리올과 케이준 사이의 갈등이 누그러든 것은 아니다. 매턴Mark Mattern의 주장에 따르면 1960년대부터 "케이준 뮤지션들은 케이준 문화 부흥을 이끌면서 문화 동화, 빈곤, 자기네 혈통에 대한 모욕 같은 케이준 사회 문제들에 관심을 집중 시키는 데 성공했다. 또한 이 문제들을 어느 정도 극복하게 해 주었던 것도 사실이다". 흑인 크리올들은 케이준의 재인식이 자신들에게 문화적 빈곤의 이미지를 덧씌운다고 여긴다. 케이준들의 노력을 문화적 우위를 확보하려는 것으로 보는 것이다. 불공평하다는 이 느낌은 그것이 특히 음악과 관련되어 있다는 점에서 불행한 일이다. 음악이 함께 가난한 소작인으로, 같이 매일 매일의 일상을 겪어 나간 공동의 아픔과 역사를 반영하는 것이기 때문이다. 이들의 경험은 미국의 인종차별, 특히 흑인 아니면 백인으로 나누는 정책의 모순을 드러낸다. 매턴은 둘의 공통점을 이렇게 정리했다.

    케이준과 자이데코의 음악적 감수성이나 가사의 테마는 많은 부분이 닮아 있다. 비슷한 경험을 반영하기 때문이다. 둘 다 블루스의 영향을 강하게 받아서 블루스 음계나 솔로 부분에서 애절한 느낌을 준다. 경제적 빈곤, 실연, 짝사랑 등 가사의 주제가 겹치기도 한다. 둘 다 1930~50년대 사이에는, 비록 완전히 사라지지는 않았지만 앵글로 아메리카 문화에 밀려서 뒷방 신세로 전락해 거의 잊혀지기도 했다.[43]

    여러 야채를 집어넣고 끓이는 루이지애나의 전통 스튜 '검보' 안에 이 모든 대립을 무차별적으로 뒤섞어 한데 합치려는 시도도 공식적인 차원에서 왕왕 행해진다. 예를 들어 서부 루이지애나의 성 랜드리 교구에서 여행자들을 위해 제작한 안내책자 《당신의 영혼을 위한 검보》에는 이렇게 씌어 있다. "아코디언은 쿨, 소시지는 핫. 역사는 교과서에만 있지 않습니다. 우리 축제에 초대합니다." "예술과 블루스, 케이준 음악, 메기, 돼지껍데기튀김, 찜, 허브, 양념, 고구마〔얌yams〕, 그리고 자이데코." * 앞에서 말했듯, 공식 담론 편입이 아래

---

* St Landry Parish Tourist Commission, *We Live Our Culture (Tourist Brochure)*, Opelousas: SLPTC, 2013. 루이지애나의 소시지boudin는 피를 뺀 흰색 소시지다. 돼지껍데기튀김 Cracklins은 돼지 껍질을 돼지기름에 튀기는 요리이며, 둘 다 케이준 요리에 해당한다. 찜 요리étouffée는 밥 위에 조개 소스를 두껍게 얹은 것으로 케이준과 크리올이 모두 자신들의 전통 요리라고 주장한다. 얌Yams은 서아프리카와 관련이 있고, 루이지애나에서는 고구마를 가리키기도 한다.

로부터 새롭게 나타나는 창의적 저항을 항상 성공적으로 억누르지는 못한다. 자이데코의 경우도 마찬가지다. 이런 일도 있었다. 지역 라디오방송 두 군데에서 자이데코 음악에 "미성년자에게 부적합한 언어, 노출, 체제 전복적인 정치적 발언"이 포함되어 있다면서 뉴올리언스 음악 축제인 '스왐프 앤 롤 쇼' 송출을 거부했다.[44]

결론

4장에서는 대중문화의 핵심인 음악이 카보베르데와 루이지애나에서 어떻게 발전해 나갔는지 알아보았다. 시인 헨리 워즈워스 롱펠로는 "음악은 인류의 보편 언어"라고 했다. 음악은 진실과 영감을 제공하고 감성과 이성을 연결하며 완전히 반대편에 있는 것들을 서로 만나게 한다. 프랭크 A. 살라몬Frank A. Salamone은 아프리카 음악이 가진 창조적이고 크리올화하는 힘에 대해 썼다. "아프리카에서 유래한 음악은 전복적이고 변칙적인 예술 형식이다. 반대쪽에 속한 것들이 공연, 내용, 전통, 대상 등 모든 층위에서 서로 결합한다. 기술적인 능숙함을 요구하며 단순한 기교는 경멸한다. 가장 중요시되는 것은 매순간 새로움을 창조해 내는 공연자의 능력이다."[45] 비슷하게, 조지 립시츠George Lipsitz는 "연주자, 댄서, 청중이 기울인 공동 노력 덕분에, 음악과 삶이 통합된 총체성 속에서 조화를 이루는" 힙합의 힘을 열렬하게 치켜 세운다.[46]

카보베르데와 루이지애나 대중음악의 발전은 공동 노력의 완벽한 예다. 음악이라는 스튜 안에 들어간 여러 요소들은 분명한 디아스포라적 근원과 과정을 지녔다. 독주자의 즉흥 연주, 부름—응답 구조, 노래, 반복되는 일련의 음들, 음계와 곡조, 가사와 리듬 등은 이 주자들에게서 나왔다. 악기들도 긴 여행을 했다. 콩고광장의 드럼과 밴조, 카보베르데의 심보아는 확실히 아프리카에서 기원한 악기들이다. 그렇다고 아프리카에만 뿌리를 두는 것도 아니다. 새로운 음악 형식은 플랜테이션에서도 나왔고 가톨릭 같은 다른 종교, 다른 음악 전통들과 만날 때 등장하기도 했다. 노예 해방을 맞이하면서도, 고립 상태에서도, 여러 다른 환경에서도 음악이 출현했다. 디아스포라의 유산인 역사의 흔적, 플랜테이션 소유자나 국가의 억압에 대한 저항, 섬·늪지·항구도시라는 특정한 환경의 영향, 이 모두가 대중음악의 풍요로운 성취를 일궈 냈다.

루이지애나를 놓고 보면, 우리는 위의 언급을 다시 강조할 필요도 없을 것이다. 1백 개 이상의 국가에 3천 개 이상의 재즈 클럽이 있다. 유럽과 북아메리카의 대중음악 거의 전부가 루이지애나에서 진화한 크리올 음악 형식에 바탕을 둔다. 백인 뮤지션들은 이 사실을 받아들이기도 하지만 거부할 때도 있다. 영국의 록 그룹 롤링 스톤스는 아프리카계 미국 뮤지션인 머디 워터스의 노래에서 그룹의 이름을 따 왔고 블루스, 소울, 리듬 앤 블루스에 큰 영향을 받았다고 밝혔다. 엘비스 프레슬리는 지독한 인종차별적 말을 가끔 했다. "내 구두를 닦고 내 음반을 사는 거 말고 흑인들이 날 위해 할 수 있는 일이 뭐가 있겠어?" 그러나 그는 아프리카계 이웃들과 어울려 자라면서 음악과 스텝을 배웠다. 조금 냉소적으로 들리겠지만, 엘비스는 이미 큰 인기를 모으고 있던 음악 장르를 새로운 소비자, 즉 백인들에게 소개하려고 내놓은 음악 산업의 창조물이었다.

덜 알려진 편이지만 카보베르데 음악의 영향도 중요하다. 세자리아 에보라가 유럽의 클럽이나 콘서트장에서 카보베르데 음악이 흘러나오도록 만들었지만, 사실 이미 브라질에서 포르투갈까지 포르투갈어권 음악 애호가들은 이 음악에 매료되어 있었다. 다른 지역의 레코드숍이나 온라인 뮤직스토어는 '월드 뮤직'이라는 모호한 표제 아래 분류하곤 한다. 이런 취급은 어떤 의미에서 카보베르데 음악을 격하하는 것이지만 달리 보면 적절한 분류일 수도 있다. 디아스포라적 과거만이 아니라, 전 세계 카보베르데 뮤지션들을 포함한 디아스포라적 현재가 카보베르데 음악을 낳은 것임을 상기시켜 주기 때문이다. 카보베르데인들이 주도한 카보주크 음악도 카보베르데 음악에서 강한 영향을 받았다. 음악 장르들은 이제 각 지역에서, 또 전 세계에서 크리올화한다. 루이지애나와 카보베르데에서 다시 태어나고 다시 만들어진 음악은 전 세계에 걸쳐 수많은 음악 팬들에게 즐거움을 선사하면서, 지역성을 집약하는 동시에 세계성을 표현하는 힘을 훌륭하게 보여 주었다.

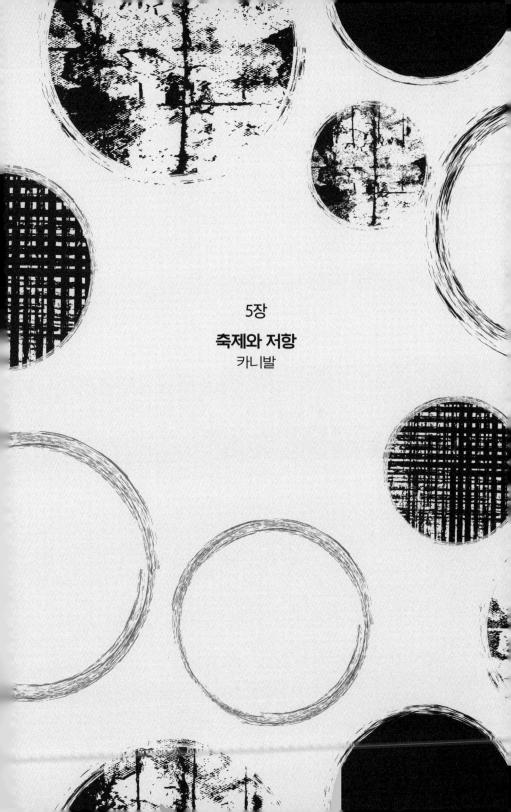

5장

축제와 저항
카니발

이 책은 아래로부터 출현하는 크리올화와 디아스포라에 초점을 맞췄다. 그러나 사회 지배층은 대중문화를 문화자본으로 삼거나 국가 건설, 문화유산 프로젝트, 관광산업에 동원한다. 60여 개국에서 시행되고 때로는 국가의 후원을 받는 요즘의 카니발들이 바로 그런 경우에 해당한다. 카니발을 통제·포섭하려는 시도와 참가자 및 주최자가 공식적인 승인을 회피하려는 시도 사이의 긴장이야말로 이 장에서 탐구할 주제다. 루이지애나 마디그라Mardi Gras 축제처럼 관계 당국의 지원을 받아 관광객 유치에 주력하는 카니발의 성행은 전 세계적 현상이다. 종교행사나 창조적이고 자유로운 공간으로서의 성격은 옅어졌다. 그러나 '위에서부터' 대중문화 실천에 개입하는 현상이 '아래로부터의' 저항을 완전히 무력화시킨다고는 볼 수 없다. 오히려 이 두 과정은 연속으로 발생하거나 동시에 일어난다.

5장에서는 루이지애나, 카보베르데, 런던, 세 지역의 카니발을 비교·대조해 볼 것이다. "모든 주요 카니발들은 기성 질서의 확인 및 인정과 그에 대한 거부 사이의 불안정한 위치에 있다"는 애브너 코헨Abner Cohen의 말을 참조하면서,[1] 세 카니발에서 서로 다른 방식으로 나타나는 긴장을 살펴볼 것이다. 확실한 것은, 크리올화와 디아스포라 개념이 카니발의 특정 순간에 제 모습을 드러내는 지배, 저항, 전복 사이의 교차점을 포착하게 해 주는 훌륭한 도구라는 사실이다.

카니발과 '카니발레스크'

일반적인 설명에 따르면, 카니발은 중세 이탈리아에서 생겨났고 'canival'이라는 말은 이탈리아어 'carne'와 'levare'가 합쳐진 단어로서 '고기를 없앤다'는 뜻이다. 기독교인들이 단식을 하는 기간인 사순절이 오기 전 2주 동안은 매일같이 육식에 작별 인사를 하는 시기이다. 쉽게 말해서 곧 고기를 먹지 못하니 마음껏 식욕을 채우는 때인 것이다. 철학자이자 문학이론가인 미하일 바흐친은 '카니발레스크carnivalesque' 이론으로 카니발 연구에 지대한 공헌을 했다. 바흐친은 16세기 프랑스 작가 프랑수아 라블레의 작품들을 분석하면서 언어와 문학에 초점을 맞춰 중세와 르네상스 사회의 '카니발화'를 설명한다. 바흐친에 따르면 카니발은 짧은 기간이나마 기성 질서의 붕괴를 가져오므로 전복과 해방을 뜻한다.

계급은 공식 축제 기간에 더욱 확실하게 드러난다. 모든 사람은 자신의 소명, 계급, 가치에 따른 복장을 하고 자기 위치에 맞는 장소에 나타나야 한다. 불평등의 신성화다. 반대로 카니발 기간에는 모든 사람들이 동등하다. 마을 광장에는 평소 계급, 재산, 직업, 나이라는 장벽으로 가로막혔던 사람들 사이에 특이한 형태의 자유롭고 친밀한 접촉이 생겨난다. 즉, 사람들은 새롭고 순수한 인간관계 속에서 새로 태어난다. 이 진정한 인간관계는 상상이나 추상적 사유에서 나온 것이 아니다. 사람들은 실제로 그러한 관계를 경험하는 것이다.[2]

카니발과 카니발레스크는 엄격한 위계가 있는 견고한 공식적 질서 아래 매일매일 되풀이되는 일상의 관습에서 잠시나마 일탈하는 상황을 가리키는 비유적 의미도 갖는다. 핵심 모티프인 재탄생과 갱신은 카니발에서 기성 질서를 뒤집고 새롭게 하는 순간, 다시 말해 "카니발레스크적인 자유라는 법칙" 하에서만 사는 한순간을 포착해 준다.[3] 어찌 보면 전복과 갱신 개념은 오래된 뿌리를 약화시키고 새로운 것을 창조해 내는 크리올화의 특징을 극적으로 강조하는 말인지도 모르겠다. 그 같은 현상은 소외 집단이 권력구조 및 관계를 전복하는 창조적 저항 행위를 할 때 주로 발생한다. 바흐친은 중세 사회와 문화를 설명하는 폭넓은 의미를 카니발에 부여하지만, 우리는 세 지역의 카니발을 다루면서 중세와는 다른 환경과 역사에서 출현한 크리올화와 디아스포라의 분석에 깊이를 더하는 수단으로 이 용어를 활용할 것이다.

지역에 따라 아주 다른 형태를 보이긴 하나 카니발은 처음 나타났을 시기부터 해방의 순간, 일상생활이 중지되는 공간, "일상에서 보통은 불가능하거나 금지된 모든 것들이 가능한, 살면서 해 보고 싶었던 다른 역할을 해 보는, 짧은 시간이나마 평소에는 결코 될 수 없었던 존재가 되어 보는" 경험을 제공했다.[4] 카니발은 멀리서 바라보는 시각적 스펙터클이 아니다. 오히려 참가자와 관객의 경계를 흐릿하게 만든다. 양자 간의 '상호 활동'이 필수이며, "다층적 의미와 다중적 지시 내용"을 갖는다.[5] 카니발이 현재 상태의 정지나 전복으로 이어질 가능성을 품고 있다 할지라도, 그 문화적 형식이나 의례가 사회정치적 맥락과 분리될 수 없다는 사실을 잊어서는 안 될 것이다. 피터 잭슨Peter Jackson의 말을 빌리면, "문화는 정치와 분리 불가능하다. 문화는 근본적으로 정치적이다."[6] 따라서 카니발에 대한 분석은 언제나 예술적 스펙터클로서의 일반적 특성과 그 지역 상황에 깊이 결부된 정치적 의미를 모두 고려해야 한다. 우리는 루이지애나, 카보베르데, 런던의 카니발에 크리올화와 디아스포라라는 프리즘을 대고 문화적인 것과 정치적인 것의 상호작용, '위로부터'나 '아래로부터' 나타나는 권력의 상호작용을 탐사해 볼 것이다. 이 세 지역의 카니발은 모두 현란한 퍼레이드를 강조하면서 관광객들을 끌어들이려고 하거나, 노팅힐 사례에서 보듯이 현재 상태를 위협한다고 간주될 만한 것들은 어떻게든 통제하려고 한다. 그 와중에 축제의 해방적 가능성이 훼손되는 경우도 간혹 발생한다. 하지만 상업화에 치우치거나 상황을 통제하려는 시도들이 있다고 해서, 보통 사람들이 새로운 정체성을 시험해 보고 기존 정치질서를 교란하는 공간으로 카니발을 '이용'하는 것을 완전히 틀어막지는 못한다. 좀 더 미묘한 방식으로 이용할 수밖에 없지만 말이다.

루이지애나의 마디그라 축제

4장에서 밝혔듯이 아프리카인, 유럽인, 아메리카 원주민들이 루이지애나 문화를 구성했다. 그렇지만 이는 너무 막연한 서술이다. 아프리카인들은 대개 만딘카 · 월로프 · 밤바라 등 서아프리카 종족 출신이었지만 백인 크리올 노예소유주를 따라 이미 크리올화한 사회였던 카리브해에서(대부분 현재의 아이티에서) 건너왔느냐, 서아프리카에서 바로 건너왔느냐에 따라 주로 구분되었다. 나름의 문화를 일군 아타카파 · 카도 · 투니카 · 나체즈 · 무스코기어 · 치티마차 등 여섯 개의 아메리카 원주민 종족이 있었고, 백인들은 백인 크리올, 케이준(캐나다에서 온 크리올어 사용자), 스페인인(이 지역을 40년간 지배했다), 다른 유럽인들, 그리고 루이지애나 매입 및 남북전쟁 이후 이 지역에 파고든 영어 사용자인 '미국인'으로 확실하게 나뉘었다. 맨 마지막에 언급한 집단만 빼면 모두 쉽게 크리올화되었고, 이들이 이곳의 카니발인 마디그라Mardi Gras를 만들었다.

'기름진 화요일Fat Tuesday'이라고도 불리는 마디그라는 정확하게 말하면 몇 차례 단식하는 사순절 시기의 시작인 재의 수요일Ash Wednesday 직전에 음식을 잘 차려 먹는 관습을 뜻한다. 더 넓게 보면 마디그라 퍼레이드는 10~12일간 진행되는데 이때를 보통 '카니발 시즌'이라고 부르며 마디그라는 그 절정에 해당한다. 브라질의 리우 카니발과 함께 뉴올리언스와 모빌의 마디그라는 세계에서 가장 큰 규모를 자랑한다. 2012년에 1백만 명 이상이 방문했고 뉴올리언스가 마디그라를 개최해서 얻은 수익은 1,310만8,538 달러(브랜드 가치 포함) 및 777만1,095 달러(브랜드 가치 미포함)였다.[7] 브랜드 가치는 마디그라의 후광효과로 해당 년도의 다른 시기에 거둔 관광 수익을 의미한다. 쉽게 말해 마디그라는 엄청난 산업이고 '지역 마케팅'의 성공 사례다. 케빈 고덤Kevin Gotham은 지역 마케팅이 뉴올리언스 도시 재생의 중요 수단이 되면서 당국과 기업이 "아마추어적이고 비공식적인 행위들을 전문적이고 조직화한 산업으로" 변화시켜 왔다고 분석한다. 마디그라를 (여가 활동과 스펙터클에 기반한) 소비자본주의가 생산자본주의를 대체하는 현상의 일부분이라고 보는 시각도 있다. 그렇게 본다면 (이미지와 기호 대상의 가치를 의미하는) '기호 가치'가 사용가치를 대체하게 된다.[*] 고덤은 이런 논의가 냉정하게 이득을 따지는 기업 및 도시계획가들을 망설이게 하지는 못할 것이라고 말한다.

　정치인이나 기업가들이 전략적으로 마디그라의 이미지를 활용하고 확실한 테마가 있는 여흥과 관광의 도시로 재단장하려고 하면서, 뉴올리언스는 '창조적 파괴'를 대표하는 예가 되었다. 나아가 개발업자나 부동산업자들은 예술 거리, 역사적 장소, 박물관, 카지노, 게임

---

[*] [역주] 장 보드리야드는 《소비의 사회》에서 마르크스가 자본주의 경제체제의 특징으로 들었던 교환가치와 사용가치의 대립에 더해, 상징가치와 기호가치를 제시한다. 특히 기호가치는 '소비라는 특수한 영역을 규정 짓는' 것으로서, 사회적 신분·지위·권력을 나타내는 기호를 소비하는 현상과 밀접하다.

시설, 쇼핑 구역 등의 상업 지역을 만들어 내는 마디그라 이미지나 모티프에 기대서 주기적으로 이익을 창출한다.[8]

확실한 이익을 보장하려면 마디그라는 길들여지고 상품화하고 멸균 상태가 되어야 했다. 쉽지는 않은 일이다. 마디그라에서 자주 일어나는 탈법 행위인 노출을 예로 들어 보자. 비교적 최근인 1970년대부터 시작된 노출 행위는 계급, 민족, 젠더 질서를 어느 정도 표출한다. 가슴이나 엉덩이, 때로는 성기를 노출할 때마다 환호와 함께 구슬 목걸이를 받는데, 마디그라 기간에 수십만, 수백만 개의 구슬 목걸이가 상징적인 화폐처럼 등장한다. 노출은 기성 질서에 대한 상징적 반항이다. 이러한 '상징적'인 사회적 행위가 의미 없거나 쓸모 없는 행동이 아니라는 점은 분명히 해 두자. 노출이 만드는 무법 상태는 기독교 이전의 디오니소스적인 취함, 방종, 광란, 황홀경을 떠올리게 하며 상업적 목적 아래 철저하게 관리되는 현행 마디그라 축제와 퍼레이드의 세계를 불안하게 만든다.[9]

공식화하고 상업화한 마디그라에 대한 더 노골적인 도전은 축제 기간에 마디그라 인디언들이 계속 활동한다는 것이다. 예전에 블랙 인디언이라고 불린 이 집단들은 아메리카 원주민이 아니라, 아메리카 원주민들의 서항서사를 차용하고 영혼 세계와의 신비로운 연결을 강조하면서 뉴올리언스 상류층과 대립하는 노동계급 흑인들이다. 립시츠의 설명을 따라가 보자.

뉴올리언스 '상류사회'에 속하는 이들이 비싼 코스튬을 맞추고 장식 차량에 올라타서 구슬 목걸이와 기념주화를 관람객들에게 뿌리며 도시의 주요 도로를 행진할 때, 마디그라 인디언들은 앵글로–유럽의 지배에 도전하는 자신들의 혈통을 내세워 그 스펙터클에 도전한다. 그들은 옷을 사지 않고 직접 만든다. 주요 도로를 피해 흑인 이웃들 사이를 행진한다. 군중들을 구경꾼이 아니라 참여자로 본다. 음악 · 의상 · 연설 · 춤이 뒤섞인 마디그라 인디언들의 행진은 각각의 활동들이 서로 명확하게 구분되는 자율적인 것이라고 보는 유럽인들의 원자화된 관점을 무너뜨린다. 예술과 인간 존재의 상호연관성을 전제로 하는 아프리카적 인식에서나 가능한 일이다.[10]

허리케인 리타와 카트리나가 뉴올리언스에 엄청난 피해를 입히고, 홍수가 가난한 노동계급 거주지를 휩쓸었을 때도 마디그라 인디언들은 꿋꿋하게 반항적인 태도를 유지했다. '크리올 와일드 웨스트Creole Wild West', '휘–위–위Fi-yi-yi', '와일드 차우피툴러스Wild Tchoupitoulas' 등의 이름을 가진 마디그라 인디언 '부족tribe'들은('크루krewe'가 아니다) 뉴올리언스 뒷골목과 승인받지 않은 길들을 활보했다.* 부족들은 아프리카 문화의 영향이 짙은 노래, 춤, 부름–응답 구조의 가사

---

* [역주] 마디그라 인디언 '부족'들은 현재 40여 개가 존재하며, 각각 의상과 축제 준비를 한 후 마디그라 기간에 경쟁하듯 화려한 행렬을 과시한다. 크루krewe는 루이지애나에서 마디그라 무도회나 행렬을 준비하는 사조직을 가리키는 일반적인 명칭인데, 마디그라 인디언들은 계급, 인종, 문화적으로 자신들의 행동을 구분 짓기 위해 자신들의 집단을 부족이라 칭한다.

를 내세우며 서로 경쟁한다. 옐로우 포카혼타스 부족의 전설적인 추장인 고故 '투티' 몬타나Tootie Montana(그림 5.1)는 엄청나게 화려한 의상으로 유명했는데, 그는 아프리카 의식을 치르면서 환각 속에서 본 대로 의상을 만들었다고 주장했다.[11] 영혼의 세계를 강조하는 태도는 크리올화한 사회의 특징이자, 그럴듯한 것과 믿음직하지 않은 것, 심지어는 괴상한 것까지 통합하려는 무모하리만치 용감한 시도다. '포카혼타스'라는 부족명은 실제 부족 이름에서 따 온 것이 아니라 버지니아주 아메리카 원주민 부족 추장의 딸이었던 한 인물의 이름에서 가져온 것이다. 영국인과 결혼한 후 런던으로 향한 포

그림 5.1 퍼레이드에 나선 마디그라 인디언 추장 '투티' 몬타나. 그는 52년 동안 마디그라 인디언으로 활동했고 빈민 지역에서 벌어진 경찰의 강경 진압에 항의하는 시의회 연설 중 심장마비를 일으켜 82세로 사망했다.

카혼타스는 유럽 문화에 동화한 '고귀한 야만인'으로 소개되었다. '투티' 몬타나는 보통의 흑인이었고 '붉은 뼈'(인디언 혈통)는 아니었지만 자기 사촌들이 '인디언처럼 생겼다'고 여러 번 강조했다. 그의 의상은 〈버펄로 빌의 와일드 웨스트〉 쇼에 등장한 의상들이 수없이 다시 만들어진 결과라고 보는 편이 사실에 가까울 것이다. 이 쇼는 아메리카 원주민 문화를 조소하면서 한편으로는 정복당해 쇠멸해 간 비극적인 상황을 묘사하는 것이기도 했다.[*] 조지프 로치Joseph Roach가 예리하게 지적했듯이 마디그라 인디언들의 퍼포먼스는 "백인과 백인의 문화가 말살한 어떤 곳, 어떤 땅"을 다시 그려 보고, 연민을 느끼게끔 자극한다. "뉴올리언스 카니발에서 '인디언으로 가장'하는 행위는 아프리카를 창의적으로 재창조하고 회복시킨다."[12]

우리가 살펴본 것처럼 뉴올리언스 마디그라는 완전히 기성 질서에 편입되지 않았다. 카니발은 루이지애나 전역과 그 바깥에서도 행해진다. 특히 바닷가를 따라서 잘 발달되어 있으며, 지역 주민들이 주로 참여하고 관광객들은 많지 않다. 모빌에서는 1867년부터 활동한 오래된 크루들이 금색 돼지 방광으로 무장하고 무너진 그리

---

[*] [역주] '버펄로 빌' 윌리엄 프레더릭 코디William Frederick Cody는 서부 개척 시대 말기의 상징적인 인물로서, 19세기말 〈버펄로 빌의 와일드 웨스트〉 쇼를 기획해 대단한 흥행을 기록했고 미국 전역과 유럽까지 순회공연을 하면서 오늘날의 '서부' 이미지를 만들었다. 이 쇼에는 수백 명의 카우보이, 인디언, 기병대원들이 등장해 비문명화된 인디언들과 맞서 싸우는 개척민들의 낭만적 스펙터클을 재현했다.

스식 기둥 주위를 돌면서 죽음의 신을 추적하는 유쾌한 행사를 연다. 그저 디오니소스의 승리를 뜻하는 것일 수도 있겠지만 남부연합의 무너진 꿈을 조롱하는 행위일지도 모른다. 도리스식 기둥은 흔히 플랜테이션 지주의 집을 장식하던 양식이기 때문이다.[13]

뉴올리언스 서남부 지역에는 색다른 전통이 있다. 케이준과 크리올이 참여하는 '쿠리흐 드 마디그라courir de Mardi Gras', 번역하면 마디그라 경주Mardi Gras run다. 아캐디언〔케이준〕색채가 짙은 이 풍습에서는 광대 분장을 한 사람들이 말, 트럭, 보행기 등을 타고 집집마다 구걸하며 돌아다닌다. 치킨, 소시지, 야채가 인기 품목이다. 너그러운 집주인을 만나면 집으로 초대받아 흥청망청 노는 무리 사이에 끼여 검보를 끓여 먹고 밤늦게까지 춤을 춘다. 도시 지역 마디그라를 밀착 연구한 니콜라스 스피처Nicholas Spitzer는 크리올과 케이준이 요리, 음악, 일부 조상까지 공유하지만 "양가적이고 가끔은 적대적인" 관계를 맺고 있다는 관찰을 내놓았다. 쿠리흐 드 마디그라 참여는 차이가 확 드러나거나 반대로 차이에 무뎌지는 순간을 만들어 주며, 광대 짓을 해 보는 것은 일상의 무게를 탐사 · 과장 · 상쇄 · 전복하는 수단이다.[14] 이때 집에 눌러앉아 실컷 노는 일은 주로 남자들이 하고, 집집마다 돌아다니는 일은 여자들에게 인기가 많은 편이다. 참가자들은 기발한 가면을 만들어 쓰고 외설 행위를 하는가 하면 젠더 역할을 바꾸며 논다. 노파, 헤픈 여자, 양성애자 의상이 출몰하면서 단정함과 아름다움이라는 가치는 공개적으로 조롱당한다.[15]

카보베르데의 카니발

카보베르데에서도 관광산업 발전을 위해 카니발을 이용하고 있다. 해당 지역 사람들 중에는 카보베르데 카니발의 '브라질화'를 언짢아하는 이들이 많다. '카니발 산업'이라는 이름이 붙으면서 급속하게 '관광상품화'했다는 이유에서다.[16] 공식 퍼레이드에서 상업화나 외부의 영향이 드러나기는 하지만 거리에서, 도시 이곳저곳에서, 허가받지 않은 공공 구역에서 벌어지는 비공식 축제들은 전체 질서를 교란하고 공식 승인을 회피하면서 저항하는 대중들의 모습을 보여 준다. 정치인들은 카니발이 "관광 진흥으로 나라에 이바지"하는 역할을 해 주기를 바라지만, 일생 동안 카니발에 참여해 온 사람들은 축제를 공식화하려는 시도에 부정적이다. 심지어는 '가짜 축제'라고 말하는 사람들도 있다.[17]

사순절 시작 시기에 매년 열리는 카니발은 카보베르데에서 가장 중요한 문화행사 중 하나다. 그 기원은 식민지 시기로 거슬러 올라가며, 16~17세기에는 포르투갈어로 엔트루두entrudo(시작을 뜻함. 사순절의 시작을 의미한다)라고 불렸다. 가톨릭–유럽 기원이긴 하지만, 카보베르데 카니발은 이곳의 크리올화 역사를 반영하고 있으니 포르투갈 축제의 단순 복제라고 볼 수는 없다. 카니발은 유럽, 아프리카, 아메리카 대륙의 교차로에 놓인 카보베르데의 복잡한 정체성을 상연하는 무대다. 개별 섬들이 각자 다른 카니발을 진행하는데 다른 섬 주민들과 카보베르데 디아스포라들까지 참여하는 상비센트

São Vicente섬의 카니발이 가장 규모가 크다. 상비센트 카니발의 분위기를 엿볼 수 있는 세자리아 에보라의 노래가 하나 있다.

> 상비센트, 작은 브라질이여
> 색색으로 넘쳐나는 기쁨
> 마음껏 누려 보는 사흘
> 갈등은 없네, 그저 카니발
> 어디에도 없는 환희여![18]

가사에서 알 수 있듯이, 브라질 카니발은 상비센트 카니발에 큰 영향을 끼쳤다. 브라질 카니발이 TV나 여러 미디어에 자주 등장한 데다가, 과거 브라질에서 산 적이 있거나 현재 살고 있는 카보베르데인들도 많다. 인터뷰에서 카니발의 브라질화에 대해 말해 준 상비센트 주민들은 카니발 참여자들이 지역에서 만든 장식물을 사는 대신 브라질에서 의상, 장식 재료, 드럼 등을 들여온다고 알려주었다. 브라질의 영향을 받은 화려한 장식 수레도 퍼레이드에서 가장 눈에 띄는 자리를 차지한다. 그렇다 하더라도 사람들은 상비센트 카니발이 카보베르데만의 독특한 행사라고 되풀이해 말한다. 포르투갈인들이 카보베르데에 카니발을 먼저 들여왔으니 브라질보다 상비센트 카니발의 연원이 더 깊다고 지적한 사람도 있었다. 카보베르데 카니발의 브라질화는 이 두 크리올 공간 내부와 그 사이에서 오랫동안 서로 얽히고설키며 문화를 교류해 온 역사의 일부라고 볼 수 있다.

문화적으로 얽혀 있다는 개념은 이 크리올화한 카니발에서 나타나는 아프리카의 메아리, 디아스포라의 흔적을 다룰 때 중요한 고려 사항이다. 상비센트 카니발 하면 생각나는 이미지는 만딩가 mandingas, 즉 숯가루와 기름을 온몸에 까맣게 바르고 풀 치마에 맨발 차림을 하고는, 역시 검게 칠한 인형의 머리를 끝에 연결한 긴 작대기를 들고 격렬하게 춤추는 사람들이다. 지금은 도시 전역에 나타나지만, 예전에는 상비센트의 중심 도시인 민델루Mindelo의 빈민가 중 하나인 리베이라 보테Riveira Bote의 풍습이었다. 서아프리카 종족 이름인 만딩가(혹은 만딘카)라고 불리기는 하지만 카니발에 등장하는 만딩가들은 사실 기니비사우 해안가의 비자고스섬 지역에서 건너 온 다른 종족 집단에 속한다.

'만딩가'는 1940년대에 포르투갈 당국이 '식민박람회Colonial Exhibition'[*]에 내보내려고 섬에서 데리고 나왔다가 카보베르데에 정착하게 된 사람들이다. 이들은 민델루 사람들의 집단기억 속에 남아 있는 춤을 췄고, 곧 모두들 카니발에서 그들을 따라하게 되었다. 그 당시 포르투갈

---

[*] [역주] 19세기 말 시작된 박람회, 혹은 엑스포는 제국주의 국가들이 발전된 미래상을 제시해 자신들의 근대성을 과시하려는 동기에서 출발했다. 그중 비문명화된 식민지인들을 식민지 이미지를 구현하는 무대에 세워 전시하는 '식민박람회'는 문명화와 제국주의의 정당성을 입증하는 수단이었다. 포르투갈은 1934년에 포르투갈 식민박람회, 1940년에 포르투갈 국제 박람회를 열었다.

령 기니(현재의 기니비사우)에서 가장 잘 알려진 민족 집단이 만딘카였으므로 이들이 만딩가라고 불리게 된 것이다.[19]

만딩가 풍습은 수십 년간 변화하면서 상비센트만의 독특한 면모를 갖췄다. 작대기를 흔들면서 무섭게 위협하던 모습이었으나, 이제는 카보베르데 카니발의 성격에 맞춰 다듬어지고 그 일부가 되면서 춤추고 즐기는 역할에 치중한다(그림 5.2). 만딩가는 기존 맥락에 흡수되면서도 도시 전역의 사람들을 끌어들이면서 카보베르데 정체성 구축 과정의 일부가 되었다. 단순한 '위로부터의' 압력과 달리, 이렇게 진화하는 사회 정체성은 카보베르데의 인구통계학적 구성이 변화하고 있다는 것을 보여 준다. 아프리카 여러 나라에서의 이주가 늘어나고, 카보베르데인들의 일상 관습도 변화하고 있는 것이

그림 5.2 카보베르데 민델로의 카니발에 등장한 만딩가. 2013년.

다. 만딩가들은 카니발 기간에도 등장하지만 카니발 전 두 달 동안 매주 일요일마다 타악기를 두드리는 여러 사람들과 함께 만딩가 퍼레이드를 벌인다. 전통적인 검은색이 아니라 여러 색을 몸에 칠하는 사람들도 많다. 카니발 안팎에서 바뀐 만딩가 형상은 카보베르데 정체성 문제에서 중요한 질문들을 제기한다. 아프리카와의 관계를 어떻게 정의할 수 있는지, 이미 크리올화한 형상을 창조적인 놀이로 다시 승화시키는 민중의 힘은 무엇인지 등이다.

공식 축제 기간에 경찰이 굉장히 많아졌다는 언급도 있다. 노팅힐이나 브라질 카니발만큼은 아니지만, 카니발 기간 공식 퍼레이드나 민델루 주요 거리는 분명히 엄격하게 통제되고 특정한 방식으로 관리된다. 이외에 인터뷰에서 자주 되풀이되는 주제는 카니발에 드는 돈이 점점 늘어난다는 불평이다. 카니발 코스튬이나 장식 수레는 지나치게 비싸고, 해외에서 돌아온 디아스포라들은 식당과 호텔에서 가외 비용을 더 요구받는다. 비용 증가나 축제의 공식화는 분명한 사실이지만, 이 카니발에서 중요한 많은 순간들은 공식 퍼레이드가 아니라 일상이 정지하고 일상 규범이 전복되는 자발성과 저항의 공간인 여러 거리들에서 포착된다. 그곳은 '무엇이든 가능한' 시공간이다. 남자는 여자처럼, 여자는 남자처럼 입는다. 어린이는 어른처럼 꾸미고, 어른은 가면과 분장으로 변장한다. 사람들은 카보베르데 정권이나 국제 정세를 비판하는 노래를 만들어 부른다. 현실에 안주하는 구경꾼들을 자극할 새로운 게임과 속임수가 등장한다. 앞에서 다루었듯, 이 모든 특징들은 루이지애나 마디그라 카니발에서도 보았던 것들이다. 관습적인 젠더 역할 수행을 멈추는 행동은 루이지애나에서 아주 두드러진다. 특히 여성들은 성적인 영역을 마음껏 활용한다. 카니발은 새로운 문화 형태와 실천이 등장하는 크리올화한 장소를 표현한다. 춤, 놀이, 연극, 음악이 한데 어우러진 카니발은 "변화의 과정에서 나타나는 문화 창조성"의 훌륭한 예다.[20]

퍼레이드나 비공식 카니발에서 지역민, 방문객, 다른 섬에서 온 사람들, 디아스포라 등 수많은 사람들은 구경하기 가장 좋은 곳을 찾아 움직인다. 다시 도시의 일상 풍경은 전복된다. 몇 시간 전부터 사람들이 차지한 호텔 및 레스토랑의 옥상과 발코니만큼이나, 미완성 건물·난간·벽·나무 등도 얼마나 높든지 간에 카니발을 구경하기 딱 좋은 장소로 변신한다. 미셸 드 세르토Michel de Certeau는《일상생활의 실천L'invention du quotidien》에서 정부나 도시계획 입안자들의 전략적인 계획에 전술적으로 도전하며 도시를 돌아다니는 보행자를 이야기한 바 있다.* 이와 비슷하게, 카니발 기간에는 사람들의 실천이 공식적인 목적을 뒤흔들면서 도시 공간에 새로운 역할을 맡긴다.[21] 물론 이 창조적이고 전복적인 도시 이용은 카니발 기간 며칠에 집중되지만, 그 영향은 오래 지속된다. 카니발은 '형성 중인' 카보베

---

* [역주] 미셸 드 세르토는《일상생활의 실천》에서 일상을 규율하고 지배하는 미시권력에 저항할 수 있는 가능성을 탐색한다. 그 권력 바깥으로 나가고자 하는 대신 요리, 독서, 대화 등 일상생활의 행위를 창조적으로 실천하는 방식이다. 특히 산책, 혹은 걷기는 근대적 감시와 훈육이 도시계획과 기능적 배치로 철저하게 관철되는 도시 공간을 다르게 분절하고 의미화하면서 상징질서를 재배치하는 전술적 행동이 될 수 있다고 보았다.

르데의 역동적 문화에서 계속 진행되는 크리올화를 가시화하는, 창조적이고 자발적인 공연이자 무대라고 할 수 있다.

런던의 카니발

이제 다른 크리올 환경으로 주의를 돌려보자. '국제도시'인 런던에서도 매년 카니발이 열린다. 런던은 3장에서 다룬 현대의 접촉 지역에 해당한다. 런던 노팅힐 카니발은 앞에서 말한 여러 긴장 관계, 즉 상업화와 진정성, 포섭과 저항, 과거와 현재 간의 긴장을 아주 선명하게 드러낸다. 18세기의 바솔로뮤, 서더크 축제 같은 역사적 선례가 있기는 하지만 현대 영국 카니발의 기원은 1959년 1월 30일이다. 이날 트리니다드 출신의 작가이자 운동가였던 클라우디아 존스가 실내 축제를 열었다. 카리브해계 이민자들을 겨냥한 1958년 8월의 노팅힐 폭동 사건에 항의하는 의미였다. 제2차 세계대전 이후 국가 재건을 위한 노동력이 필요했던 영국은 50년대부터 60년대까지 식민지에서 본국으로의 이민을 장려했다. 장밋빛 삶이 이주자들을 기다리고 있는 것처럼. "그들은 여기저기로 그대를 안내해 줄 거예요. 백만장자가 된 기분이 들게 해 줄 거예요. 런던, 그대를 위한 곳."[22]* 그러나 현실은 달랐다. 환영 대신 광범위한 인종차별이 이민

---

* [역주] 칼립소(트리니다드 특유의 음악) 가수 로드 키치너가 1948년에 발표한 〈London is the place for me〉의 가사.

자들을 기다리고 있었다. 지독한 적대감과 마주하면서, 카니발을 위시한 카리브해 영국 이민자들의 문화는 그저 여흥이 아니라 "정체성을 선언하는 자기표현이자 자기확인"이 되었다.[23] 오늘날 1백만 명 이상을 끌어들이는 엄청난 규모의 행사가 된 런던 카니발은, 그 형태나 내용에서 런던의 아주 다양한 인구 구성을 반영하며 발전해왔다.

노팅힐 카니발의 초창기 행보는 많은 점에서 그 선조 격인 트리니다드 및 여타 카리브해 지역의 카니발과 유사하다. 피터 잭슨의 주장처럼 그 핵심에는 정치적 맥락이 있다.[24] 1834년 노예해방 이전의 트리니다드 카니발은 프랑스어를 쓰고 가톨릭을 믿는 백인 엘리트층의 규제를 받았다. 공공장소 집회를 금지당했던 흑인 노예들은 해방 이후 거리에 몰려 나와 기발한 분장을 한 채 예전 지배자들을 흉내 내고 풍자하면서 자유를 축하하는 행사를 자주 벌였다. 일상생활에서는 실제로든 사회적으로든 보통 분리되어 있던 집단들이 한군데 모여들자, 카니발은 "트리니다드 사회의 모든 사회적·정치적·'인종적' 긴장"이 수면 위로 드러나는 장소가 되었다.[25] 반대로 정부와 문화 엘리트 측에서는 다양성 속에서 단결을 고취하는 "통합의 장"으로, 국가 건설의 일부로 이용하려는 노력을 계속했다.[26]

런던에서 몇 년간 넓은 실내 장소를 구해 진행했던 행사는 1966년을 기점으로 노팅힐 거리의 카니발로 변했다. 동네 어린이들을 위한 작은 파티에서 트리니다드 출신 뮤지션 러셀 헨더슨의 스틸 밴드〔트리니다드 타악기인 스틸을 중심으로 하는 밴드 형태〕가 연주하고 있었는데,

음악 소리에 끌린 주민들이 모여들면서 큰 거리 축제가 되어 버린 것이다.[27] 당시 노팅힐에는 아주 낮은 집세 덕분에 카리브해 출신 이민자들이 많았다. 초창기 카니발은 전통적인 가장무도회 음악과 의상을 즐기면서 그 지역 거주민들끼리 카리브해 문화 정체성을 기리는 수단이었다. 초기 카니발을 이끈 사람들 중 한 명인 라운 라슬렛은 이 행사가 "우리 게토에도 표현을 기다리는 풍요로운 문화가 있고, 우리가 쓸모 없는 족속들이 아니라는 것을 증명하려는" 동기에서 나왔다고 말한다.[28]

불량한 주거 환경과 이들의 거주지를 가로지르는 웨스트웨이 고가도로 건설에 대한 항의 등이 있긴 했지만, 1976년 카니발에서 경찰의 강경 진압이 '인종 폭동'을 촉발시킨 사건 이후에야 카니발의 정치적 성격이 전면에 드러났다. 이제 카니발은 소외와 차별에 대항하는 흑인 정체성을 확인하는 행위이자 권력을 가진 자들의 무시에 맞서 공공장소에서 정체성을 표출하는 통로였다. 영국 내 카리브해 출신 이민자들 중에서 다수를 차지하는 자메이카인들의 참여가 증가했고, 특히 런던 생활에 큰 불만을 품은 이민 2세대 젊은이들이 적극적으로 나섰다. 자메이카 킹스턴 도심에서 유행했던 댄스홀 뮤직에 사용되는 큰 규모의 사운드 시스템도 카니발에 등장했다. 1976년 폭동은 경찰과 흑인들 사이의 관계에서 중요한 전환점이었다. "제도화된 인종차별주의가 더 이상은 제 본모습을 감출 수 없게 되었다는 잔인한 사실"이 명백해진 시기로 이행하게 된 것이다.[29] 이제 런던 카니발은 트리니다드의 선례처럼 선명한 정치적 상징이 되었다.

　노팅힐 카니발이 놀라운 성장을 거듭하고 런던의 초다양성을 보여 주는 행사라는 명성을 얻었는데도, 카니발을 둘러싼 갈등은 여러 해가 지나도록 누그러들지 않았다. 최근의 긴장은 주로 이 지역의 인구 변화 때문이다. 젠트리피케이션 탓에 집세가 지나치게 오르자, 낮은 집세가 필요한 카리브해 이민자들이 거주하고 일할 수 있는 환경을 찾아 떠났고 노팅힐은 부유한 백인 엘리트층이 주로 사는 지역으로 변했다. 카니발을 다른 곳으로 옮기라는 요구도 많아졌다. 특정 공원으로 제한하거나 거주 지역을 우회하는 길을 택하자는 의견들이다. 카니발을 주최하는 측은 이 요구들을 일언지하에 거절했다. 카니발의 저항정신을 떠받치는 이 장소의 역사적·상징적 중요성을 꺾어 놓으려는 시도라고 본 것이다. 아델라 루스 톰셋 Adela Ruth Tompsett은 이렇게 주장한다.

　노팅힐 카니발이 지나가는 길은 역사와 특별한 관련을 맺고 있다. 이 길은 식민 지배자와 식민지인이 모두 겪은 역사의 소우주다. 켄살 로드 너머 상업용 운하, 오래된 공장 건물, 노동자들이 주로 이용하는 클럽들을 거치며 북쪽에서 출발하여, 제국의 부를 자랑하듯 깔끔하게 회칠한 멋진 건물들이 늘어선 아룬델 가든스, 켄싱턴 파크, 웨스트번 그로브 등 남쪽의 잘 정비된 거리들로 이어지는 이 길은 플랜테이션과 공장에서 자본을 축적하고 으리으리한 건물들을 과시하기까지 모든 층위의 제국주의적 행위들을 반영한다.[30]

따라서 노팅힐 카니발에는 노예해방 이후 열린 카니발에서 창의력을 발휘하여 식민주의에 저항한 카리브해인들의 역사에서부터, 전후 런던의 도시 공간에서 제 권리를 주장한 카리브해 출신 이민자들의 탈식민 상황에까지 이르는 과거의 흔적들이 담겨 있다. 카니발에 나선 다양한 '마스 밴드Mas bands'[*]들은 이 복잡한 역사를 반영한다. '주버트J'ouvert'나 '더티 마스dirty Mas' 같은 밴드들은 악마로 분장한 노예주들을 등장시켜 카니발의 기원과 노예제의 역사를 곧장 연상하게 한다. '마호가니 마스Mahogany Mas'처럼 더 현대적인 맥락을 반영해 행렬을 꾸미는 밴드들도 많다(2008년 마호가니 마스 밴드의 컨셉은 블링블링한 디자인이었다).[31]

퍼레이드에는 카리브해 출신 카니발 예술가들의 마스 밴드 외에도 다양한 민족 집단들이 참여한다. 브라질인들이 꾸민 마스 밴드들은 최근 런던에 대폭 늘어난 브라질인들의 목소리를 과시하면서 카니발 전통에 대한 자부심과 노예제 역사를 강조한다. 브라질 출신들이 벌써 여러 해 참가하긴 했지만 특히 2014년 노팅힐 카니발에서는 2016년 리우 올림픽 개최에 발맞춰 브라질인들의 활약이 두드러졌다. 삼바 그룹이 둘, '삼바-레게' 그룹이 셋, 그리고 마라카투Maracutu 그룹이 두 팀 등장했다. 마라카투는 브라질 북부 페르남부쿠주에서 나타난 공연 양식으로 과거 노예들의 문화와 아프리카-브라질 문화

---

[*] '마스 밴드Mas bands'는 카니발에 참여하는 다양한 예술가 집단과 공연자들을 지칭하는 말이다. '마스'는 가면극masquerade의 줄임말이다.

요소들, 칸돔블레의 영향을 받았다. 2009년에 만들어진 '마라카투두 마푸아Maracutudo Mafua' 그룹은 노팅힐 카니발의 진화와 계속되는 크리올화를 잘 보여 준다(그림 5.3). 여러 나라 출신의 70여 명으로 구성된 이 그룹은 마라카투 전통에 기반을 두면서 카니발에 맞춰 창조적인 변화를 꾀한다. 그룹의 예술감독은 브라질 스타일을 "전혀 접해 보지 않은 사람들"에게 초점을 두고 공연을 구성한다고 밝혔다.[32] 새로운 환경에 적응하고 진화해 가는 카니발의 좋은 예다.

노팅힐 카니발은 분명 카보베르데나 루이지애나 카니발보다 갈등의 요소가 많은 행사다. 과거의 역사뿐 아니라 현재의 사회 인종적 긴장까지 반영하기 때문이다. "위험한 문화가 집결하는 장소"라고도 볼 수 있다.[33] 노팅힐 카니발에 모인 군중들에게서 압박을 느끼

그림 5.3 2014년 노팅힐 카니발에 참가한 마라카투두 마푸아 그룹.

고 불편한 감정을 가질 법도 하다. 군중은 "잠재적으로 무한하고, 늘 어나는 한 존재한다. 바베큐 연기, 옷에 달린 반짝이는 장식들이 길을 메우며 긴 행렬을 이룰 때 사람들은 무언가에서 깨어날 듯 하지만, 노을이 질 때쯤 되면 처음 모일 때만큼이나 재빨리 흩어진다."[34] 카니발이 계속되는 한 노팅힐에서는 뭔가 초조한 느낌을 계속 경험할 수밖에 없다. 테이트 모던 갤러리에서 카니발을 주제로 열린 전시회에 참여한 가이아나 출신 작가의 말을 들어 보자. "카니발은 즐거워야 하겠지만 날카로운 긴장은 계속될 것이다. 카니발은 언제나 그랬다. 세계 어디를 가든 카니발은 항상 어떤 긴장에서 나온다."[35]

다른 카니발들처럼 노팅힐 카니발도 상업화되어 '진정성'이 훼손된 것이 아니냐는 혐의에서 자유롭지 않다. 이 행사의 상업화는 1975년 '캐피털 라디오'를 비롯한 몇몇 기업들의 후원을 받았을 때로 거슬러 올라간다. 물론 민간자금과 후원이 지금처럼 큰 규모를 자랑하게 해 준 것도 사실이다. 1백만 명 이상 모이는 이 카니발은 유럽에서 가장 큰 거리축제로 성장했다. 그러나 상업화가 그 '진정한' 뿌리를 고사시킨다고 보는 것은 사회정치적 맥락에 적응하는 카니발의 본질적인 힘을 잘못 판단하는 것일 수 있다. 어쩌면 필수적인 그 맥락 속에서 카니발은 스스로를 발견한다. 이제 노팅힐 카니발은 더 다양한 구성의 사람들, 계속 강박적인 태도를 보이는 무장한 공권력, 더 많은 것을 요구하는 대중들, 그리고 공공기금이 거의 마련되지 않는 상황을 받아들여야 한다. 민간기금의 비중이 커지고 어쩔 수 없이 행사의 범주가 원래의 모습보다 확장되었지만, 노팅힐 카니발은 여전히 '아래로부터의' 지원에 많은 부분을 기대고 있다. 마스 밴드 구성원들 대다수와 예술가들은 집에서, 교회 홀에서, 커뮤니티 센터에서 자발적으로 나선 사람들이다.[36]

노팅힐에서 열리는 카니발은 여러 다른 층위에서 실천되고 해석되는 복잡하고 모순적인 사건이다. 역사가 우리에게 말해 주는 것처럼, 카니발은 언제나 본질적으로 지배이데올로기와 저항이데올로기, 순종과 저항 '사이'에 위치했다. 한편으로는 "지배권력의 이해관계를 위해 개발된" 것이지만, 또 한편으로는 "비판·항의·저항"이 자라나게 돕는 강력한 힘이기도 했다.[37] 노팅힐 카니발에는 디아스포라의 흔적이 있다. 카니발은 영국의 흑인 문화를 확인시켜 준다. 그 집단이 공유하는 문화유산을 선보이면서 '우리가 여기 살고 있다'고 선언한다. 하지만 카니발은 다양성과 변화 또한 포용한다. 포섭이나 지배에 저항하듯이 새로운 형태들을 받아들이고 진화시키고 창조해 낸다. 일시적이나마 런던의 도시 풍경을 바꿔 놓는 이 사흘 간의 행사는 플랜테이션에서, 신대륙에서 일어난 크리올화 과정을 식민 본국 한복판에서 다시 재연한다.

결론

지금까지 크리올화와 디아스포라, 포섭과 저항이라는 개념을 통해 세 곳의 카니발을 각각 분석해 보았으나 따로 비교해 보지는 않았다. 비교는 단순히 유사성을 확인하는 것이 아니라, 대조를 통해 대상의 독특성을 깊이 있게 이해하는 작업이다. 카니발이 나타나고 발전하는 과정의 사회정치적 맥락과 카니발을 따로 떼어 놓고 다루기는 불가능하다는 점을 우선 강조해 두자. 세 가지 카니발은 모두 눈앞에 크리올화 과정을 극적으로 제시한다. 여기에는 디아스포라의 흔적들도 여전히 남아 있다. 아프리카 노예, 유럽인 노예소유주, 식민주의와 가톨릭은 루이지애나와 카보베르데 카니발의 공통 주제라고 할 수 있다. 런던 카니발의 디아스포라적 요소들은 강제로 이주당한 아프리카인의 후손들이 예전의 식민 본국이나 탈식민 시대의 중심지(영국, 네덜란드, 프랑스, 덴마크, 미국 등)로 건너오기 전에 카리브해에서 변형시킨 사회 관습들이다. 이 이민자들은 그래서 '디아스포라의 디아스포라'로 불리기도 한다.[38] 물론 원래의 고향에 대한 향수도 남아 있어서, 아프리카의 왕과 고대 제국이 소환되거나 라스타파리Rastafari 운동이 나타나기도 했다(이 운동의 이름은 에티오피아 황제 하일레 셀라시에의 즉위 전 호칭인 '라스 타파리 마콘넨Ras Tafari Makonnen'에서 유래한다). 식민주의는 '제국을 향한 역습'[39]으로 귀결되었다. 카리브해와 남아시아의 예전 식민지에서 이민자들이 대거 건너온 것이다.

크리올화한 공간인 세 곳의 카니발을 다루면서 우리는 흉내 내기, 사회 비판, 반항, 지배층에 대한 도전, 젠더 역할 전복 등 여러 저항 형태들을 보여 주는 예에 확실히 치우쳤다. 디아스포라적이거나 크리올화한 카니발 전부가 의식적으로 저항성을 드러낸다고 주장하는 것은 아니다. 많은 카니발들은 포섭되는 쪽을 선택한다. 주어진 환경을 최대한 이용하고 나아가 공식적·상업적으로 인정받는 대중문화가 되기 위해 노력하기도 한다. 여기에는 더 노골적인 목적도 있다. 뮤지션들은 대중에게 알려지길 원하고, 카니발을 운영하는 측은 문화적·사회적 자본을 강화하고 싶어한다. 모든 음악이 저항적일 수는 없다. 그저 재미와 유흥과 이익을 위해 만드는 음악도 분명히 존재한다.

창조적이라고 해서 다 저항 행위로 이어지는 것은 아니다.[40] 정확히 말하자면, 카니발은 대안문화의 등장을 허용한다. 어떤 사람은 지배와 종속 관계라는 조건에서, 또 다른 사람은 특정 문화전통에서 영감을 얻어서, 아니면 디아스포라 경험에서 나온 노스탤지어적 재현(사실, 상상, 과장, 미화 어느 쪽도 가능하다)에서 대안문화를 만들어낸다. 물론 이 모두는 디아스포라의 메아리에 가깝지, 보존된 원래의 문화는 아니다. 마커스 가비의 아프리카 복귀 운동이나 1960년대의 아프리카 중심주의 운동은 식민주의와 노예무역이 황폐화시킨 대륙을 재건하려고 했다. 아메리카 원주민들은 더 이상 광활한 서부에서 들소를 사냥하지 못한다. 아캐디언(케이준)들은 이제 낚시하고 덫을 놓으며 유유자적하게 살아갈 수 없다. 아프리카인들은 누구에게도 방해받지 않는 소박한 공동체 마을의 삶을 더 이상 누리지 못하고, 트리니다드의 카니발은 자메이카인들이 다수인 런던 카니발에서 완전하게 재현되지 않을 것이다. 하지만 이 모든 경험들, 혹은 그 경험이 윤색된 결과물들은 정체성 주장을 고취하고 창의적 충동을 일깨우기 위해 사용될 수 있다. 카니발 같은 공연이나 4장에서 다룬 음악 입장에서는 어떤 관례, 언어, 의례를 사용할 수 있게 해 주는 특별한 자산이기도 하다. 그러나 과거의 흔적을 이용하는 일이 현재에 대한 비판까지 보장해 주지는 않는다. 카보베르데 카니발에서 디아스포라가 큰 비중을 차지한다는 앞서의 논의에서처럼 디아스포라적 현재는 문화적 표현과 이견의 가능성을 증진시켜 준다. 공연은 정신, 육체, 지성의 통합을 가능하게 한다. 거리에서 펼쳐지는 공연이야말로 특히 그러하다. 캐롤 앤 업튼Carole-Anne Upton 의 주장을 들어보자.

공연은 삶을 상연하는 수단이다. 예행연습을 하고, 반복하고, 공연을 펼치는 것. 실제 세계에서도 가장 풍요롭고 중요한 영역이다. 지금 여기의 사람들이 함께 모여 삶에 대해 상상하고 질문하고 마음을 고쳐먹고 환희를 느끼고 반성하고 생각에 잠긴다. 공연에서 상상력, 지성, 육체가 존재의 물질성 속에서 연결되는 순간은 인간 체험의 본질적 측면이다. 공연은 깊이 있는 쾌락의 추구이며, 나에게는 어떻게 더 나은 삶을 살 것인지에 관한 문제다.[41]

카니발 코스튬과 음악을 만들고, 연습을 하고 자발적으로 춤을 추고, 여기저기의 요소들을 따오는(레비 스트로스라면 '브리콜라주 bricolage'라고 부를) 과정 속에서 크리올화와 디아스포라는 융합한다. 이와 반대로 공공 안전을 내세워 축제를 규제하거나 경제적 이익이 난다면 무엇을 해도 내버려 두는 관련 기관들의 행태는 축제의 독특한 성격과 상상력을 메마르게 만든다. 카니발은 해마다 며칠 동안 정상 질서를 어지럽히는 중요한 공공의식으로 깊게 뿌리를 내렸다. 다음 장에서는 혼성 문화 사회에서 오랜 역사를 가지는 문화유산을 만들고, 정착시키고, 강화하려는 시도들을 검토해 볼 것이다.

6장

문화유산의 구축

에릭 홉스봄의《전통의 발명The Invention of Tradition》은 문화유산이 어떻게 만들어지고 재단장되는지를 가장 잘 보여 주는 책일 것이다.[1] 제목이 모든 것을 말해 준다. 우리는 전통이 항상 그 자리에 있다고 여겨서 별다른 의문을 품지 않는다. '전통' 하면 대부분 바로 연속성, 확실성, 진실성을 떠올린다. 신학적으로 표현하자면 전통은 신의 뜻에 따라 신성화된 것이나 마찬가지다. 그러니 누군가가 그 전부를 만들어 냈다는 말을 듣는다면 충격을 받을 수밖에 없다. 물론 역사를 다시 쓰려면 설득력을 갖춰야 한다. 멜 깁슨이 중세 스코틀랜드의 전쟁 영웅, 윌리엄 월레스를 훌륭하게 연기해 낸 영화〈브레이브 하트〉(1995)를 보고 감동과 함께 스코틀랜드 민족주의의 진정성을 느꼈다는 사람들이 많았다. 그러나 실망스럽게도 어느 권위 있는 스코틀랜드 역사가는 이 영화가 "전혀 사실과 다르다"고 딱 잘라 말했다.[2] 민족주의자들은 공동 정체성을 내세워 애국심을 고취하려고 역사를 끌고 올 때가 많고, 이때 다민족, 다언어, 다문화, 다양한 종교 전통처럼 불편한 사실들은 감춰 버린다. 문화유산을 만드는 작업은 하위국가 층위에서도 일어난다. 두 가지 사례를 들어 보겠다. 하나는 옛 디아스포라적 정체성을 소환하고 문화유산으로 다시 꾸민 모리셔스의 경우다. 또 하나는 오랫동안 억눌리며 비웃음의 대상이었던 크리올 문화를 문화유산으로 내세워 공식적으로 인정받으려고 하는 루이지애나의 시도다.

모리셔스: 크리올화의 시대

모리셔스는 크리올화가 아주 강하게 일어난 곳이다. 역사시대 이후에는 이곳에 사람들이 살고 있지 않았다. 가여운 도도새가 뱃사람들에게 곤봉으로 얻어맞아 멸종하기는 했지만, 무책임한 인간들도 그럭저럭 자연과 조화를 이루며 살아갔다. 하지만 여기에 거주한 사람들은 서로 잘 어울려 지내지 못했다. 포르투갈, 네덜란드, 프랑스, 영국 등의 식민제국들은 아프리카, 인도, 중국, 마다가스카르, 유럽 등 여러 곳에서 건너온 사람들을 차례로 지배했다. 대부분의 학자들은 모리셔스야말로 크리올화의 전형적인 예라는 사실에 동의한다. 이를테면 모리셔스 역사의 권위자인 메건 본Megan Vaughan 은 모리셔스가 "원주민 없이, 다양한 근원에서 다양한 영향을 받아 만들어진 결과물들이 여러 층위에서 융합되면서 이 새로운 환경에 뿌리를 박고 적응한" 의심할 여지 없는 '크리올 섬'이라고 역설했다.[3] 앞에서 논의한 크리올화와 관련된 여러 요소들은 여기에 정확하게 들어맞는다. 비교적 멀고 작은 식민지 섬이며 처음엔 노예들이 나중에는 연기 노동계약을 맺은 노동자들이 일한 플랜테이션에 기반하고 있었다. 아프리카인 · 마다가스카르인 · 중국인 · 프랑스인·인도인·혼혈인 등이 민족, 우월 의식, 사회계급 등으로 분열되어 있었으나 새로운 공용어(모리셔스 크리올. 보통 간단히 크리올로 부른다)가 등장했고 이곳만의 요리, 또 모리셔스만의 음악/춤인 세가sega도 나타났다. 19세기를 거쳐 20세기 초까지 프랑스 출신 모리셔스인들은 이 새 문화에 열심히 참여했고 종교를 공유했다. 가톨릭은 아프리카인과 마다가스카르인들에게 노예 생활 초기부터 강요 혹은 전파되었지만, 중국계 모리셔스인들 대부분은 나중에야 개종했다. 이 섬의 인구를 구성하는 사람들 대부분이 새로운 언어, 요리, 민속을 만들어 내고 함께 향유했으며 시간이 지나자 원래 살던 나라나 지역과의 연결은 매우 희미해졌다.

이 섬에 정착한 이유는 민족 집단마다 많이 달랐지만, 고향과의 연계가 끊어진 상황이 크리올화를 촉진하고 강화시켰다. 1768년부터 1970년까지 이 섬에 머물렀던 프랑스의 사회비평가이자 박물학자, 기술자였던 베르나르댕 드 상피에르Bernardin de saint-Pierre는 여기서 만난 프랑스인들을 못마땅하게 여겼다. 루소를 스승으로 모셨던 그는 좀 더 목가적인 환경을 기대했던 모양이다. 그가 상상했던 풍경은 모리셔스를 배경 삼아 쓴 유명한 소설 《폴과 비르지니Paul et Virgines》(1787)에서 엿볼 수 있다. 상피에르는 여기 사람들이 "스캔들이 될 만하면 쉽게 추측하고, 비방하고, 험담한다"고 꼬집었다. 이 섬의 남자들은 결혼을 못해서 재산이 늘어나지 않는다고 투덜대지만, 상피에르가 보기엔 "흑인 정부情婦를 두기 때문에" 결혼을 못할 뿐이었다. 프랑스 여성들도 비판을 피해 갈 순 없었다. "청초하면서 인물 좋고 예뻔 여자들이 많지만 다들 자기네 재산 상태, 남편의 직업이나 출신 가문을 숨기려고 하다 보니 가식이 몸에 배어 있었다."[4] 그가 지적한 프랑스 식민 지배자들의 결점과 허세는 고향과의 관계가 계속 유지 되었다면 꽤 길게 살아남았겠으나, 프랑스혁명과 나폴레옹 전쟁이 연락을 두절시켰고 1810년 12월 3일에는 영국 해군이 프랑스계 거주 민들의 항복을 받아 이 섬을 접수했다. 이후 이 섬은 영국 식민지로 편입되었고 프랑스계 모리셔스인들은 지역화되었다. '크리올'로 불 리게 된 것이다. 영국 통치하에서도 이들의 사회적·경제적 지위에 는 큰 변동이 없었고 프랑스어도 살아남아 프랑스어 기반의 크리올 어가 발달해 갔다. 모리셔스에 정착한 소수 영국인들도 프랑스어 화 자가 되었다. 일례로 모리셔스의 최고 시인으로 불리는 영국계 로버 트 에드워드 하트Robert Edward Hart도 프랑스어로 창작했다.[5]

한편 인도계 모리셔스인은 대부분 식민지 시기 인도 쪽과 연결 이 원활하지 못했고, 인도 독립 이후인 1947년 자와할랄 네루가 이 런 분리 상태를 더 강화시켰다. 비동맹 반식민주의 운동에 힘을 보 태기 위해, 해외의 인도계 사람들에게 그곳의 국적을 얻어 그 지역 의 문제와 투쟁에 적극 참여하라고 권한 것이다. 네루는 그들이 일 단 국적을 얻고 나면 "우리는 그들에게 관심을 가질 필요가 없다"면 서 "정치적으로 그들은 인도인이기를 멈춘 것이다"라고 했다.[6] 모리 셔스의 인도인 대부분은 연기年期 계약노동자로 왔다. 1836~1937년 사이 45만 명이 건너왔고 플랜테이션의 환경은 그야말로 참혹했다. 식민정부가 지정한 '보호자'들이 이들의 복지 상태를 점검하게 되어 있었으나 효과가 없었고, 다른 사탕수수 재배 식민지들과 달리 계약 기간이 끝나도 이들 '쿨리coolies'(아시아계 노동자들에 대한 비칭)들에게는 인도로 돌아가는 일이 허용되지 않았다.[7] 집으로 돌아가는 길이 막히자 상황을 바꾸려는 운동이 계속 벌어졌다. 플랜테이션 착취에 저항하는 과정에서 터져 나온 1937년 봉기에도 인도계 모리셔스인들은 앞장서서 뛰어들었다. 많은 인도인들이 노동조합에 가입했고 크리올 의사인 모리스 쿠레Maurice Curé 박사가 1936년 창당한 노동당에도 힘을 보탰다. 쿠레 박사는 1940년에 이런 글을 썼다. "같은 현수막 아래 서 있는 노동자, 크리올, 인도인들은 동일한 이해관계로 뭉친 하나의 피부색을 지닌 사람들이다. 오늘 노동당의 리더는 크리올이지만, 내일은 인도인이 될 것이다."[8]

인도계 모리셔스인 대부분은 힌두교도이며 작은 지역 힌두교 신전들도 흔한 편이지만 힌두 문화전통과 믿음에 대한 연구 관찰은 드물다. 연기 계약노동보다는 주로 상업 활동을 하다가 이 섬에 머물게 된 무슬림들도 의미 있는 소수자 사회를 이루고 있다. 무슬림들은 일종의 '섬 정체성'을 갖고 있어서 자기 가게에서만 다른 모리셔스인들과 접촉하고 특정 구역에 모여 살면서 종교적 경건함을 지키려고 하는 경우가 많다. 그러나 무슬림들도 사회 전체의 관습에서 외떨어져 있지는 않다. 이들도 크리올어를 쓴다. 또 몇몇 전언에 따르면 술을 파는 가게나 경마장에 출입하는 사람들도 많다고 한다. 중산층 가정에서 자라고 가톨릭계 학교에서 고등교육을 받아 기독교로 개종한 인도계 모리셔스인도 수천 명에 이른다. 상대적으로 작은 규모인 중국계 모리셔스인들도 비슷한 양상을 보인다. 인도계처럼 이들도 연기 계약노동자로 왔다가 이후 수공업자나 상인으로 자리 잡았다. 소매업을 하는 사람도 많고 섬 전역에서 중국인 식당을 찾아볼 수 있기도 하다. 대부분 가톨릭 신자이며 제1언어로 크리올어를 쓴다. 중국 요리는 모리셔스 사람들이 흔히 먹는 음식이 되었다.

독립 당시 아프리카와 마다가스카르 출신 사람들은 '혼혈인'이라고 분류된 27퍼센트의 대다수를 차지했다. 이들의 이주 역사는 복잡해서 아프리카 대륙 여러 곳에서 많은 수가 한꺼번에 들어왔고 나중에는 조금씩 이주가 계속되었다. 아프리카인들은 플랜테이션에서 노예로 살았다. 땅을 개간하고(화산암 바위들을 캐내고 들어올려 부수는 고된 작업이었다), 물을 길어 오고, 사탕수수를 재배하고 자르는 중노동에 시달렸다. 인도인들은 항구 노동자로 일했다. 잔인한 환경에 질린 사람들은 피난처를 찾아 남서부의 산악 지역으로 도망쳤다. 그곳에는 예전 네덜란드 식민지 시절에 탈출한 마다가스카르 출신 노예들이 숨어 있었고, 모두 함께 도망자들의 위태로운 공동체를 이루고 살았다. 이들도 역시 '크리올'이라고 불렸다. 이 말의 의미는 점점 복잡해져서 1968년 독립 당시에는 아래와 같이 분류되었다.

- 상층부에서 하층으로 사회계급에 따라, 프랑스 크리올(프랑스계 모리셔스인), 부유한 흑인 크리올(부르주아 계급이라고도 했다), 유색인 크리올, 노동계급 크리올, 실직 상태거나 가난한 크리올(티-크리올ti-Créole: petit Créole 혹은 little Creole의 줄임말).

- 위의 분류 기준에는 혈통과 계급이 뒤섞여 있으나, 혈통에만 의거한 구분도 있었다. 예컨대 크리올 마드라스Créole Madras(인도인 크리올), 크리올 싱와Créole Sinwa(중국인 크리올), 크리올 라스카르Créole l'Ascar(라스카르는 뱃사람이라는 뜻으로, 인도인이나 예멘인이 많았다. 이 분류는 혈통만이 아니라 직업에 관련된 것이었다) 등이다.[*]

분류를 보면 알 수 있듯이 이 섬은 완전히 크리올화 상태였다. 각 집단들 사이의 상호작용이 끊임없이 계속된 결과, 느슨하게 '모리셔스 크리올'이라고 불리는 '일반 대중'이 생겨났다. 크리올화한 언어, 음식, 음악, 춤, 전통, 관습을 공유한 여러 집단은 강한 상호의존 상태였다. 그러나 이곳이 에덴동산과는 거리가 먼 곳이었다는 점도 분명히 해 두자. 계급·권력·신분이 사람들을 갈라 놓은 데다가, 1968년 독립이 가시화되자 다양한 민족적 요소들이 앞다투어 디아스포라적 정체성을 소생시켰고 먼 과거의 메아리를 눈앞에서 울리며 차이를 강화하는 북소리로 바꿔 놓았다.

---

[*] 이 분류법은 아래 자료를 참고했다. Rosebelle Boswell, *Le Malaise Créole: Ethnic Identity in Mauritius*, New York: Berghahn Books, 2006, pp. 46-54. 본문에서 다루지는 않았지만 포함시켰으면 좋았을 범주는 '크리올 일루아Créole llois'이다. 영국이 인도양의 영국령 지역인 차고스 제도의 디에고가르시아섬을 미국에 임대해 군사기지로 사용하게 하면서 원래 살던 사람들은 강제로 쫓겨났다. 이들은 대부분 모리셔스 포트루이스의 빈민가로 흘러 들어왔고, 범죄와 폭력에 무방비로 노출되었다. 이 충격적인 이야기는 다음 책에서 자세히 다루고 있다. Laura Jeffrey, *Chagos Islanders in Mauritius and the UK*, Manchester: Manchester University Press, 2011.

디아스포라 유산의 부활

디아스포라 정체성의 재구축은 모리셔스 내부적으로는 선거 정치, 외부적으로는 정체성 확인 과정의 산물이었다. 내부적으로 복잡한 정치 셈법과 헌법 제정 과정은 탈식민지화를 이끌어 내기도 했지만 공동체 간의 경계를 더 뚜렷하게 만드는 효과도 낳았다. 가장 큰 정치공동체는 새로이 '힌두'라고 정의된 사람들이었고, 이들은 인도계 모리셔스인들이 주도권을 잡은 노동당에 몰표를 던졌다. 나머지 세력들은 느슨한 연대를 이루어 선거 동맹을 꾸렸지만 곧 분열이 생겨 1968년 3월 독립하기 몇 달 전부터는 폭동까지 일어났다. 첫 수상으로 지명된 인도인 계약노동자의 아들 씨우사구 람구람seewoosagur Ramgoolam은 이후 14년 동안 모리셔스 정치를 지배했다. 그는 섬 전체에 지도력을 행사하려고 노력했고 사망 이후 '국부國父'로 불리기도 했으나, 힌두인 집단들이 계속 표를 줬기 때문에 그의 장기 집권이 가능했던 것도 분명한 사실이다.

외부적으로는 1970년대 들어 국외 인도인 혈통에 대한 인도 정부의 정책이 변화했다. 이 변화는 느렸지만 점차 가속화되었다. 문화, 교육, 문학 층위에서 '어머니 인도'와 인도계 모리셔스인들의 관계를 강화하려고 만들어진 기관들에 재정 지원이 쏟아졌다. 다행히 '마하트마 간디 재단'과 '라빈드라나트 타고르 재단'의 운영자들은 현명하게 대처했다. 모든 모리셔스인들이 참여할 수 있는 문화예술 중심으로 행사를 기획하면서 인도 정부의 의도를 약화시킨 것이다. 그러나 비슈바 힌두회의VHP: Vishwa Hindua Parishad 같은 인도 힌두교 근본주의 단체의 영향을 받아 차량에 시끄러운 확성기를 달고 전단지를 뿌리면서 길거리를 돌아다니는 등, 공격적으로 믿음을 표출하는 사람들이 늘어나는 현상은 많은 모리셔스인들에게 소외감을 준다. 이슬람 쪽에서도 근본주의가 득세해 수십 년간 흐릿해졌던 민족과 종교의 경계가 가시화됐다. 수출 가공 지역에 대한 투자, 인도인 관광객의 증가, 인도 은행의 설립(2014년에 바로다은행 하나에서만 9개의 지점을 운영했다), 우파 인도계 정당의 출현 등은 인도와의 문화적 · 종교적 연결이 확장된 결과다. '고향'과의 연결은 인도계 모리셔스인들이 탈크리올화하면서 디아스포라적 근원을 강하게 인식하게 만들었다. 이런 현상은 언어에서 두드러지는데, '민족언어로의 귀속'을 내세워 모리셔스 보지푸리어〔인도 동북부의 언어인 보지푸리어가 모리셔스에서 크리올화한 언어.아래 각주 참고〕와 모리셔스 크리올어 대신 조상들의 언어인 힌디어로 복귀해야 한다는 주장이 힘을 얻고 있다. 인도계 모리셔스인들은 사실상 힌디어를 거의 쓰지 않는다. "디아스포라적인 선조들의 문화를 만들어 내는" 상황인 것이다.*

디아스포라의 뿌리를 재확인하는 또 다른 중요한 방법은 특정 장소를 유네스코 세계문화유산으로 만드는 것이다. 1970년 인도 수상

---

* Patrick Eisenlohr, *Little India: Diaspora, Time and Ethnolinguistic Belonging in Hindu Mauritius*, Berkeley: University of California Press, 2007, pp. 4-5. 보지푸리어는 힌디어와 유사성도 있으나 기본적으로 다른 지역에서 사용하는 언어이며 문자도 따로 있다. 인도 정부는 모리셔스에서 힌디어 사용을 부추기면서 지방어에 대한 힌디어의 우위를 암암리에 확보했다.

인디라 간디가 수많은 인도인 계약노동자들이 거쳐 갔던 포트루이스의 이민자 수용소를 방문했을 때, 이곳을 유네스코 세계문화유산에 등재시켜야 한다는 운동이 시작되었고 오랜 동안의 노력은 마침내 결실을 맺었다. 그러나 이곳을 '아프라바시 가트'(힌디어로 '이민자 상륙 지점'이라는 뜻)로 바꿔 부르기로 한 결정은 인도인들의 도착만을 강조하고, 다른 민족 집단들도 그곳을 거쳐 갔다는 사실은 은폐한다. 이 장소를 복원하고 확장하려는 시도는 근시안적이고 효과도 불확실하다. 한 정부 관계자는 인터뷰에서 "아프라바시 가트 복원 사업은 바람이 빠진 상태입니다"라고 말했다. 무슨 뜻이냐고 계속 묻자 그는 "인도 정부는 '빛나는 인도'를 찬양하길 원하지 과거를 자꾸 언급하는 건 싫어합니다"라고 털어 놓았다.[*] 아마 이곳을 꾸미는 데 드는 비용을 인도가 지원해 주지 않는다는 의미였을 것이다.

모리셔스의 좀 더 작은 여러 작은 집단들 사이에서도 비슷한 변화가 진행 중이다. 프랑스계 모리셔스인들은 오래전부터 자신들을 '크리올'이라고 부르지 않았고 프랑스와 깊숙한 관계를 유지하고 싶어 한다. 설탕 가격이 안정적이지 않아 여행이나 레저 사업으로 전환한 사람들이 많다. 옛날의 플랜테이션 부지에 레스토랑·호텔·스파·골프장 등을 세우거나 해변을 개발하고, 국제적인 호텔과 체인 계약을 맺고, 부동산 사업에 뛰어들었다. '베란다 폴 앤 비르지니 호

---

[*] '빛나는 인도India Shining'는 2004년에 인도 정부가 내세운 캐치프레이즈로 이 국가 브랜딩 사업에 2천만 달러가 들었다.

텔 앤 스파' 호텔은 상피에르의 낭만적인 소설 《폴과 비르지니》에서 이름을 따 왔다. '플랜테이션 호텔'이라는 곳도 있다. 탁 트인 전망을 자랑하는 '르 파라다이스 호텔 앤 골프 클럽'은 프랑스 축구 대표팀의 말썽꾸러기들이 실컷 즐겼던 곳이자 어느 프랑스 대통령의 애인이 버림받은 후 분노를 삭이고 간 곳으로 유명하다. 이유는 불분명하지만 영국 정부는 인도양에 전략적 관심을 두지 않았고, 때문에 이곳과의 역사적인 관련성도 거의 없다. 반대로 1968년 독립 후 프랑스 문화는 더 확고한 지위를 굳혔다. 가까운 프랑스 식민지 레위니옹에서 송출하는 TV 채널들은 모리셔스에서 인기가 높고, 프랑스어로 교육하는 학교들이 많은 데다가 프랑스어 고등교육기관은 사회 특권층의 표지처럼 여겨진다.

중국계 모리셔스인들의 사정도 별반 다르지 않다. 뿌리를 다시 발견하려는 노력이 생겨났고 현지 중국계 사업가들의 후원을 받아 '중국 문화유산센터'가 건립되었다. 2013년에 문을 연 이 센터는 모리셔스의 번화가 중 한 곳인 그랜드베이에 있는 중국계 소유 쇼핑몰의 맨 꼭대기 층에 자리 잡았다. 안으로 들어가면 정착 초기의 중국계 상인을 묘사한 밀랍인형이 서 있고, 많은 신분증명서들, 포트루이스의 인력거 사진, 모리셔스 최초의 중국어 신문을 인쇄한 납판 등이 전시되어 있다. 전시물들을 관통하는 내러티브는 미국 이민자들이 흔히 내세우는 '넝마에서 부자로'에 가깝다. 여기에는 모리셔스 내 다른 집단들과의 접촉, 친밀감, 적대감 등이 전혀 나타나지 않는다. 중국계 모리셔스인들의 적극적인 노력에 발맞춰 중국은 최근 모리셔스의 특별경제구역 조성에 10억 달러를 투자했고 모리셔스 정부는 이 사업에 여러 편의를 제공했다.

디아스포라적 과거를 다시 살려 내려는 프랑스계와 중국계 모리셔스인들의 행위에는 인도계 모리셔스인들의 행동에 대응하는 측면도 있다. (현재는 사회적 분류 항목으로서의 중요성이 많이 감소한 집단인) 크리올들은 르몬산㎖을 아프라바시 가트처럼 유네스코 세계문화유산으로 등재하자는 운동을 전개했고, 유네스코는 이를 받아들였다. '르몬Le Morne'(슬픔이라는 뜻)은 섬 남서쪽 끝자락의 산 이름으로, 도망친 아프리카계 노예와 마다가스카르계 노예들이 외부와 차단된 채 위태로운 공동체를 이루고 살았던 곳이다. 사회인류학자 로자벨 보스웰Rosebelle Boswell은 르몬 등재 운동을 조사했다. 운동에 참여한 어떤 사람은 "우리도 우리의 영화를 찍어야 해요"라고 주장했는데, 보스웰은 이 말을 "다른 집단들이 문화유산을 내세워 모리셔스 사회에서 중요한 위치를 차지한다면" 크리올들도 물려받은 정체성을 주장하는 정치 게임에 뛰어들어야 한다는 의미로 해석했다.[9] 자랑스럽게 기념할 유산이라고 하기엔 무리가 있지만 크리올들의 문화유산도 이제 전면에 등장했다. 르몬 문화유산신탁기금(그림 6.1)은 정부기금과 국제기금을 관리하고 르몬 문화 경관 답사를 진행한다. 답사 코스는 르몬산, 조각공원, 거주지 유적, 묘지와 석회 구덩이로 이어진다. 현장 견학은 해안가에서 벌어지는 전통문화 공연 관람과 동시에 이루어진다. 길가에서는 코코넛 빗자루, 옥수수 가루, 통발과 함정을 어떻게 만드는지 보여 주고, 티-크리올 한 사

그림 6.1 르몬: 문화유산기금 및 교육센터.

람이 튼튼한 나무 우리 안에 갇힌 야생 멧돼지 역할을 맡아서 관객들을 즐겁게 해 준다. 하지만 르몬산에 얽힌 이야기를 즐기기는 어렵다. 끔찍한 오해가 낳은 비극 때문이다.

맨 처음에 도망친 노예들은 섬 남서쪽에 있는 높은 바위산에 올라갔다. 그들은 거기에서 고향이 보이기를 기대했다. 그렇지 않더라도 그들을 고향으로 데려다줄 배가 나타날 것이라는 희망을 품고 있었다. 어느 날 총을 든 영국 군대가 나타났다. 사실 군인들은 이제 노예제가 폐지됐다는 말을 전하러 온 참이었다. 그런데 바위산에 살던 이들은 모두 꼭대기로 올라가 바다로 몸을 던졌다. 남자, 여자, 어린이부터 노인까지 모두 여기에서 목숨을 잃었다. 짧지만 견디기 힘든 이

야기다.[10]

'견디기 힘들'다는 표현, 그리고 르몬(슬픔)이라는 지명은 크리올들의 역사적 경험에 부합한다. 그러니 크리올 문화정치를 더 구체적으로 진행시키려는 시도가 나온다고 해도 놀랄 만한 일은 아니다. '아프리카 문화를 위한 넬슨 만델라 센터'는 1986년 포트루이스에서 개관했다. 이 센터는 모리셔스에서 아프리카 및 크리올 문화가 긍정적인 이미지를 형성하도록 돕는다는 목적하에 나쁘지 않은 호응을 얻은 여러 행사들을 개최했고 문제 제기를 서슴지 않는 학술지《Revi Kiltir Kreol》을 발간하고 있다. 그러나 인터뷰 대상자들은 모리셔스 문화부의 공식 지원이 '죽음과의 포옹'이라며 날을 세웠다. 직원들은 이 센터를 운영하는 '부르주아계급'들이 노동계급 크리올과의 접점을 찾지 못하고 있다고 비판한다. 사실 많은 티-크리올들은 아프리카 기원을 강조하는 정체성을 불편해 하며, 모리셔스 크리올 정체성을 그저 자연스럽게 받아들인다.

루이지애나 북서부의 크리올화

4장과 5장에서 루이지애나의 크리올화를 폭넓게 살펴보았지만 뉴올리언스에서 차로 4~5시간 정도 걸리는 북서부 지역도 주목할 만하다. 이곳의 크리올화 사례에 집중해 보자. 이 지역의 크리올화는 '미국화'보다 앞섰고 프랑스나 스페인 문화와 밀접했다. 일반적인 인식과 달리, 크리올화는 인종적으로 특수한 의미를 지니는 용어가 아니다. 아프리카인, 유럽인, 아메리카 원주민의 후예들을 비롯하여 서로 뒤섞인 문화유산을 공유하는 사람들은 스스로를 크리올이라고 부른다. 서로 공유하는 문화적 관습을 실천하고 있고, 크리올 사회의 특성을 드러내는 방식으로 스스로를 표현하기 때문이다. 이 문제에 누구보다 먼저 천착한 민속학자 닉 스피처는 이곳에서 '크리올 세계monde Créole'라는 표현이 "흑인 크리올, 아프리카 프랑스 크리올 등 크리올인들을 가리킬 뿐만 아니라 더 넓은 의미의 사회문화적 미의식과 연결망을 포괄하는" 것이라고 지적했다.[11] 크리올에는 많은 아메리카 원주민들도 포함된다. 예를 들어 카도족에 속하고 내커터시족과 가까운 아다이족은 사냥과 무역을 하면서 자신들을 기독교로 개종시킨 스페인인들과 평화롭게 지냈고, 값비싼 모피나 사슴 가죽을 구하고 싶어하던 프랑스인들과도 관계가 나쁘지 않았다. 프랑스에서는 털옷을 많이 입었고, 위그노들이 프랑스에서 쫓겨나 런던으로 간 이후부터 영국에서도 털모자 산업이 발달해 모피 가격이 상당한 높았다. 그 덕분에 아다이족은 자신들의 생활방식을 유지하면서 다른 아메리카 원주민들처럼 이 지역 크리올 인구의 중요한 구성 요소가 되었다.

다른 인종으로 분류되는 여러 집단들이 모두 스스로를 크리올이라고 부른다. 우리와 인터뷰한 캠프티 역사박물관의 큐레이터도 그 중 하나다. 조부모, 부모 모두 크리올어와 프랑스어를 유창하게 구사했지만 그녀가 자라서 학교에 가자 프랑스어를 쓰면 눈총을 받았고 '북쪽 출신인' 가톨릭 수녀들은 영어로만 가르쳤다. 박물관이 위치한 캠프티 마을의 이름은 이 지역을 지배한 인디언 추장 콤프티에게서 따 왔다. 이곳은 레드강에서 교역할 때 물건을 옮겨 싣는 요충지였지만 지금은 조용한 작은 마을이다. 마을 사람들이 힘을 합쳐 박물관을 만들었고 자원봉사자들이 열심히 활동한다. 이들 중 한 명의 말에 따르면 잘 알려진 크리올 가문들 여럿이 캠프티에서 나왔다. 내커터시에서 유명한 고기 파이 레스토랑을 운영하는 레시원Lasyone 집안이나 오클랜드 플랜테이션을 시작한 프루드옴므Prudhommes 사람들도 여기 출신이라는 것이다. "여기에는 아메리카 원주민-스페인 사람들도 많고, 원주민-프랑스인도 많습니다. 모두 크리올이지요."

크리올 문화, 그리고 그 하위문화는 내커터시 남쪽 오펠루사스와 케인강 유역에서 특히 발달했다. 오펠루사스 크리올들은 주로 '자유 유색인'이었다. 1860년 당시의 조사에 따르면 자유 유색인은 루이지애나에 1만 8,647명이 살았다. 지역 박물관(그림 6.2)에서는 이들의 독특한 문화와 민속에 관한 자료들을 전시한다. 오펠루사스 크리올들은 스페인이 통치하던 시절에 얻은 자기 땅을 끈질기게 지켰고, 덕분에 어느 정도 부를 쌓아 지역에서 명망을 얻었으며 주로 가톨릭 수녀들이 가르치는 고등교육도 받았다.

1714년 프랑스가 개척한 현재의 관광도시 내커터시 남쪽은 크리올 문화의 심장부이자 말 그대로 '섬 정체성'을 가진 곳이었다. 오른편에 레드강, 왼편에 케인강이 흐르는 길쭉한 이 지역은 섬과 다를

그림 6. 2 오펠루사스의 크리올 문화유산민속센터 입구.

바가 없었고, 그 가운데에는 '유색인 크리올'들이 모여 살던 아일 브
레빌Isle Brevelle이 있었다. 역사가 개리 B. 밀스Gary B. Mills와 역사소설
가 엘리자베스 숀 밀스Elizabeth Houwn Mills 부부는 이들의 행적을 세심
하게 기록했다.[12] 국립공원 측은 문화유산 답사 코스를 만들고 이 지
역에서 중요한 장소들을 관리한다. '케인 리버 크리올 국립문화유
산공원'에서도 세심하게 복원된 플랜테이션 건물들을 만나 볼 수 있
다. (백인) 프랑스 크리올인 장 피에르 에마뉘엘 프루드옴므Jean Pierre
Emanuel Prudhomme가 1789년 스페인 통치 시절 케인강 옆에 만든 오클
랜드 플랜테이션의 건물들도 이 공원 안에 있다. 그의 가문은 8대를
이어 내려오면서 노예들을 부려 인디고, 담배, 목화를 재배했다. 아
직까지 남아 있는 본관과 여러 부속건물들은 노예, 농장 일꾼, 농장

주들의 삶이 눈앞에 생생하게 떠오르도록 해 준다.

유색인 크리올 이야기를 풀어 놓으려면 흔치 않은 삶을 살았던 여성 마리 테레제, 일명 꾸앙꾸앙Marie Thérèse dite Coincoin(1740~1820)에게서 출발해야 할 것이다. 〔프랑스 서남부〕라로셸에서 대서양을 건너온 프랑스 상인 토마 피에르 메토이어에게 다섯 자녀와 함께 팔려 간 꾸앙꾸앙은 이후 메토이어와의 사이에서 열 명의 아이를 더 낳고 강력한 크리올 가문의 존경받는 웃어른이 되었다. 결혼 혹은 해방으로 자유 유색인이 된 꾸앙꾸앙은 1786년 메토이어와 헤어졌을 때 케인강 멜로즈 플랜테이션 주위에 68아르팡의 땅을 소유하고 있었다. 꾸앙꾸앙과 그 자녀들은 열성을 다해 일하면서 시세 변동에 맞춰 노련하게 목화, 사탕수수, 담배, 피칸을 번갈아 재배했다. 1850년에 꾸앙꾸앙의 후손들은 5,667아르팡(4,796에이커)을 소유했고 노예 436명을 거느렸다. 명실공히 미국에서 가장 성공한 크리올 가문이 된 것이다. 마리 테레제는 언제나 노예들을 부드럽게 대하고 폭력적인 체벌을 절대로 허용하지 않았다. 노예들 모두 세례를 받게 하고 임종 시엔 가톨릭 종부성사를 꼭 치러 주었다.[13]

이 크리올 가문 제국의 중심은 멜로즈 플랜테이션이었다. '유카'라고 불리는 본관 건물은 아주 단단하고 잘 썩지 않는 사이프러스 나무로 들보와 기둥을 올렸다. 벽체는 강에서 채취한 진흙에 사슴 털과 스페인산 이끼를 섞어 마무리했다. 그 건축양식도 크리올화의 흔적이다. 나무로 바닥을 깔고 긴 발코니를 배치해 바람이 통하게 했다. 고대 그리스 건축양식을 모방한 다른 플랜테이션 건물들과는 확연히 다른 모양새다. 마리 테레즈 꾸앙꾸앙과 그 후손들의 영광스런 나날들을 보여 주는 건축물은 두 채 더 있다. 하나는 멜로즈 플랜테이션의 '아프리칸 하우스'로, 1800년 경에 지어졌고 이후 복원되었다. 콩고와 서부 아프리카 양식을 의도적으로 따른 이 건물은 지붕을 굉장히 높게 올렸고 내부는 벽돌로 쌓았다. 평소엔 창고로 사용했으며 고집 센 노예들을 가두는 용도로도 쓰였다. 지금은 지붕을 나무로 올렸지만 원래 아프리카에서는 갈대를 썼다.

또 다른 하나는 더 큰 건물로 아일 브레빌에 있는 성 어거스틴 성당이다. 이 건물은 니콜라 오귀스탱 메토이어Nicholas Augustin metoyer가 1829년에 지었다. 니콜라는 꾸앙꾸앙의 아이들 중 가장 성공한 인물로 꼽힌다. 그는 가문의 토지를 2,134에이커 더 넓혔고 이 성당을 남겼다. 실제 인물 크기로 그린 그의 초상화는 아주 인상적이다. 프록 코트를 입고 왼손에는 모자를 들었으며 오른손은 그림 구석에 그려진 성당을 넌지시 가리킨다. 멋들어지게 지은 그의 저택 바닥에 깐 대리석 위에 서 있는 모습이 굉장히 의기양양하다. 이 초상화는 성당 안에 걸려 있고 바깥에는 메토이어 가문과 그 외 저명한 크리올 집안의 묘소들이 자리 잡고 있다.

탈크리올화, 그리고 크리올 문화유산의 복원

개리 밀스와 엘리자베스 숀 밀스는 케인강 크리올들이 점점 몰락하면서 사람들에게 잊혀져 간 긴 이야기를 연민 어린 눈길로 풀어

놓는다. 모리셔스와 마찬가지로 루이지애나에도 사회 바깥의 힘이 작용하면서, 크리올화 과정을 중단시킬 만큼 경제적·사회적으로 재앙에 가까운 일이 벌어졌다. 첫 번째는 1803년의 루이지애나 매각이었다. 나폴레옹은 유럽 전쟁의 전비를 충당하려고 미국에 프랑스 식민지를 팔았다. 이 조약의 이름에는 잘 드러나지 않지만 이 거래에는 루이지애나 외 13개 주가 포함되었고 그로 인해 미국의 영토는 배로 늘어났다. 크리올에게는 끔찍한 일이었다. 조금씩 조금씩 힘들게 쌓아 온 사회적 지위와 법적 인정, 재산권이 한순간에 날아갔다. 크리올들의 정체성은 프랑스와 긴밀했는데, 나폴레옹과 그들의 '모국'은 강 한복판에 이들을 내버리고 달아났다. 1804년 3월 1일 내커터시에 미국 깃발이 게양됐을 때, 미국 측 지휘관은 이렇게 비꼬았다. "모두 다 기뻐하지 않는다는 건 내가 잘 알지."[14]

두 번째 재앙은 남북전쟁이 북군의 승리로 종결된 것이다. 케인강 크리올들은 중립을 지키거나 남부 측에 가담했다. 승리를 거둔 북군은 농장주들이 노예소유주라는 핑계로, 또 백인이 아니라는 이유로 모욕을 가하면서 플랜테이션에 난입해 농작물을 짓밟고 건물들을 파괴했다. 밀스는 당시 이들 앵글로색슨계 미국인들의 지향이나 편견이 프랑스나 스페인의 옛 법률보다 우선시되었다고 서술한다.

루이지애나의 프랑스, 스페인, 로마 가톨릭 문화는 다른 미국 식민지의 앵글로색슨 개신교 사회와 전혀 다른 인종 개념을 갖고 있었다. 결국 크리올 루이지애나의 미국 편입은 인종 개념의 충돌로 귀결되었다. 그 충돌은 이 사회 3등시민들이 모든 것을 잃게 만들었다. 아일 브레빌, 뉴올리언스, 오펠루사스, 동부 배턴 루지의 크리올들, 그리고 루이지애나 곳곳에 흩어져 있던 수천 명의 크리올들은 정치적·사회적 '탈출구'를 잃었다.[15]

남북전쟁 이후, 혼성 문화를 이루고 있던 많은 크리올들에게는 '백인' 아니면 '흑인'이라는 인종 이분법에 적응하라는 압박이 점점 심해졌다. 이 지역민들은 자신들을 '미국인'이라고 보지 않았고 어떤 식의 분류에도 저항감을 느꼈다. 2014년 내커터시에서 진행한 인터뷰에서 한 크리올어 화자는 "미국인들이 여기 오기 전까지는 모든 게 괜찮았다"며 목소리를 높였다. 미국식 인종 이분법과 크리올의 탈인종적 관점 사이의 골을 메울 방법은 없다는 주장이었다. 오펠루사스의 크리올 집안에서 태어나고 아프리카계 미국인과 결혼한 한 여성은 "크리올은 어떤 인종이 아니에요. 크리올은 문화입니다. 또 사람들마다 다른 의미를 지니고요"라고 말했다. 그녀는 프랑스어를 쓰는 조부모와 친했고, 부모는 프랑스어와 영어를 섞어 쓴다고 했다. 하지만 자기 세대에 들어서는 프랑스어 사용을 쉬쉬하는 분위기인 데다가 학교에서도 배워 본 적이 없었다. 어릴 때는 "인종이라는 걸 느껴 본 적이 없"었지만, 점차 외양의 차이를 인식하게 되었다. 아버지는 어머니보다 좀 더 검은 피부였지만 녹색 눈에 붉은 머리카락을 지닌 사람이었다. 아마 아일랜드 혈통이 섞여 있을 것이다. 자매들과 친척들은 "서로 다른 피부색"을 지니고 있지만,

모두 같은 전통을 공유하면서 강한 결속력을 보였다. 다들 가톨릭을 믿고, 좋은 교육을 받았고(그녀의 부모들은 둘 다 대학을 나와 교사로 일한다), 프랑스 문화에 친숙하고, 땅을 가진 사람들도 있다. 그들은 가끔 이런 압박을 받는다고 한다. "어디 말해 봐, 넌 흑인이야 백인이야?" 그러나 이제 그녀는 "인종 이분법이든, 다인종이든 다 받아들일 만해요"라고 말한다. 크리올 문화, 전통, 음식 등에 자부심을 갖고 있긴 하지만 그녀는 남편 쪽 문화에도 강하게 연결되어 있다. "아프리카계 미국인 사회에 들어가는 일이 예전보다 쉬워졌어요. 난 그 사회를 받아들였습니다. 네, 난 아프리카계 미국인입니다."

유색인 크리올들은 이 지역을 떠나 캘리포니아, 워싱턴주, 시카고 등에서 직장을 구하기도 한다. 보잉사 공장에서 일하다가 은퇴하고 고향에 돌아온 한 사람은, 직장에서 "어디 말해 봐(이 표현이 다시 등장했다) 당신이 백인인지, 멕시코 사람인지…" 같은 말을 들으면 알아서들 생각하라고 내버려 두었다고 했다. "그 사람들은 크리올을 절대로 이해하지 못해요". 루이지애나 출신의 크리올들은 할리우드나 뮤지컬 업계에도 많이 진출했다. 위키피디아에는 '크리올 유명인'들을 정리한 페이지가 존재한다. 경제·정치·법조·언론·군사 등의 분야에서 활동하는 유명인도 많지만 가장 눈에 띄는 분야는 역시 예술·문화·연예계 쪽이다. 크리올화와 창조성이 '선택적 친화력'을 갖는다는 우리의 생각을 어느 정도 증명해 주는 사례일지도 모르겠다.[16]

크리올화의 재확인: 루이지애나와 모리셔스

위키피디아의 루이지애나 크리올 '유명인' 목록은 크리올 정체성이 따로 존재한다는 것을 어설프게나마 보여 주려는 상징적 시도다. 미국의 사회 관습인 인종 이분법 논리는 잔인하다. 피부색이 충분히 옅다면 일단은 통과다. 하지만 사회적으로 인정받는 것은 앵글로색슨 계열 미국인뿐이니 '일단 통과'는 무의미할 때가 많다. 반대로 공격적인 자세를 취하는 아프리카계 미국인들은 여러 기원을 갖는 크리올들에게 아프리카인임을 선언하라고 요구하고, 그렇게 하지 않으면 자기부정이고 배신이라고 몰아세운다. 중간 정체성이 허구가 아니라는 사실은 여러 경로를 통해 점차 밝혀지고 있다. 전미 인구조사에 따르면 자기 가족이 '중간 인종interracial'에 속한다고 대답한 어린이들이 1970년에서 1990년 사이에 네 배로 늘었다(50만 명 이하에서 2백만 명 이상이 되었다). 2000년에 '여러 기원multiple origins'을 가졌는지 묻는 문항이 처음 포함된 것도 중요한 대목이다. 680만 명이 이 문항에 그렇다고 답했다.[17] 크리올들이 문화적 분류라고 생각하는 '인종'이라는 용어가 인구조사에서 계속 사용되는 점이 아쉽기는 하나 혼성문화가 인식 범주 안에 들어간 것만 해도 큰 진전이다. 미국의 시대 정신은 변하고 있다. 오바마가 미국의 첫 아프리카계 미국인 대통령이라고 선언한 지 얼마 되지 않았지만 선거운동 기간이나 집권 초기, 오바마는 '아프리카인이 아니라 하프리카인Halfrican'이라는 반농담에 가까운 말들이 떠돌면서 오바마의 다양한 기원도 주목받았다. 비슷한 정체성을 가진 오바마 이전의 저명한 정치인으로는 조지 부시 정부에서 국무장관을 지낸 콘돌리자 라이스를 들 수 있다. 라이스의 할머니는 루이지애나 배턴 루지 출신의 '하프-크리올'이었고 라이스 본인도 이를 잘 인식하고 있었다.

1990년대 중반 이후, 루이지애나 북서부의 크리올들은 사회경제적 지위를 어느 정도 회복했다. 크리올 계열 이름들이 지방의회 의원, 소방관, 보안관들에게서 자주 보이고 젊은이들은 의사·치과의사·회계사·변호사·교사 등의 직업에 많이 진출했다. 유명했던 아일 브레빌 크리올 가문의 후예들은 예전 자산에 계속 집착하지만 이제 그들의 집은 크리올 플랜테이션만큼 독특하지도 않고 토지 보유도 확 줄었다. 니콜라 오귀스탱 메토이어가 지은 성 어거스틴 성당에는 매주 일요일 예배 시간마다 사람들이 가득 들어찬다. 근처 커뮤니티 센터는 결혼식을 비롯한 마을 공동체 행사들이 치러지는 중요한 곳으로 남아 있다. 매해 10월마다 이 지역에 뿌리를 둔 크리올 공동체의 구성원들은 캘리포니아, 시카고, 세인트루이스 등 멀리 흩어져 사는 사람들까지 모여 가족들 간의 유대를 굳게 다진다. 1월 22일도 중요한 날이다. 오귀스탱 메토이어의 생일인 이날은 1994년부터 '크리올 문화유산의 날'로 기념되고 있다. 2001년에는 3천 명 이상이 미국 전역에서 찾아와 참석했다.[18] 많은 크리올들에게 성당, 공동체, 아일 브레빌은 작은 디아스포라적 고향이다.

오랫동안 위축되고 눈에 띄지 않았던 크리올 문화가 점차 주목받으면서 문화유산 관광, 레스토랑 메뉴 등은 '다시 크리올화'하는 과정을 밟았다. 이 근처 식당 어디에서나 전형적인 크리올 요리인 검보gumbo를 쉽게 접할 수 있다. 검보는 생선이나 고기, 이 음식에 꼭 들어가는 샐러리·피망·양파 등의 야채, 다양한 양념, 국물을 걸쭉하게 만드는 루 등을 넣고 끓이는 스튜인데, 그 이름은 오크라〔아욱과의 채소〕를 가리키는 반투족 말인 '키 느검보ki ngombo', 혹은 촉토족 어휘 중 사사프라스 나무(이 지역에서는 필레filé이라고 부른다)를 뜻하는 '콤보kombo'에서 유래했을 것이다. 음식과 사람들을 연결하여 재치 있게 정체성을 조합해 내는 조리법을 하나 소개한다.

　프랑스, 스페인, 독일, 아메리카 원주민, 중국, 아프리카 문화를 1 큰술씩 준비해 주세요(각자 입맛에 맞게 보태거나 덜어도 됩니다). 강, 지류, 호수, 늪지, 시골, 도시를 냄비에 넣고 준비한 재료를 붓습니다. 다음으로는 루이지애나, 캘리포니아, 시카고, 텍사스, 그리고 필요하다면 미국의 다른 지역들도 모아 요리의 기본이 될 루를 만들어요. 재즈, 자이데코, 페두두Fais-do-do〔케이준들의 댄스 파티〕, 라라 음악, 후손 많은 가문들과 군건한 공동체들, 자부심과 충성심, 강한 신념과 사랑도 얹어 줍니다. 필레와 고추를 썰어 적당량 뿌려 주세요. 이제 잘 섞습니다. 센 불에서 200년 이상 끓여 주세요. 고슬고슬 지은 밥 위에 얹어서 내놓으면, 쩨 봉, 쉐르! (음, 정말 맛있네요!)*

---

* 이 크리올 검보 조리법은 루이지애나 노스웨스턴 주립대학의 크리올 문화유산센터에 전시되어 있는 것으로, 조쉬 라 쿠르와 미셸 피송이 썼다. 이곳의 냅킨과 가이드북에서도 비슷한 시도를 찾아볼 수 있다.

모리셔스에서도 루이지애나처럼 크리올화가 다시 힘을 얻고 있다. 디아스포라가 새롭게 대두하면서 인도양 한가운데의 섬에서 진행되던 크리올화는 심각한 타격을 받았다. 하지만 섬 주민들을 서로 엮어 주는 요소는 여전히 많다. 가톨릭은 부유한 프랑스계 모리셔스인, 유색인, 티-크리올 사이를 이어 준다. 언어, 음식, 일상 관습의 공유는 당연하게 받아들여진다. 대다수가 혼성 문화유산에 속해 있으므로 인종 분류는 이 섬의 현실과 딱 들어맞지 않는다. 집단 간 결혼이 여러 세대에 걸쳐 일어나 인구의 상당수가 특정 인종으로 보기 어려워졌다. 이들이 스스로를 가리켜 말하듯이 '크리올'이 된 것이다. 인종에 따라 스스로를 구분하는 사람들이 다른 공간에 거주하기를 고집하긴 하지만, 이 섬은 작고 수도 포트루이스를 비롯한 많은 도시와 마을들에는 인종을 구분하기 어려운 지역들이 존재한다. 다른 이들과 구분되는 일종의 섬 정체성을 지닌 사람들도 여기에서 인종을 넘어선 교류를 하면서 뒤섞인다. 문화의 교류나 공유는 정치적인 표현으로 연결되어 크리올들의 지지를 얻은 프랑스계 모리셔스인 폴 레몽 베랑제Paul Raymond Bérenger가 수상으로 뽑히는 결과를 낳았다(2003년에서 2005년까지 집권). 정치적 연대 과정은 복잡했지만 결과적으로 유권자의 40퍼센트 이상이 특정 공동체만을 위해 만들어지지 않은 정당에 투표했다는 사실은 크리올화가 계속되고 있고, 다시 힘을 얻고 있다는 명백한 증거라고 봐도 좋을 것이다.

선거에서 큰 지지를 얻지는 못했지만 인종을 뛰어넘어 노동계급의 지지를 얻으려고 노력하는 정당인 '계급투쟁Lalit de Kls'은 자신들의 주장을 폭넓게 전달하기 위해 팸플릿, 포스터, 잡지, 책, 웹사이트, 참여도가 높은 '노동자교육대학'의 출판물에 크리올어를 쓴다.[19] 많은 사람들이 이 활동에 공헌하고 있지만 람 씨구빈Ram Seegobin과 린지 콜렌Lindsey Collen의 헌신적인 노력은 따로 언급할 만하다. 람 씨구빈은 영국에서 교육받은 의사로 빈곤층 마을을 찾아다니며 진료하는 '맨발의 의사' 활동을 40여 년 간 해 왔다. 린지 콜렌은 고향인 남아프리카공화국을 떠나 이 섬에서의 활동에 헌신해 왔으며 커먼웰스상을 받은 소설가다. 콜렌의 소설 두 권 이상이 영어와 크리올어로 쓰였다. 둘 다 노동자교육대학에서 일하고 있기도 하다.

모리셔스 대학의 지식인들도 크리올과 크리올 감수성을 유지, 발전시키는 큰 역할을 한다. 사회언어학자이며 크리올어 사용자 연합의 회장을 맡고 있는 아르노 카푸란Arnaud Carpooran은 새롭고 효과적인 모리셔스 크리올어 사전을 편찬했다. 영어 및 프랑스어로 뜻을 밝히고 문맥을 고려한 구문을 제시해 주는 사전이다.[20] 비자야 틸록Vijaya Teelock은 인도와 크리올 사이의 단층을 메우는 작업의 최전선에 서 있는 역사학자다.[21] 인도계 모리셔스인이지만 노예명부를 치밀하게 조사해 아프리카와 마다가스카르계 후손들이 조상의 발자취를 더듬어 볼 수 있도록 길을 내 주었다. 또한 틸록은 르몬을 아프리카/마다가스카르 크리올의 정체성 표현으로 단순화하지 않고, 노예제와 연기노동이라는 폭력 앞에서 인간 존엄을 위해 자기집단의 경계를 넘어 함께 투쟁한 역사로 그려 내는 큰 역할도 했다. "르몬은 독립을 위한 싸움, 식민지화에 저항하는 싸움, 자유를 위한 싸움을 상징한다."[22]

결론

모리셔스와 루이지애나 사람들은 비슷한 상황을 겪어 왔다. 두 곳 모두 강한 크리올화가 발생했고, 뒤이어 '탈크리올화'도 일어났다. 토마스 휠란 에릭센은 탈크리올화란 아주 까다롭고 모순적인 용어라고 했다. 어떻게 보면 모리셔스의 탈크리올화는 (상당한 속도로 진행되었고 정치적인 가능성도 있었지만) 과거를 공유하고 공통의 경계를 가지며 자기확신이 강한 하나의 국가를 만들어 낼 만큼 크리올화가 강력하지 못했기 때문에 생겨났다. 달리 보면 탈크리올화는 크리올화가 너무 강해서 그 반작용으로 뿌리와 순수성에 대한 갈망이 생겨난 결과다.[23] 특히 선거 시기에 기존의 모호한 정체성을 획정하려는 시도는 폭력을 불러오거나 사회질서를 위협했고, 이때 재크리올화를 지향하는 사람들이 많아지거나, 실제로 재크리올화가 발생하기도 했다. 이런 경험들은 우리가 점점 더 크리올화하는 세상으로 어떠한 방해도 없이 계속 전진하고 있다는 단순한 생각을 확실하게 반박해 준다.[24] 우리가 사는 세상은 궁극적인 목적을 향해 흘러가지 않는다. 어떤 시대, 어떤 공간, 어떤 정치적 상황인지가 중요하다. 이 책의 앞부분에서 크리올화 사회에는 예측 불가능한 외부 요소의 개입이 일어나기 쉽다고 밝힌 바 있다. 루이지애나의 크리올들은 나폴레옹의 프랑스 식민지 매각을 미리 알지 못했고 어떻게 대처할 수도 없었다. 인도계 모리셔스인들도 해외 인도인을 포기한 네루의 결정이나 이들을 포용하기로 한 인디라 간디의 정책 변화에 아무런 영향도 끼치지 못했다. 크리올 사회는 자본의 순환이나 변덕스러운 국제정치, 디아스포라 지원 등 이리저리 쉽게 변화하는 상황 앞에서 속수무책이었다.

포기와 재확인 사이의 방황은 다른 결과를 낳았다. 루이지애나 크리올 문화는 비교적 좁은 공간 속에 갇혀 있었다. 번영했던 때도 있었지만 크리올들의 삶은 불안정했고 프랑스가 아메리카에서 철수하는 잔인한 결정을 내리자 원래의 디아스포라적 고향으로 다시는 돌아갈 수 없었다. 배신당하고 버림받은 상황에서 디아스포라적 뿌리가 유지되는 것은 불가능했다. 다른 미국 시민들처럼 특정 민족에 귀속되어야만 미국에 적응할 수 있었겠으나, 이들의 디아스포라적 고향은 갈수록 그 범주가 좁아졌다. 프랑스도 아니고 아카디아도 아니고 아이티도 아니라면, 남은 것은 아일 브레빌이나 뉴올리언스의 〔구 식민지인〕 프렌치 쿼터(뷔에 카레)였다. 모리셔스의 크리올화는 전면적으로 진행되어 거의 모리셔스의 자생 문화처럼 보일 정도였지만 외부의 힘이 디아스포라 혈통을 다시 일깨우려고 했고, 본래의 문화유산을 재구축하려는 시도들이 생겨났다. 이 섬의 주민들은 공동체 간의 연결을 다시 회복하려고 애썼다. 공유하는 관습을 되살리고 지역의 문화유산들을 활용했으며 옹졸한 권리 주장이나 충성심 강요 대신 동료 시민들에게 서로 손을 내밀자고 역설했다.

재크리올화가 나타나고 발달한 과정은 큰 감명을 준다. 루이지애나와 모리셔스 양쪽 모두에서 학자, 활동가, 공무원, 박물관 큐레이터, 문화 탐방 관계자, 지식인, 레스토랑 주인, 안내책자 출판인, 교사, 문화기금 운영 측 등을 망라하는 문화적·인식론적 연대가 이 현상을 낳았다. 내커터시와 케인강 유역에서는 '크리올 문화유산의 날'이 지정되어 있어서 학교 소풍이 정기적으로 이뤄진다. 루이지애나 노스웨스턴 주립대학의 크리올 문화유산센터는 지역사회 활동가, 공원 관계자, 박물관 큐레이터 등의 도움을 받으며 계보학적·인류학적·역사적 연구를 해 오고 있다. 모리셔스에서도 활동가, 교육자, 유네스코 기금 관계자, 여러 나라의 학자와 학생들이 아프라바시 가트, 그리고 특히 르몬이 갖는 보편적 가치를 발견하기 위해 활동하고 있다. 페기 레빗peggy Levitt은 아시아, 유럽, 미국의 박물관들을 연구하면서 이들의 연대가 "사회 문제들을 직접 겨냥하고 예술이 사회 참여의 방아쇠가 되는 행사들을" 낳아 많은 박물관이나 커뮤니티 센터들을 활기차게 만들었다고 했다. "지역사회 구성원이 나서서 행사를 조직하고 대상을 운영하고 감독하는 일을 함께하고, 자신들이 들려줘야 할 이야기가 있다는 것을 깨달은 후손들과 협력하는" 새로운 실천과 계획들이 나타났다는 것이다.[25]

우리는 '전통의 발명'을 언급하면서 이 장을 시작했다. 우리가 발견한 것, 레빗이 주목한 지점이 무엇일까? 문화유산을 구축하거나 재구축한 루이지애나와 모리셔스 사례는 시사하는 바가 크다. 여기서 문화유산 구축이 국가가 주도하는 행위만은 아니라는 사실을 분명히 해 두자. 전통은 지배계급의 권력을 공고히 하거나 대중을 길들이기 위해서만 발명되고 기려지는 것이 아니다. 문화유산 구축은 두 방향으로 일어난다. (지역 정부, 국민국가, 외국을 포함하는) 국가 주도 운동, 그리고 국가 주도에 저항하고 이를 재정의하려는 대중 주도의 운동이다. 미국의 인종 담론은 혼성 정체성이 존재할 수 있는 공간을 거의 남겨 두지 않았다. 오바마 대통령이나 루이지애나 북서부의 크리올처럼 복잡한 배경을 가진 이들은 인종 담론이 제대로 정의할 수 없는 사람들이다. 크리올 문화전통의 회복은 무엇보다 자긍심의 회복이다. 오늘날의 크리올 운동가들이 노예소유주였던 역사를 되살리고 싶어한다고 오해하면 곤란하다. 그들은 불편한 정체성 규정에 맞춰 다림질되지 않을 권리를 원할 뿐이다. 그들은 앵글로색슨 미국인보다 열등하지도 않고, 아프리카계 미국인임을 부정하는 것도 아니다.

자긍심은 르몬 문제에서도 핵심이다. 인도계 모리셔스인들이 다수를 차지하고 '크리올' 혹은 '티-크리올'이라는 분류의 중요성이 감소하면서 인도계 모리셔스 중산층이나 대학생들이 퍼뜨린 '크리올병病'이라는 표현은 저널리즘이 즐겨 쓰는 일종의 클리셰가 되었다.[26] 크리올병은 '빈곤한 문화', '의존 문화'라는 말과 비슷하다. 모리셔스에 사는 어떤 사람들은 근대화 프로젝트와 개인주의적 소유 논리를 따라가기 버거워하는 존재라는 뜻을 함축하고 있는 것이다.*

---

* '빈곤의 문화'는 50년 전 푸에르토리코의 한 가난한 가정을 참여 관찰한 오스카 루이스 Oscar Lewis가 사용한 표현이다. 대니얼 모이니한Daniel Moynihan은 이후 아프리카계 미국인 가정의 역기능을 서술하기 위해 이 개념을 차용했다. 이 표현은 즉각 많은 반발을 낳았다. 인종차별적 함의를 품고 있고 가난의 구조적 원인을 도외시한다는 비난이 쏟아졌다. 우리는 정책결정자들이 '빈곤의 문화'나 '크리올병'을 변명 삼아 '아무것도 할 수 없다'거나 '아무것도 할 필요가 없다'고 여기는 상황을 경계한다. 그러나 오스카 루이스가 과도한 비판을

여기서 이 문제를 다 논의할 수는 없겠지만, 우리는 모리셔스 크리올들이 루이지애나의 크리올들처럼, 인식과 인정을 얻어 내려고 문화유산을 이용하는 게임에 들어오라는 강요를 받고 있다는 사실에 주목한다.

크리올화, 탈크리올화, 재크리올화는 디아스포라적 과거가 작동하거나 멈출 때 일어났다. 음악과 카니발을 다룬 4장과 5장에서 본 것처럼 크리올화와 디아스포라는 문화 유산 구축에서도 역시, 함께 미묘한 춤을 춘다. 다음 장에서는 정체성 정치의 복잡함으로 시선을 돌려, 집단에 대한 충성의 대안 마련을 위한 노력이 프랑스령 앤틸리스 제도에서 어떻게 표출되었는지 살펴보자.

받은 것도 사실이다. 그는 가난의 작동 방식을 묘사하려고 한 것이지, 가난을 정당화한 것은 아니다.

7장

정체성의 표지
다중 충성의 문화정치

'아래로부터'의 사회 정체성 형성은 디아스포라와 크리올화가 서로 충돌하는 와중에 복잡한 형태로 나타나기도 사라지기도 한다. 이때 지배집단은 훨씬 큰 권력을 쥐고 있는 경우가 많고, 아래로부터의 목소리는 국가 건설이나 동화정책의 일부로 포섭되곤 한다. 새로 나타난 국가들은 제각각인 사람들을 통합하려고 온갖 노력을 다한다. 국가 표어들을 한번 살펴보자. '함께 꿈꾸고 함께 이룬다'(트리니다드토바고)는 비교적 얌전한 편이다. '단결은 힘이다'(말레이시아), '다수에서 하나로'(미국), 그리고 앞의 두 표어보다는 조심스러운 '다양성 속의 통일'(남아프리카공화국, 인도네시아)에 이르기까지 대부분의 나라들이 제 기원에 대한, 혹은 새로 정착한 곳에 대한 충성을 확약받으려고 기를 쓴다. 정체성 형성에 가해지는 대조적이고 모순적이며 보완적인 압력들이 문화정치의 형태로 강렬하게 드러나는 곳, 우리의 연구 대상은 프랑스의 해외영토들이다. 이 해외영토들은 형식상 프랑스 국가에 속해 있으나 문화적 차이가 크다. 그중에서도 마르티니크는 특히 흥미로운 대상이다. 마르티니크는 디아스포라 · 크리올화 · 동화라는 정체성 혼합의 세 요소를 갖고 있으며, 프란츠 파농Frantz Fanon · 에메 세제르Aimé Césaire · 수잔 루시Suzanne

Roussi · 에두아르 글리상 · 파트리크 샤무아조Patrick Chamoiseau 등 세계적으로 널리 알려진 작가와 지식인을 배출했다. 이들은 마르티니크 정체성 논의에서 가장 기본적인 분석의 틀을 마련한 사람들이기도 하다.

7장에서는 그들의 사유가 가진 복잡성과 숨은 의도를 탐사하면서 이 지식인들이 마르티니크인들의 삶과 어떤 관계를 맺었는지도 알아볼 것이다. 마르티니크인들은 중요한 국면마다 자신들의 의사를 표명했다. 제2차 세계대전 기간에는 프랑스 레지스탕스를 지원했고 이후 다양한 국민투표와 선거에 참여했으며 데모와 파업에도 가담했다. 이들이 발전시킨 언어 · 행위 · 공연 방식은 프랑스적인 것, 디아스포라, 크리올화 사이의 갈등 관계를 드러내 주었다. 마르티니크의 문화정치에는 지역과 보편, 폐쇄와 개방, 동화와 차이 사이의 모순과 긴장이 존재한다.

사실 꼭 마르티니크가 아니더라도 정체성 형성 과정의 복잡하고 모순적인 면모는 언제 어디서나 나타난다. 그러니 마르티니크 정체성에 영향을 끼친 여러 요소들 간의 모순과 균열에만 초점을 두기보다는, 정체성의 여러 '표지marker'들에 주목해 마르티니크의 물리적, 사회적, 문화적 지형에 대한 담론적 표지들(혹은 차이에 관한 이론들)을 살펴보는 쪽이 더 유용할 것이다. 예를 들어 아래와 같은 표지들이다.

- **환경적 표지** 외부의 영향이 마르티니크 풍경에 남긴 표지

- **사회적 표지** 프랑스에서 마르티니크로, 혹은 그 반대 방향으로 이주한 사람들의 사회 관습, 가치, 위계가 만든 정체성의 특징
- **문화적 표지** 언어적·문화적 실천들이 낳은 마르티니크(크리올) 정체성의 특징

우리는 복잡한 마르티니크 정체성 형성 문제를 이 분석 도구들을 활용해 탐구해 볼 것이다. 그러나 마르티니크, 나아가 프랑스 해외영토들에 대한 새로운 정체성 분류 항목을 만들거나, 그 정체성 형성의 흐릿한 경계와 다층적인 역사를 대충 얼버무리고 넘어가려는 것은 아니다. '표식을 찍는' 자가 누구인지, 정체성이 '표시되는' 맥락이 무엇인지를 최대한 고려하면서, 모순적이고 서로 충돌하는 정체성 개념 너머로 나아가고 정체성의 서로 다른 표지들이 공존하거나 연결될 수 있는지를 알아보는 것이 이 장의 목적이다.

프랑스와 마르티니크: 조화인가, 불화인가?

인구 39만 명인 카리브해의 작은 섬 마르티니크는 프랑스의 해외영토이며 프랑스공화국의 일부분이다. 공식 언어는 프랑스어이고 유로화를 사용하며 대다수 주민이 가톨릭을 믿는다. 프랑스 선거에 참여하고 프랑스 사회보장제도를 따르는 데다가 대개 가족 중 한둘은 프랑스 본토, 일명 '육각형'(유럽의 프랑스 영토 모양에서 온 별명)에 산 적이 있거나 살고 있는 경우가 많다. 마르티니크의 화려한 공항

에 내려서 수도 포르드프랑스로 차를 달리면, 깔끔하고 잘 정비된 고속도로 양쪽에 서 있는 까르푸나 푸조 광고판을 만난다. 도시 거리로 나서면 프랑스 빵집들이 침샘을 자극하고 파리의 최신 유행을 따르는 옷가게들이 눈길을 사로잡는다. 프랑스는 이 섬의 사회경제적 하부구조와 사람들의 삶에 깊이 스며들어 있다.

오늘날 마르티니크의 프랑스적인 특징들은 프랑스와 그 해외영토 사이의 다면적이고 오랜 역사를 반영한다. 프랑스 해외영토는 18세기 말 자코뱅 혁명의 여파로 '모국'에 동화되기 시작했다.[1] 1848년 노예제도가 폐지되자 프랑스령 앤틸리스 제도의 예전 노예들은 (성인 남성에 한했지만) 일시에 자유인이자 프랑스 시민이 되었다. 나폴레옹 3세 집권기(1851~1870)에 잠시 권리를 빼앗기기도 했지만, 프랑스령 앤틸리스 주민들은 처음부터 프랑스 공화주의의 가치 및 제도와 긴밀하게 연결되어 있었다. 윌리엄 마일스William Miles가 마르티니크의 '국민' 정체성 형성이 갖는 수수께끼를 논하면서 말했듯이, "국민은 신학적 도그마의 세속적 등가물이다. 자코뱅 이데올로기와 나폴레옹식 제국주의는 프랑스적인 것의 중핵을 이루는 '국민'이라는 개념을 공고히 하기 위해 하나로 합쳐졌다."[2]

동화가 일방적으로 강요된 것은 아니다. 노예제 폐지 후, 마르티니크인들은 프랑스와 다른 정체성을 지향하는 대신 프랑스 시민과 동등한 권리를 요구하면서 프랑스 본국과의 통합을 추구했다.[3] 제1·2차 세계대전 시기에 수천 명의 프랑스령 서인도제도 출신 병사들이 프랑스 군의 일원으로 함께 싸운 일만큼 모국에 대한 이들의 헌신을 잘 보여 주는 사례도 없을 것이다.* 1946년 마르티니크의 지위가 식민지에서 해외영토로 바뀌면서 프랑스와의 통합이 공식화되었다. 탈식민화의 조류를 타고 독립 요구가 주위 카리브해 섬들을 휩쓸던 것과 달리, 프랑스의 카리브해 옛 식민지인 과들루프·기아나·마르티니크는 프랑스와의 완전한 통합과 그들을 기다리는 자유·평등·박애를 압도적으로 지지했다. 시인이자 좌파 정치인이면서 1945년 포르드프랑스의 시장으로 선출된 에메 세제르는 마르티니크인들이 프랑스의 시민이 되면 이 섬의 사회정치적 상황이 몰라보게 좋아질 것이라고 주장하여 통합안 가결에 결정적인 역할을 했다. 마르티니크인은 프랑스인이고, 프랑스 국가와 프랑코포니 La Francophonie**에 속하며, 유럽의 일부다. 섬의 미래에 대한 2010년의 총투표 결과도 현 체제 유지 쪽이었다. 마르티니크는 미래에도 프랑스의 한 지방으로 남을 것이다.***

그러나 달리 보면 마르티니크인은 분명히 '프랑스인이 아니다'.

---

* 드골과 자유 프랑스 군은 식민지에서 나치에 반격하기 시작했고, 식민지인들이 보인 충성심을 드골은 언제나 인상 깊게 여겼다. 마르티니크의 대다수는 자유 프랑스의 대의명분을 지지했으나 사회 상층부의 백인들(베케)은 비시 정부 쪽이었다.

** 프랑코포니는 2년마다 총회를 열고, 그 하위 조직들은 프랑스어권의 특별한 유대관계를 다지기 위한 여러 활동을 한다. 프랑코포니는 해외영토와 예전 식민지에 대한 프랑스의 영향력을 반영한다.

*** 가장 최근에 치러진 2010년 총투표는 더 많은 자치권을 갖는 '해외 자치체'로의 변경 여부를 결정했다. 55퍼센트의 투표권자가 참여해 79퍼센트의 반대로 이 안은 부결되었다. William Miles, 'Schizophrenic island, fifty years after Fanon: Martinique, the pent-up "paradise"', *International Journal of Francophone Studies*, 15(1), 2013, p. 24.

겉보기에는 프랑스인이 맞고 정치적으로 기꺼이 본토와의 동화를 받아들이는 듯하지만, '모국'과 다른 정체성을 내세우려는 복잡하고 끈질긴 노력도 계속되어 왔다. 많은 마르티니크인들은 프랑스의 영토 어디에 살든지 프랑스 시민이라면 동등한 권리를 누린다는 약속과는 별도로, 자신들이 얻은 정치적 지위가 지난 수백 년간의 경제적 착취를 고착화했고 새로운 형태의 문화·경제·재정적 지배와 의존 상태를 낳았다고 믿는다. 세제르마저도 프랑스와의 신식민지적 관계에 환멸을 느꼈고 동화정책이 야기한 이 섬의 경제적·문화적 파멸을 한탄했다.

마르티니크에 표면화된 독립 움직임은 없지만 주민들은 본토가 불평등과 의존이라는 신식민지적 관계를 강요한다고 보고, 이에 대한 분노는 '모국'에 대한 반감과 저항을 담은 노동자 파업으로 계속 이어지고 있다. 프랑스 시민권이 본토 주민과의 완전한 평등을 보장하지 않는다는 사실이 확실해지면서 사람들의 실망도 깊어졌다. 2009년의 대규모 총파업은 이렇게 쌓인 긴장을 극적으로 표출했다. 이웃한 과들루프의 시위에 자극받은 수천 명의 마르티니크인들이 한 달 이상 거리로 쏟아져 나와 너무 높은 물가에 항의하면서 '마르티니크는 우리 것'(크리올어로는 'Martinik ce ta nou')이라는 구호를 외쳤다. 파업은 소비 과잉, 원조 의존, 지역 경제 통제권의 부재 등 혼란스런 경제 상황 때문에 일어난 것이지만,[4] 섬의 경제권을 쥔 소수 백인들(베케béké) 문제와 깊게 뿌리 박힌 인종불평등 문제도 수면 위로 끌어올렸다.*

파업이 끝난 지 3년 후, 마르티니크에는 별다른 변화가 없다. 여전히 프랑스에 의존하고 있고 높은 실업률과 불평등도 그대로다.** 파업은 프랑스에 대한 깊은 실망을 반영한다. 형식적인 동화정책을 마주한 마르티니크인들의 절망 속에는 그들의 목소리가 숨어 있다.[5] "근대화와 동화의 표면 바로 아래에 저항 정신이 잠복해 있"는 것이다.[6] 프랑스라는 베일에 가려 잘 보이지 않던 정체성과 저항의 대항 서사가 '아래로부터' 출현한다고 말할 수도 있을 것이다. 마르티니크의 물리적·사회적·문화적 지형에서 나타나는 정체성의 여러 표지들을 더 깊게 다루기 전에, 우선 마르티니크의 작가와 지식인들이 정체성 문제에 어떻게 대응했는지 알아보자.

본토에 대한 차별성의 표지

프랑스의 동화정책과 프랑스적 가치, 프랑스의 생산품, 프랑스인들이 급속도로 이 섬에 파고들자 글리상이 말한 '문화적 학살'의 위

---

* 베케는 백인 식민자들과 노예주들의 직계로, 인구의 1퍼센트 이하지만 토지의 40퍼센트를 소유한다.

** 올리비아 셰링엄이 진행한 마르티니크의 현장조사는 2012 프랑스 대선 기간과 겹쳤고, 때문에 본토 정치에 대한 환멸을 토로한 이들이 많았다. 작은 어촌인 프티앙스에서 인터뷰한 어느 노인은 이렇게 말했다. "투표가 뭘 바꾸겠어? 아무 차이도 없지. 그놈들은 다 똑같아. 저번에 포르드프랑스에서 온 한 여자가 그러더군. '프랑스 정치인들은 우리를 달콤한 말로 꼬시러 오는 거예요. 선거에서 이기려고요. 권력을 잡으면 다 잊어버려요. 마르티니크에는 신경 쓰지도 않으니까.'"

협이 대두했다. 마르티니크 사람들은 정체성과 문화에 대한 인식이 흐려졌고 자신들이 처한 환경에 대해서도 무관심해졌다.[7] 프랑스령 카리브해 작가 및 사상가들은 소외와 상실 문제에 몰두할 수밖에 없었다. 프랑스어권, 영어권 세계에서 진행된 문화 차이에 관한 논의들도 이들에게 큰 영향을 끼쳤다. 1930년대에 나타난 이래로 이 섬의 사회적·문화적 삶과 계속 공명하며 발전해 온 '차이에 관한 이론들'을 살펴볼 차례다.[8]

1930년대에 등장한 네그리튀드négritude 운동은 '식민주의의 지배 바깥'인 식민지 이전의 아프리카에 기원을 두는 흑인의 정체성과 문화를 강력하게 옹호하는 방식으로 백인 지배권력과 저항 간의 차이를 표출하였다.[9] 파리의 명문 대학인 고등사범학교에 다니던 식민지 출신 학생들은 프랑스의 정치문화적 지배와 동화정책에 적대적이었다. 식민지 학생들이 프랑스 교육체제를 거치며 동화될 것이라는 당국의 기대와 달리, 이들은 식민지 시민들을 동화시키려는 프랑스 정책의 위선적인 면모를 연이어 체험했다.[10] 이 운동을 이끈 이들은 세네갈의 레오폴 상고르Léopold Senghor, 기아나의 레옹 다마스Léon Damas, 마르티니크의 에메 세제르였다. 세 사람 모두 훌륭한 시인이자 작가로서 문학작품에 네그리튀드 사상을 녹여 냈다. 그리고 이후 세 사람 모두 유력 정치인으로 활동한다. 상고르는 세네갈의 대통령이 되었고, 다마스는 프랑스 하원의원, 세제르는 프랑스 하원의원 및 포르드프랑스의 시장 직을 역임했다. 이 사실은 중요하다. 마르티니크에서는 지적·문화적·정치적 삶, 그리고 일상의 삶이 서로 밀접한 관계를 맺고 있다는 것을 보여 주기 때문이다. 이들은 그저 작품을 쓰고 정치 논평을 내놓는 선에서 활동한 것이 아니라 두 세계 모두에 깊숙이 발을 담그고 있었다.

네그리튀드 운동은 흑인 정체성과 문화를 수세기 동안 종속, 억압, 소외로 몰고 간 상황에 반발해, 차이를 표현하고 프랑스 식민주의의 '환원적 보편주의'가 은폐해 온 흑인 혹은 아프리카인의 특수한 '본질'을 (재)발견하려고 했다.[11] 아프리카와 아프리카 디아스포라를 재정의하고 재구성하면서 무엇보다 흑인으로서의 자긍심을 고취했다. 프랑스 작가이며 지식인인 장 폴 사르트르는 네그리튀드를 '반인종주의적 인종주의'라고 불렀다. '인종차별 폐지'를 위해 꼭 필요한 단계로 본 것이다.[12]

미국의 '블랙 파워'만큼이나 널리 영향을 끼친 운동이었으나, 아프리카에 근원을 둔 디아스포라 정체성을 내세운 네그리튀드는 유럽이 '흑인'을 정의하면서 사용한 본질주의적 인종 개념을 극복하지 못하고 여전히 인종에 기댄 또 다른 본질주의적 이데올로기를 따른다는 비판에 직면해야 했다. 틀에 박힌 흑인 이미지를 전복하면서도 "지식, 문화, 문학적 가치에 대한 유럽식 정의와의 비판적 거리를 확보하지 못한" 탓에 다시 그 틀을 재확인해 주었다는 것이다.[13] 게다가 '흑인' 혹은 아프리카인의 특수성을 강조하는 방식은 프랑스령 카리브해에서 더 큰 비판을 받을 수밖에 없었다. 이 지역은 수백 년 간 실제로도 문화적으로도 '혼혈métissage'이 일어난 사회였기 때문이다.[14]

디아스포라 정체성을 고집하는 네그리튀드의 대안으로 나타난

것이 작가 파트리크 샤무아조와 라파엘 콩피앙Raphaël Confiant, 언어
학자 장 베르나베Jean Bernabé가 주창한 크리올리테créolité 운동이다.
1989년 〈크리올리테 선언〉에서 이들은 "유럽인도, 아프리카인도,
아시아인도 아닌, 우리는 크리올이다"라고 주장한다. "유럽, 아프리
카, 아시아, 레반트, 인도의 요소들을 받아들여 우리는 풍요로워졌
다. 콜럼버스가 신대륙에 오기 전 여기 살던 이들도 우리에게 영향
을 끼쳤다."[15] 네그리튀드가 아프리카 디아스포라들이 긍지를 갖고
단결하게 하려는 더 넓은 범주의 운동이었다면, 크리올리테는 프랑
스의 동화정책에 맞서 자신들의 정체성을 분명히 하려는 지역운동
에 가까웠다. 역시 문학운동의 성격이 강했지만 식민화, 노예제, 연
기 계약노동, 이주의 역사가 낳은 마르티니크의 인종 혼합적 성격을
강조하는 사회문화적 개념, 크리올리테에 바탕을 두었다는 점은 달
랐다.[16]

　이후 20여 년 동안 크리올리테는 프랑스 동화정책에 맞서고 네그
리튀드가 비판받는 지점을 보완하면서 마르티니크의 특수한 정체
성을 확인하는 데 성공했지만, 이 운동의 모순점을 지적하는 마르티
니크 안팎의 지식인들도 늘어났다. 언제나 열려 있고 역동적인 정
체성을 찬양한 애초의 입장과, 크리올리테 그 자체가 본질적인 정체
성처럼 취급되는 현재 상황 사이에 괴리가 있다는 것이다.[17] 또한 끝
이 없는 크리올 문화라는 개념은 '위로부터의' 정체성 확립을 추구
하는 듯한 선언문의 논조와 잘 맞지 않는다. 크리올리테 운동에 참
여한 작가들의 작품이 대개 민속성을 강조하면서 마르티니크 정체

성을 향수 어린 아름다운 과거에 비끄러맨다는 주장도 있다. 리처드 프라이스Richard Price와 샐리 프라이스Sally Price는 이렇게 비판한다.

크리올리테 문학작품들은 마르티니크를 박물관에 전시된 모형처럼 바라보는 시각과 닮아 있다. 감상하기 좋게 '과거화된' 마르티니크는 빠르게 현대화하는 복잡한 생활 방식에 적응하느라 바쁜 사람들에게 '기분 좋은' 향수를 느끼게 해 준다.[18]

정체성을 규정 짓는 크리올리테의 폐쇄적 측면은 여러 인터뷰를 통해 확인해 볼 수 있다. 이 운동이 끼친 영향력을 확인하고자 우리는 마르티니크인들에게 크리올리테라는 말을 어떻게 생각하는지, 마르티니크의 사회 현실과 어떤 관계가 있다고 보는지 물어 보았다. 예술가로 일하는 한 여성은 "크리올리테라는 말은 그리 기분 좋지 않아요. 그러니까, 그건 지배층이 좋아할 말 같아요. 흑인들의 수준, 아프리카인 후손들의 수준이 낮다는 말처럼 들립니다"라고 답했다. 다른 여대생 한 명은 '위험하다'거나 '무섭다'는 표현까지 썼다. 네그리튀드나 크리올리테는 모두 마르티니크의 정체성을 일깨웠고 식민지 시기와 탈식민 시기의 조건에 대응하는 것이었지만, 차이를 본질화하거나 구체화하는 함정에 빠졌고 마르티니크의, 또 이 섬 바깥에서 나타나는 복잡한 정체성 형성 문제에 제대로 대응하지 못한 것으로 인식되고 있다.

여기서 네그리튀드 작가들에게 큰 영향을 미친 에두아르 글리상을 언급하면 적절할 듯싶다. 초기 저작에서 '앤틸리스성'이나 '카리브해성'을 이야기했던 글리상은 서인도제도 정체성의 이종적異種的 heterogeneous 특성이나 마르티니크가 외부와 맺는 다층적 상호관계를 언급했지만, 크리올리테 운동과는 거리를 두었고 크리올화의 '과정'과 크리올화된 '상태'(즉, 크리올리테)를 분명하게 구분했다.[19] 우리가 사용하는 '크리올화'라는 말의 쓰임도 글리상의 논법과 비슷하다. 크리올화는 고정되고 안정적이고 예측 가능한 것이 아니라 글리상이 '연결을 만든다'고 표현한 것처럼 세계를 향해 역동적으로 열려 있는 것이다. 글리상의 정체성 개념은 단일한 뿌리가 아니라 리좀의 이미지에 가깝다. 어지럽게 얽혀 있어서 특정한 근원을 상정하기 불가능한 뿌리들인 것이다. 리좀이라는 관점에서 보면, 카리브해 정체성은 끊임없는 크리올화와 혼성을 통해 계속 창조하고 변화하는 과정 속에서 언제나 '관계적'이었다. 글리상은 나중에 관계성 개념을 더욱 발전시켜 카리브해에 한정되었던 정체성과 다양성에 관한 사유를 어디서나 필수적인 '관계성'에 입각한 보편적인 정체성 개념으로 확장시켰다. 3장에서 다루었다시피, 글리상은 카리브해를 세계에 대해 새롭게 사유하게 한 끔찍한 역사 속에서 출현한 크리올화 공간으로 이해했다. 크리올리테 운동을 주도한 파트리크 샤무아조는 이 책을 위한 인터뷰에서 자신이 방향을 전환했다고 털어놓았다.

정체성에 대한 전통적 정의는 '내 것'이 무엇이냐고 묻는 것입니다. '타자'와 비교해 이게 우리의 본질, 우리의 정체성이라고 말하는 것이지요. 오늘날의 세계에서 우리가 맺는 관계들은 관계의 유동성, 즉 타자에 대한, 세계의 다양성에 대한 관계적 유동성이라는 특징을 더 짙게 보여 주고 있습니다. 우리가 계속 변화하는 물결 속에 있다는 의미도 되겠네요. 그래서 오늘날 가장 중요한 용어는 더 이상 크리올리테가 아니라 '관계성'입니다.

이 정체성에 관한 지적 담론, 혹은 정체성의 표지들은 세계 안에서 마르티니크의 위치가 무엇인지를 규명하려는 이들의 시도에서 나왔다. 공시성과 반대되는 의미에서 통시적으로 보면 이 시도들이 특정한 사회 현실과 상응한다는 점이 명백해진다. 네그리튀드는 아프리카 디아스포라들에게 그들이 갈구하던 확신과 자부심을 심어 준 아주 강력한 운동이었고, 크리올리테는 프랑스의 동화정책에 대응해 프랑스와는 다른 마르티니크 정체성을 내세우고 통합하려는 국민 형성nation-building 프로젝트의 일부분이었다. 하지만 사회 현실이 변화하면서 상호의존성과 고도의 이동성이 강조되는 상황에서는 크리올화와 '관계성' 개념이 더 눈에 띄게 되었다. 크리올화와 관계성이 본질주의와 편협성을 극복하고 보편적으로 적용되려면 정체성 형성의 장소, 다시 말해 지역적 특수성을 놓치지 말아야 한다 (3장 참고). 인터뷰에 응한 어떤 이의 말을 음미해 보자. "마르티니크의 영토는 사회적으로 존재합니다. 우리가 그걸 만들어 냈어요." 이제 마르티니크의 좀 더 명백한 '정체성의 표지들'을 다루어 보겠다.

환경적 표지: 풍경 밑에 감춰진 저항

다시 글리상에서 출발해 보자. 그는 정체성 형성이 특정 풍경 landscape 속에 위치해야만 가능하다는 점을 분명히 했다.

공동체가 땅에서 소외되어 토지와의 관계가 위협받을 때조차 그 관계는 필수적이다. 풍경을 설명하는 것만으로는 충분하지 않다. 개인, 공동체, 땅은 역사를 창조하는 과정에서 불가분의 관계를 맺는다. 풍경은 이 과정이 갖는 특징이다. 그 깊은 의미를 이해해야만 한다.[20]

마르티니크의 풍경은 이 섬의 복잡한 식민지 및 탈식민적 조건의 표지이자 본국 프랑스와 맺은 관계의 표지다. 해외영토가 된 후, 특히 60~70년대에 마르티니크의 풍경과 농업 기반 경제가 순식간에 변화했고, 슈퍼마켓·쇼핑몰·도로·호텔과 공항 등이 새로 등장해 '콘크리트화' 현상이 일어났다.* "신식민지인 이 섬을 근대적 소비사회로 바꿔 놓으려는" 프랑스의 "공격적인 발전과 통합 계획"이 집행된 결과였다.[21]

식민지에서 프랑스 영토가 된 마르티니크의 사회정치적 변화는

---

* 프랑스어 béton은 콘크리트를 의미한다. '콘크리트화'로 번역한 'bétonisation'은 마르티니크와 과들루프에서 '시골과 해변을 가로질러 대형 슈퍼마켓, 주택 개발, 별장, 고속도로, 측면도로, 호텔, 선착장이 들어서면서 콘크리트 구조물이 걷잡을 수 없이 사방에 들어서는 현상'을 의미한다. Burton, 'The idea of difference in contemporary West Indian thought', p. 140.

예전의 비도시화 지역에 선명하게 새겨졌고, 이 프랑스 혹은 유럽의 표지들은 다른 이웃 카리브해 섬들과 비교해 보았을 때 확실히 차별화되었다. 위에서 인용한 글리상의 말처럼 마르티니크의 사회적·도시적 변화는 섬 자체를 변화시켰을 뿐만 아니라 마르티니크인들을 자기 자신의 역사에서 점차 소외시켰다. 해외영토 편입이 가져온 생태학적 충격과 그에 대한 다양한 반응을 연구한 르네 고송Renée Gosson은 '덮어씌운다'는 은유를 사용했다.

이 섬의 풍경 위에 발전과 진보의 상징인 빌딩, 도로, 항구, 공항을 덮어씌웠다. 그리하여, 목소리를 잃고 지워지고 잊혀진 카리브해 역사 위에 다른 역사를 덮고, 자신들의 정체성과 역사에서 유일하게 가치 있는 부분은 프랑스에 관련된 것뿐이라고 배워온 사람들의 문화, 정체성, 상상력을 덮었다.[22]

그러나 지식인과 문화 엘리트들이 본국 가치 체계의 주입에 대한 '대항 담론'[23]을 만들었듯이, 마르티니크의 풍경 그 자체에는 완전한 프랑스화에 대한 저항이 숨어 있다. 마르티니크는 다른 기후와 생태를 지닌 섬이므로, 당연히 프랑스 본토의 공공 및 일상생활을 단순복제하는 것은 불가능하다. 3장에서 논했듯이 접촉 지역과 그 공간에서 출현한 사회적 형식 및 관계들 사이의 상징적 관계를 고려하는 것이 중요하다.

이 섬의 순수한 물질성 자체가 완전한 동화를 저지한다. 마르티니크에서 진행한 현장조사는 전체를 변형시키려는 시도에 저항하는 조직적 저항, 지역의 환경적 표지들이 가진 복원력, 마르티니크의 지역적 특수성 및 본국이 아닌 여러 장소들과의 연결을 보존하고 다시 나타나게 하려는 노력들을 시사해 준다. 마르티니크의 관광 명소인 트루아질레, 그리고 예전 수도였던 상피에르를 재건하려는 야심만만한 계획들이 그런 노력들의 좋은 예다. 지방의회는 파트리크 샤무아조가 이끄는 이 활동에 예산을 지원한다. 샤무아조는 문학가로서만이 아니라 마르티니크 문화정치에서도 계속 중요한 역할을 담당하고 있다. 이 책의 연구와 거의 동시에 시작된 '트루아질레 재건사업'*은 "상업화된 관광"과 "이국적인 낙원으로 꾸며 마르티니크를 착취"하려는 움직임에 저항하는 것을 목표로 삼고 있으며, 사람들이 역사의 다층성과 상호연결을 느끼면서 "진짜 마르티니크"를 경험하게 하는 새로운 형태의 관광('여행'이라는 표현이 더 적절하겠다)을 진흥하려고 한다.

지방의회와 지역 관광위원회 대표자들이 개최한 이 사업의 개회식에는 샤무아조도 참석했다. 그는 이 계획의 중요한 특징은 사람들이 지역의 환경과 다시 연결되고 이 섬의 미래를 위해 일정한 역할을 할 수 있게 하는 참여적 성격에 있다고 설명했다. 지역민들의 참여는 지역민들이 "자신들의 미래를 결정하는 목소리"를 내도록 보장하기 위해 정기적으로 열리는 '상상을 위한 모임'을 통해 이루어

---

* '재건'으로 번역한 embellir는 '꾸미다, 미화하다'는 의미다.

진다. 인터뷰에서 샤무아조는 이렇게 말했다. "제 역할은 우리가 지금 이야기하고 있는 복잡한 모든 사안들을 완전히 표현할 수 있는 공간을 만들어 낼 방법을 찾기 위해 노력하는 것입니다. 우리는 동시에 아메리카 원주민이기도, 아프리카인이기도, 식민지 개척자이기도 합니다. 우리는 그 모두입니다. 그 전부가 우리의 도시 발전 속에 침투해 들어가야만 합니다. 우리가 하려고 하는 일이 바로 이겁니다."

어찌 보면 이 사업들은 마르티니크의 지형도에 특수한 관점, 크리올리테의 변형태, 새로운 정체성을 향한 어떤 모델을 끼워 넣으려는 시도로 보일 수도 있다.[24] 근대화의 해악을 강조하는 가면을 쓰고 그 아래에서는 향수에 사로잡혀 아름다운 마르티니크를 찬양하는 것 아니냐는 비판도 나올 법하다. 하지만 지역민들에게 '목소리'를 내게 하고 현재의 개발 모델에 최대한 저항하는 것은, 마르티니크의 미래와 세계 속에서의 위치를 다시 규정할 공동의 책임을 키워 내고, 수세기 동안의 착취를 '다시 말하는' 시각을 확보하는 일임이 분명하다. 그렇다면 크리올리테의 변형이라기보다는 생성 중인 정체성의 반영에 가깝다. 마르티니크 정체성의 관계적 성격을 인식하고 있다는 뜻이다. 이 계획은 지역의 특수성과 풍경의 상호작용을 포착할 잠재력을 가지고 있으며, 마르티니크와 그 외 여러 장소들 간의 과거·현재·미래의 연결도 타진하려고 한다. 마르티니크의 풍경은 정체성 투쟁의 표지가 나타나는 장소다. 다음으로 이 풍경 속에서 마르티니크의 정체성을 규정하려고 분투하는 '사람들'의 역할로 넘어가 보자.

사회적 표지: 마르티니크인, 혹은 본토 사람

인구통계학상의 큰 변화가 마르티니크의 실제 풍경을 바꿔 놓았다. 본토의 경제적 필요에 따라 프랑스로의 공식적인 이주 계획이 추진되었고 마르티니크의 높은 실업율도 이주를 부추겼다. 반대로 같은 시기, 마르티니크에서 공무원으로 일하면 봉급의 40퍼센트를 더 주는 정책 때문에 많은 프랑스 사람들이 마르티니크로 건너왔다. 은퇴 후에 마르티니크에 정착하는 사람들도 늘었다. 세제르의 끔찍한 표현을 빌자면 "인구 대체를 통한 인종 학살" 현상이 일어난 것이다.[25]

양방향으로의 이주는 마르티니크에 중요한 정체성 표지를 남겼다. 우선, 평등과 조화를 내세우는 담론들에도 불구하고 여전히 인종은 차이를 보여 주는 강력한 표지였다. 파리에 사는 마르티니크인들은 자신들이 프랑스인이 아니라는 사실을 계속 체험해야 했다. 일상에서 광범위한 인종차별에 시달렸고 당시 파리에 몰려든 말리 불법 이민자로 오인받아 집을 구하거나 직장을 얻기도 힘들었다.[26] 마르티니크인과 프랑스 본토 사람의 차이는 '고향'에서도 드러났다. 리처드 프라이스와 샐리 프라이스는 "프랑스 본국에서 온 백인 이민자들은 이 섬 인구의 10퍼센트에 달했다. 누가 마르티니크의 주인인지를 둘러싸고 크고 작은 대립이 매일 일어났다"고 서술한다.

나아가 그런 다툼들은 점점 골을 깊게 만들어 "마르티니크인과 프랑스인 모두의 내면에 해결되지 않은 긴장 상태를 조성했다."[27]

현장조사에서도 그들 간의 차이가 명확했다. 마르티니크에서 30여 년간 살아온 한 여성은 정체성을 묻자 이렇게 답했다. "난 내가 마르티니크인라고 말해 본 적이 한 번도 없어요. 내가 절대로 그렇게 불리지 않을 걸 아니까요. 전 백인입니다." 자신이 흑인이라고 밝힌 한 남성은 본인의 국적이 자기 개인의 정체성을 가리키지 못한다는 사실을 강조하기 위해 "전 프랑스인이 아닙니다. 전 프랑스인이 아니에요"라는 말을 여덟 번이나 반복했다. 2007년부터 마르티니크에서는 '모두 크리올Tous Créoles' 운동이 시작되었다. 인종 차이의 표식을 초월해 모두를 공동의 크리올 정체성으로 포용하자는 취지였다. 이 운동의 주창자들 중 한 명이며 백인 지배층을 뜻하는 베케béké에 속하는 한 사람은 크리올 정체성이란 설명하기 불가능한 감각적인 것에 가깝다고 보고 있었다.

저는 크리올이라는 말이 자연스럽고 '모두 크리올' 운동을 함께하는 친구들도 다 그렇습니다. 우리는 크리올이라고 느낍니다. 운동에 참여하는 사람들 중에는 본토에서 온 사람도, 프랑스 사람도 있습니다. 그들도 크리올이라고 느끼니까요. 전 파리에 갔을 때 크리올과 아프리카인을 구분할 수가 있었습니다. 뭐라고 설명은 못하겠어요. 그냥 알 수 있어요. 왜 그런지는 모르겠더라구요.

'모두 크리올' 운동은 흥미롭지만 문제적이다. 크리올적인 것을 찬양하는 행위는 마르티니크에 아직도 존재하는 계급·인종의 위계를 무시하고, 나아가 크리올이라는 말에 담긴 폭력의 역사를 못 본 척하는 일이라고 여기는 사람들도 많기 때문이다. 우리는 마르티니크인과 본토인을 구분하는 또 다른 요소에도 주목했다. 본토에서 돌아오거나 방문하는 사람들(본토 흑인Négropolitaines/Négropolitains이라고 부른다)은 "파리 사람의 행동, 생각, 가치, 생활양식"을 들여온다.[28] 한 여성은 돌아가신 어머니의 시신을 수습하는 방식을 놓고 프랑스에서 수년 간 체류한 오빠와 다투었던 일을 이야기해 주었다. "죽음을 대하는 유럽식 태도"가 문제였다. 어머니는 장지에 묻히기 하루이틀 전에 조문객들이 찾아와 헌화하거나 묵념하는 의식을 거치는 전통 방식대로 장례를 치러 달라고 유언을 남겼다. "그런데 오빠가, 아시겠죠, 무슨 여행객처럼 돌아와서는 어머니를 장례식 전까지 영안실에 두겠다는 거예요. 몸싸움까지 벌였어요. 너무 드라마 같은 일이었어요."

마르티니크인은 프랑스 시민이지만 파리에서 '외부인' 취급을 받는다. 고향으로 돌아온 마르티니크인도 결국 외부인이다. "해외영토 사람이면서 본토를 체험한 사람들은 우리에 속하기도 하고 우리가 아니기도 한 이중적인 인격"을 갖게 되는 것이다.[29] 마르티니크의 정체성은 멀리 있지만 현재적이고, 부러워하면서도 조롱하고, 환영하면서도 거리를 두는, 본토인 혹은 '타자'와의 관계를 통해 계속 표시된다. 이 독특한 마르티니크 정체성은 언어적으로 문화적으로 마르티니크의 특수성을 보여 주는 '크리올 표지'들에서 선명하게 드러난다.

문화적 표지, 혹은 크리올 표지

마르티니크의 풍경과 인구통계학상의 변화는 마르티니크 정체성을 둘러싸고 벌어진 다양한 충돌, 그리고 무엇보다도 정체성 형성 과정에 끼친 프랑스 본토인들과의 식민지/탈식민지적 관계가 낳은 충격을 반영한다. 겉으로 선명하게 드러나는 프랑스의 표지들에 가려져 있던 마르티니크 크리올 문화의 복원력과 적응력을 살펴보자.

1970년대 이후 크리올어를 재평가하는 움직임이 나타났다는 점을 놓고 볼 때, 언어는 크리올 문화의 복원과 부흥을 살펴볼 수 있는 중요한 영역이다. 여러 인터뷰에서 언어는 크리올 정체성의 중요한 표지로서 언급된다. 과거에는 크리올어가 창피하다는 사람들이 많았고 집에서 크리올어를 쓰지 못하게 하는 부모들도 있었다. 하지만 '사랑 노래'처럼 예전에는 크리올어로 표현되지 못했던 영역에 크리올어가 진입하고 있다는 증언들도 여럿 나왔다. 생안느에서 주유소 직원으로 일하는 한 10대 소년은 크리올어가 계속 살아남을 거라고 자신 있게 말한다. 자기와 자기 친구들은 매일 이 말을 쓴다는 것이다. 프랑스어로 진행되던 인터뷰 중에 휴대폰이 울리자 그는 재빨리 다른 언어의 화자로 변신해 프랑스어 단어만 몇 마디 섞인 크리올어로 대화를 나누었고, 인터뷰가 재개되자 다시 쉽게 교과서적인 프랑스어를 구사했다. 크리올어의 재평가는 크리올어와 프랑스어가 창의적으로 연결되면서 매일매일 재창조되고 있다는 사실을 명확하게 했다. 마이클 대시Michadl Dash는 언어가 "마르티니크 사회의 권력관계를 반영할 뿐만 아니라 만들어 내고 있다"고 강조한다.[30] 복잡하게 얽혀 있는 언어, 권력, 정체성의 관계는 우리의 연구에서 가장 중요시하는 부분이기도 하다. 인터뷰에 응해 준 한 사람은 이렇게 말하기도 했다.

정체성은 언어와 관계가 있지요. 전 제가 쓰는 말이 뭔지 모르겠습니다. 음, 제가 어떤 언어로 살아가는지 모르겠다는 뜻입니다. 제 머릿속에 떠오르는 걸 말할 수는 있지만, 여러 언어를 번갈아 가면서 합니다. 어머니는 프랑스어를 못했어요. 아예 프랑스어를 몰랐습니다. 하지만 어머니 앞에서 크리올어를 쓰면 혼이 났습니다. 제가 하는 말에 어머니는 크리올어로 답했지만요. 물론 저는 프랑스어를 쓰고 크리올어도 하고, 영어도 조금 말할 줄 압니다. 그런데 저는 제 언어가 없어요. 제 정체성이 없는 느낌입니다. 약점이죠. 그래도 그건 동시에 강점이기도 합니다. 훨씬 유연한 사람이 되게 해 주니까요.

많은 마르티니크인들이 경험하는 복잡한 정체성의 표지로서의 언어와 함께, 우리는 마르티니크 특수성을 드러내는 문화적 표지, 혹은 '흔적'을 관찰했다. 마르티니크 출신의 초현실주의 작가이자 철학자인 르네 메닐Réne Menil의 글 중 일부다.

시골이든 도시든 상관없이 많은 사람들이 (그런 흔적을) 믿고 있다. 축제와 춤, 장인들이 만든 공예품, 작가들이 쓴 책과 문학, 걸을 때나 춤출 때의 몸짓이나 몸동작, 말할 때의 표정, 이야기하는 방식, 특정한 문구, 요소들… 이 모두는 공동의 사고방식으로 한마음이 된 공동체가 함께 만들어 낸 것이다.[31]

노예제 시기에 출현한 춤이자 음악인 벨레bélé의 인기가 높아지고 있는 현상은 문화 재평가의 좋은 예다. '아프리카적인' 춤과 타악기를 엄격하게 규제하는 식민 당국의 처사에 대하여, 마르티니크인들은 유럽풍의 스퀘어댄스를 흉내 내면서 자신들의 춤을 위장하는 새로운 방식으로 응수했다. 벨레 음악과 춤의 입지는 해외영토 편입 후 급격하게 줄어들었지만, 최근 몇 년 동안 다시 유행하며 어떤 연령대에 속하든 어떤 사회경제적 배경을 가지고 있든지 간에 많은 사람들이 광범위하게 즐기는 문화가 되었다. 크리올 언어와 문화를 강조하고 촉진하려는 새로운 노력들이 등장한 것과 거의 비슷한 시기의 일이다.

문화계 종사자들에 대한 현장조사를 진행하던 당시, 마르티니크 문화유산을 기념하기 위한 공동 노력의 일환으로 크리올 문화지원 기금을 마련한다는 프랑스 정부의 발표가 있었다. 앞서 리처드 프라이스와 샐리 프라이스를 인용하면서 문화운동들이 근대화한 현재에 대응하기보다는 마르티니크의 과거를 재창출하려는 경향이 있다는 비판을 소개한 바 있다. 이 기금에 대해서도 비슷한 말을 할 수 있을 것이다. 그러나 '전통'문화 형식이 '민속화'에 머무르는 것이 아니라, 문화 세계화 과정의 영향을 받으면서도 현재의 현실에 맞추어 진화·변화·적응하고 있다고 보는 시각도 있다. 마르티니크의 한 안무가는 이렇게 말했다. "전 전통무용이 계속 앞으로 전진할 때 새로운 사회경제적 현실에 적응하게 된다고 믿습니다. 30년 전의 벨레 댄스는 지금과 전혀 다릅니다. 전 춤이 발전했기 때문이라고 봅니다." 그녀의 설명에 따르면 마르티니크의 문화계에는 다른 문제도 있다. 마르티니크 현대무용이라는 말이 프랑스 정부의 눈에는 형용모순처럼 비친다는 것이다. "프랑스에서 제 작품을 공연할 일이 있었습니다. 우리 정체성을 제거하려고 하더군요. 마르티니크 현대무용이라는 건 신경 쓸 필요도 없는 존재라고 보는 겁니다. 프랑스 현대무용의 틀에 맞추어 제 작품을 수정해야만 했습니다." 이 일화는 마르티니크 문화계에서 일하는 많은 사람들이 겪는 심각한 긴장 상태를 잘 보여 준다. 즉, 프랑스화는 마르티니크 자체가 '차이'를 지닐 가능성을 부정하는 현실을 낳았다. 유럽 현대무용계의 핵심부에 진입하려면 제 특수성을 포기해야만 하는 것이다.

마르티니크 문화를 역동적이고 근대적인 현상으로 보지 않는 본토 사람들의 태도는 놀랍게도 더 의미 있는 창의성을 낳았다. 인터뷰에서는 수많은 예술가, 음악인, 무용수들이 언급되었다. 세계적으로 널리 알려지지는 않았으나, 이들은 프랑스가 생각하는 마르티니크 문화의 이미지에 맞추기보다는 창조를 통한 저항을 실천한 사람들이다. 음악과 카니발을 다룬 장에서도 이야기한 현상이다. 문화운동은 마르티니크 정체성을 '위로부터' 규정하려는 시도에 불과하다는 시각도 있으나, 앞서 인터뷰한 이를 비롯한 여러 안무가들에게 춤과 창의력은 마르티니크 정체성의 복잡성을 구현한 정치적 행동이자 표현이다. 앞에서 인터뷰한 안무가는 자신의 최근 작품들에 대해서도 말해 주었다.

저는 여전히 마르티니크 정체성에 신경을 쓰고 있습니다. 제 작품들을 차별화해 주는 근간이기도 해요. 우리는 다른 사람들과 비교할 때 여러 유산들을 물려받은 편이니까요. 그래서 제 출발점은 마르티니크입니다. 보편성을 향한 특별한 관심이랄까요. 마르티니크적이

그림 7.1 에메 세제르의 얼굴을 그린 르라멩탱 주차장 벽화, 2012년.

라는 게 뭐겠습니까? 아프리카, 유럽, 카리브해 문화, 멀게는 중국 문화까지 이곳에 영향을 끼쳤습니다. 이건 정말 끓는 냄비이고 혈통들의 칵테일이 아닐까요.

이 인터뷰가 말해 주는 것은, 마르티니크 정체성의 표지가 그저 민속 부흥이나 과거 관행의 재현이 아닌 문화 실천으로 드러난다는 것, 또 혼란스러운 현재와 예측 불가능한 미래에 대응하기 위해 과거에 주목하고 과거를 재조직하는 행위로 나타난다는 것이다. 무술이면서 춤인 담니에Damnye도 최근 들어 다시 등장한 문화 양식이다. 브라질의 카포에이라와 밀접한 관계가 있는 담니에 카포에이라처럼 노예제 시기에 자기방어를 위해 만들어졌다. 현장조사 당시에 르마멍탱 문화센터에서 큰 담니에 행사를 열었다. 매년 주최 측에서 다른 나라의 단체를 초대하는데, 2012년에는 중국의 수박手搏 무술협회가 참석해 담니에와의 교류가 이루어졌다. 이 행사에서 5장에서 다룬 카니발의 상업화를 떠올려 볼 수도 있다. 역사문화적 형식을 상업적으로 이용하면서 지배 담론에 포섭되는 과정이라고 보는 것이다. 하지만 계속되는 정체성 형성 과정의 일부로 보는 것도 가능하다. 다시 카니발을 참고해 보면, 여기서 정체성은 과거의, 디아스포라의 흔적들과 합쳐지면서, 또 계속해서 크리올화하는 과정의 일부인 이 섬의 새 이주민들을 통합하려고 미래를 향해 말을 걸면서 생성된다.

결론

7장의 목표는 마르티니크에서의 차이 문제를 따져 보고, 복수적이고 모순적으로 보이기까지 하는 이 섬의 정체성 갈등을 추적하는 것이었다. 마르티니크 정체성은 '위로부터' 이론화하고 규정한 것이기도 하지만 '아래로부터' 움직이고, 실천하고, 경쟁하는 모습도 보인다. 흔히 정체성과 관련된 운동들은 저변에서 일어나는 움직임과는 거리가 먼, 위에서 아래로 강요된 계획으로 치부될 때가 많다. 그러나 정체성이 '부여되었다'고 여겨지는 사람들의 주체성도 조금 더 조명될 필요가 있다. 담론적 표식들이 아래로부터의 복잡한 정체성 형성 과정과 실제로 궤를 같이하는지 어긋나는지도 고려해야만 한다. 마르티니크 정체성의 표지들은 의심할 여지 없이 위로부터 여러 가지 다른 힘이 가해져 나타났다. 다만 이 표지들은 꼭 서로 모순된다고는 볼 수 없으며, 마르티니크인들이 위로부터의 '견인력'에 저항하거나 그 힘을 창조적으로 이용하는 것을 막지도 못한다.

프랑스의 식민지 동화정책은 본토의 이미지에 맞춰 마르티니크 비도시 지역을 변형시키면서 마르티니크 정체성에 확실한 표식을 남겼다. 프랑스의 여러 산물들, 프랑스의 사고방식, 프랑스 본토에서 건너온 사람들도 프랑스가 새긴 표식이다. 그러나 인터뷰에서 나온 한 발언을 빌리자면, 마르티니크인들은 "차이를 드러내려고 최대한 목소리를 높였다." 차이를 주장하려면 무엇과 다른지를 강조해야 한다. 여기서 차별화의 대상은 프랑스다. 네그리튀드나 크리올리테는 저항 정신을 보여 주었고 중요한 대항 담론을 만들어 프랑스로의 동화를 저지했다. 이 운동들은 세계 여러 곳에서 전개된 정체성 정치의 영향을 받았다. 소외 집단들의 정체성을 서술하고 규정하는 작업은 권력관계의 변화를 꾀하려면 꼭 필요한 활동이다. 크리올화, 그리고 관계성은 마르티니크 정체성 분석에서 출발한 개념이다. 이 둘 모두 정체성을 새롭게 사유하는 방법이자, 마르티니크를 위시한 세계 여러 곳에서 변화하는 사회정치적 현실을 반영한다. 과들루프에서 시작해 곧장 마르티니크와 레위니옹으로 옮겨 간 2009년의 대규모 시위는 지리상의 경계를 뛰어넘어 "서구의 본국들을 다 함께 포위하는" 연대와 저항의 가능성을 보여 주었다.[32] 마르티니크인들은 아마도 계속 프랑스의 일부로 남는 길을 선택하겠지만, 이들의 문화적 실천과 지역 정체성의 형성은 본국의 구심력이 크리올화를 막지 못하리라는 사실을 폭로한다. 마일스의 말처럼, "마르티니크는 문화적 국민주의의 지역적 표현(크리올어와 앤틸리스 제도의 음악과 춤으로 나타나는 표현)이 정치적 국민주의(주권이 미치는 영역 내에서 관습적으로 기대되는 결과)를 이겨 낼 가능성을 갖는 국민주의를 실천할 필요가 있다."[33]

마르티니크의 다양한 정체성 표지들에 관한 논의는 다른 지역의 사회 정체성까지 통찰하게 해 준다. '표지'의 프리즘으로 보면, 다양성과 함께 살아가는 일이 반드시 다름과 정체성을 초월하는 것을 의미하지는 않는다. 서로의 모순성을 넘어, 서로를 보완하면서 공존하는 정체성들이 개인 및 집단 표현을 하는 일도 가능하다. 사람들은 자신이 거주하는 공간을 개척하고 자신들을 지배하는 '타자'가 찍은 '표지'들을 거부할 권리가 있으며, 다름을 드러내는 다양한 표식들이 폭넓게 받아들여질 수 있다는 것도 이 프리즘을 통해 알 수 있다. 마르티니크의 사례는 충돌하면서도 융합하는 정체성 표식들의 다양성을 보여 줄 뿐만 아니라, 이 표식들이 지워질 수 없는 것이 아니며 고정되어 있지도 않다는 것을 깨닫게 해 준다. 이렇게 정체성을 사유하는 방식은 다름을 표출하고 표현하면서도, 동시에 계속 연결하고 창조하는 정체성 구성의 공간을 확보하도록 돕는다. 이 장에서는 마르티니크의 사례를 들어 정체성 구성 과정의 긴장과 가능성을 살펴보았다. 이제 마지막 장에서는 우리가 든 예들의 타당성을 점검해 보겠다. 앞에서 다룬 내용뿐 아니라 현재 세계에서 의 정체성 및 다름과의 만남까지 논의를 넓혀 볼 것이다.

8장

결론
다름과 만나기

이 책의 목적은 사람들이 함께 살아갈 방법을 찾을 수 있는지를 탐구해 보는 것이었다. 그렇다고 해서 다름을 지우자는 뜻은 아니다. 왜 우리는 사람들이 모든 차이를 제쳐 놓고 공통의 인간성을 포용해야 한다는 일반론을 주장하지 않았을까? 물론 세계시민주의라는 꿈의 실현 앞에도 많은 난관이 기다리고 있겠지만, 스튜어트 홀에 따르면 다름을 없애자는 단순한 주장 자체에 더 근본적인 문제가 존재한다.

　나는 태어날 때부터, 언어와 문화를 배우는 그 순간부터 나와 다른 무언가에 의지한다. 그렇지 않다면 사랑은 자기애에 불과하고 나르시시즘일 뿐이며, 자기 안에 갇혀서 거울 안에 보이는 모습 밖으로 벗어날 수 없게 된다. 우리는 여기에 만족하지 못한다. 우리는 나를 먹이고, 우리가 누군지 알아보고, 말을 걸어 줄 타인이 필요하다. 흔히 말하는 공통의 인간성이란 우리가 아닌 것, 우리와 다른 존재, 즉 다름과 관계를 맺는 과정이다.[1]

　우리는 '우리'인 것과 '우리가 아닌' 것을 어떻게 상상하고 구성하는가? 그 과정은 개인적 차원과 사회적 차원에서 나타난다. 마크 월레스Mark Wallace에 따르면 누구나 자기 삶을 이해하게 만들어 줄 이야기를 필요로 한다.

내러티브가 없다면 한 사람의 삶은 그저 관련 없는 사건들의 우연한 연속일 뿐이다. 탄생과 죽음은 불가해하고, 시간은 두렵고 부담스럽다. 고통과 상실은 침묵과 이해불가능으로 남는다. 달리 말하자면, 내러티브는 우리를 시간과 장소 안에 위치하게 하여 삶에 의미를 준다.[2]

사회적 층위에서, 이런 이야기들은 확산, 매개, 확립, 기억, 협상, 공유, 각인, 수행, 서술, 재서술의 과정을 거친다.

개념

이야기와 내러티브는 사회 정체성 형성의 기본 토대이며, 언어는 이 과정의 핵심이다. 언어 접촉 영역에서 일어나는 사건들, 특히 크리올화가 많은 사회적 상호작용들을 폭넓게 이해하게 해 준다는 사실을 우리가 처음으로 주장한 것은 아니다. 이 책을 쓰면서 우리는 크리올화 개념을 활용한 여러 학자들의 업적을 참고했다. 그렇지만 개념, 비교, 역사, 실증적 차원에서 크리올화 개념을 포괄적으로 다룬 것은 우리가 첫 번째일 것이다. 언어 형성 과정 연구들에 기대어 보면, 여러 문화들이 대체로 동등하다고 여기면서 혼합·다문화주의·혼종 등을 단조롭게 반복하는 것과는 거리가 먼 중요하고 강력한 개념이 크리올화라는 사실을 알 수 있다. 지배와 불균형 속에 구조화되어 있는 크리올화는 신대륙에서 처음 나타났으나 이제는 다른 여러 지역에서도 출현하면서 정체성 형성 및 접촉에 관한 유럽/미국의 이론들을 '탈중심화'로 이끈다.[3] 크리올화 개념은 (사회경제, 젠더, 제국주의, 인종적인) 불평등을 인식하게 하고, 많은 문화 간 만남들의 밑바탕에 우위를 확보하려는 책략이 숨겨져 있다는 사실도 깨닫게 한다. 크리올화는 권력자의 지배만을 문제 삼는 것이 아니라 창의적인 저항 형태를 언제나 포함한다. 미셸 롤프 트루요는 지배자에 맞서 예기치 못한 지속과 창안을 보여 주는 모습을 강조한다. "크리올화는 분석을 요구하는 기적이다. 잔인하고 절대적인 권력의 아가리 사이에서 그 모든 역경을 딛고 출현하였으니, 그 어떤 설명도 이런 경이를 제대로 설명해 주기엔 부족하다."[4]

이 책에서 크리올화에 이어 두 번째로 중요하게 다루는 개념에 기대면 크리올화가 왜 일어나는지를 적어도 부분적으로는 설명해 볼 수 있다. 문화 접촉 지역의 사람들은 집단마다 지닌 자원이나 힘에서 차이가 날 뿐만 아니라 각기 다른 과거를 가졌다. 과거는 사회적 행동, 관습, 독자적인 언어, 종교 의례, 그리고 사회적으로 용인되거나 제한을 받는 행위들의 집합이다. 무엇보다도 여기에는 어떤 집단의 전통을 충실히 재현하거나 새로운 필요에 맞춰 다듬어진 집단 기억이 존재한다. 이 과거를 가리켜 우리는 디아스포라적인 것이라고 부른다. 전통이 강하게 남아 있고 민족 집단이 폐쇄적인 곳에서는 크리올화가 중단된다. 그러나 기억은 흐려진다. 기억이 모든 것을 그대로 간직하는 경우는 드물다. 이웃이나 외부인과의 접촉이 늘어나면 새로운 상상력과 새로운 사회적 행위양식이 등장한다. 이 상호작용들이 충분히 쌓여 특정 집단을 완전히 에워싸면 크리올화는 예전과는 다른 새로운 사회적 형태(국가, 사회 혹은 문화)로 변한다. 크리올화가 끝나는 것이다. 그렇지만 완전한 망각도 거의 일어나지 않는다. 과거 회상은 의미를 구하는 일이고 '우리는 어디에서 왔는가?'라는 질문에 대한 응답이다. 또한 불리한 상황에 처했을 때 저항을 일으키는 강력한 원천이며, 문화 사이의 교류를 자극해 어려운 처지를 개선하는 데 이용될 수도 있다. 디아스포라는 집단기억이나 구전 전통이 디아스포라적 흔적으로 남을 때조차 그 원천으로 살아남는다. 게다가 디아스포라적 현재는 디아스포라적 과거를 금방 보충한다. 새로운 이주나 이동이 이제 막 크리올화하는, 혹은 거의 크리올화한 사회에 영향을 끼치기 때문이다.

우리가 내세우는 세 번째 개념은 동시에 일어나는 디아스포라와 크리올화다. 처음에 이 둘은 정반대 방향으로 작동한다. 하나는 과거 정체성을 회복하려는 방향으로, 다른 하나는 통합과 대안을 지향하는 현재의 정체성을 해체하는 쪽으로 움직인다. 그러나 앞에서 보았듯이 둘 간의 이 명백한 모순은 상황이 달라지면 예상치 못한 결과를 낳는다. 갈등이 일어나거나 외부의 개입이 생겼을 때, 디아스포라적 애착은 더 강해지고 일종의 탈크리올화가 발생한다. 그리

오랜 형성 기간을 거치지 않은 사회에서 갑자기 그 식민 본국과의 관계나 무역이 완전히 끊기면 정반대의 논리가 적용되기 쉽다. 예를 들어 독립 이전까지 시에라리온의 지배층은 아프리카계 디아스포라 집단이었다. 미국이나 영국에서 아프리카 귀환 운동에 참여해 여기에 도착한 해방 노예들은 복합적인 언어인 크리올어를 만들어 냈고 서로 섞이면서, 또 영국의 식민 당국과 협력하면서 크리올화되었다.[5] 원래부터 그 땅에 살았던 이들의 목소리가 높아지면서 민주주의가 도입되자 시에라리온의 지배층을 형성하던 이들은 탈크리올화하거나 이 나라를 떠났다. 얼마 남지 않은 시에라리온 크리올들의 미래는 불확실하지만, 이들은 주로 프리메이슨 조직을 통해 뭉치면서 사회문화적 영향력을 유지하고 있다. 비슷하게 소수 집단화한 모리셔스의 '티-크리올'과는 대조적인 모습이다. 티-크리올들에게는 자신들의 근원이나 위대한 성취를 찬양해 줄 대서사가 없다. 모리셔스의 지배층인 프랑스계 모리셔스인이나 인도계 모리셔스인들 사이에서 티-크리올은 소외당한다. 우리는 두 개념 사이의 '미묘한 춤'이 낳은 예기치 못한 결과들을 살펴보았다. 새로운 사회적 정체성이 굳어지거나 손상될 때, 단단해지거나 유연해질 때, 크리올화와 디아스포라 사이의 미묘한 춤은 예측하지 못한 방향으로 움직이면서 서투른 스텝을 밟아 발가락을 고통스럽게 한다.

만남

서로에 대해 몰랐던 집단 사이의 만남을 설명하는 이야기들은 수없이 많다. 읽고 쓸 줄 아는 선교사, 탐험가, 모험가, 상인과 여행자들이 자신들의 관찰과 해석을 남겼고, 읽고 쓸 줄 모르던 사람들의 시각은 나중에 들어서야 주목받아 구술사로 남았다. 이 책에는 그 기록들 중 아주 적은 부분만을 담았을 뿐이지만 흉내 내기나 호기심, 상호 문화적 대화를 이루려는 진정한 시도 등을 언급한 사례들보다 의심과 적대감을 가득 품은 진술들이 더 많다는 사실을 보여주기에는 충분하다. 여행에서 돌아온 사람들은 흔히 자기 경험을 대충 꾸며 낸다. 프레스터 존이 다스리는 전설의 왕국, 황금의 땅 엘도라도, 페이지를 넘길 때마다 기묘한 성행위가 등장하는 리처드 버턴의 《아라비안 나이트》 등은 인기를 끌었고, 사람들이 여행에 나설 마음을 먹게 만드는 데에도 일조했다. 아프리카와 태평양을 무대로 한 '식인종 이야기'는 가장 오랫동안 윤색된 채 입에 오르내린 이야기일 것이다. 그런 관습은 실제로는 존재하지 않았다.[6] 따라서 이렇게 정리해 볼 수 있다. 문화적 관습이나 문화 간의 접촉을 기록할 때, 가장 중요한 것은 자기만의 관심사나 자극적인 요소에 사로잡히지 않고 평범해 보이는 일상을 통찰하려는 자세다.

이 기준에 따라 기록들을 살펴보면 문화 간의 만남은 연결과 협력으로 이어졌을 때가 압도적으로 많고, 갈등이 빚어져도 서로 잡아먹는 지경에 이르는 경우는 거의 없었다. 공통 언어가 없으니 함께 춤추고 손뼉 치며 노래를 불러 소통했다. 필요 물품을 거래하려면 '침묵의 무역'을 해야만 했다. 이후 피진과 크리올이 등장해 문화 사이의 소통을 가능하게 할 기반이 만들어졌다. 우리는 크리올어에 관한 언어학적 연구에서 출발하여 이 책의 핵심 개념인 크리올화에 주목했다. 여러 저명한 언어학자들은 크리올어가 피진과 근본적으로 다르다고 주장한다. 피진이 쓰이던 무역 거점들과 플랜테이션의 환경은 아주 달랐다. 풍부한 어휘를 갖추고 추상적 논증과 깊이 있는 개념 파악이 충분히 가능한 모어로 자라난 크리올어는 완전히 새로운 언어로 탄생했다. 반대로 피진은 원래의 언어와 별도로 존재했고 간단한 거래를 하거나 명령을 내릴 때 필요한 적은 수의 어휘만 지녔다.

공간

이 장에서 우리는 디아스포라와 크리올화가 추는 춤을 따라오면서도, 춤을 추는 장소는 아직 언급하지 않았다. 새로운 사회 정체성이 어디에서 출현하는지도 중요한 문제다. 우리는 섬/플랜테이션, 항구도시, '초다양성 도시' 등 세 접촉 지역에 주목했다. 크리올화한 이 세 공간은 메리 루이즈 프랫이 말한 접촉 지역 개념과 아주 밀접하다. 프랫은 이 지역들이 "서로 공통점이 없는 문화들이 만나고 충돌하고 서로를 파악하는 사회적 장소"라면서, "식민주의와 노예제, 그리고 전 세계에 걸쳐 살아남아 있는 그 흔적들"처럼 "지배와 피지

배의 비대칭성이 대단히 높다"고 지적했다.[7]

섬과 플랜테이션은 눈에 보이는 접촉 지점에서 특정한 역사적 순간에 일어나는 문화 교차, 연관, 연결, 단절을 관찰할 수 있는 작은 실험실이므로 연구에 도움되는 바가 많다. 많은 플랜테이션 사회에서 크리올화와 디아스포라는 복잡한 방식으로 서로 얽히면서 서로 간의 연결을 강화하거나 모순을 낳는다. 더욱이 그 공간에 상업자본, 단일 문화, 노예제, 자유를 박탈당한 여타 노동 형태 등의 정치경제적 상황이 자리 잡고 있다면 정체성 형성의 토양이 자리 잡거나 흩어지는 데 큰 영향을 끼친다. 정체성은 크리올화하는 경우가 많지만, 집단 내부에만 신경 쓰는 폐쇄적인 태도가 강하다면 크리올화가 거의 일어나지 않는다. 식민지하에서 여러 섬들로 이루어진 환경, 혹은 그와 유사한 상황에서는 일부는 고립되고 일부는 연결된 사회적 구조와 경험이 나타난다.[8]

무역이 발달하기 시작할 무렵에 섬과 플랜테이션이 새로운 정체성 형성 장소였던 것처럼, 항구도시들은 점점 더 많은 산물들을 내보내고 들여오면서 나중에는 문화의 집산지 역할을 맡게 되었다. 무역 및 산업자본과 금융 상의 새로운 이해관계들이 이주의 다양한 면모들과 교차하면서 항구도시, 세계적인 도시, 그리고 평범한 보통의 도시들에서도 '초다양성'이 생겨났다. 도시에서는 '섬 정체성'도 발달했다. 인도의 영국계 인도인들을 연구한 랠프 크레인Ralph crane은 "섬의 폐쇄적인 경계는 안과 밖 사이의 문화적 차이를 강화한다. 섬이라는 비유는 정체성을 정의할 때 매우 유용하다"[9]라고 말한 바 있다. 뒤에서 더 자세히 설명하겠지만, 섬 정체성은 초다양성 도시의 거주민들이 최소한 표면상으로는 평화롭게 공존하도록 유도한다. 물론 그 아래에서는 깊숙하게 진행된 크리올화가 다양한 공유 공간에서 많은 사회적 관행들을 만들어 낸다.

음악과 카니발

흔들리고 비틀거리는 현대의 삶 속에서 크리올화가 확실하게 자리 잡았다는 것을 보여 주는 두 문화적 실천은 음악과 카니발이다. 마거릿 카토미Margaret kartomi는 지배문화 주위를 둘러싼 '후광', 다양한 집단들 간 예술적 소통의 필요, 어떤 새로운 음악이 상업적인 가능성을 보였을 때 느끼는 성공에의 유혹 등이 불러온 음악에서의 혼합주의나 문화횡단transculturation(우리의 용어로는 크리올화)을 연구했다. 문화횡단을 낳는 요인들은 주로 '음악 외적인' 것이며 사회집단들의 더 넓은 관계에서 파생된 것이라는 주장이다. 카토미는 헤겔 철학에 기대어 둘 이상의 음악 전통 사이에서 생긴 긴장이 "자신의 음악적 정체성 표현"에 관심이 있는 집단에서 받아들인 새 음악으로 용해될 때, 이 장르는 외부의 도전을 받고 다시 문화횡단 과정을 밟게 된다고 분석한다.[10] 프랭크 살라몬은 유럽과 미국의 대중음악 대부분이 아프리카와 유럽 음악의 크로스오버로 탄생했으며 여기에는 크리올에서 기원했다는 것을 분명히 알려주는 흔적이 아직도 남아 있다고 했다.

아프리카에서 유래한 음악은 전복적이고 변칙적인 예술형식이다. 반대쪽에 속한 것들이 공연, 내용, 전통, 대상 등 모든 층위에서 서로 결합한다. 기술적인 능숙함을 요구하지만 단순한 기교는 경멸한다. 가장 중요시되는 것은 매순간 새로움을 창조해 내는 공연자의 능력이다. 즉, 재빠르게 결단하는 능력, 그 상황에 자신의 존재와 경험을 집중하는 능력이다.[11]

'반대쪽에 속한 요소들의 결합'은 카니발에서도 나타난다. 여러 디아스포라 집단들은 자기네 민속전통에서 끌어온 옛 신화 속 인물들을 재현하면서도 어릴 때 역사 수업 시간에 배웠거나 할리우드에서 극화한 위인들도 등장시킨다. 카니발 기간에는 장식 수레에 탄 제우스, 푸 만추〔영국 소설가 색스 로머의 작품에 등장하는 중국 출신 악당〕, 샤카 줄루〔샤카(1787~1828): 줄루 왕국을 세운 왕. 영국과 전쟁을 벌여 몇 차례 승리한 것으로 유명하다〕, 부처, 나폴레옹, 파라오, 몬테수마〔몬테수마 2세(1466~1520, 재위 1502~1520): 아스텍 제국의 황제. 스페인의 침략자 코르테스에게 잡혀 죽었다〕, 하일레 셀라시에〔하일레 셀라시에 1세(1892~1975, 재위 1930~1974): 에티오피아 제국의 마지막 황제. 라스타파리 운동의 숭배 대상이기도 했다〕, 링컨, 넵튠, 시저, 클레오파트라를 어렵지 않게 만나볼 수 있다. 이 가장행렬에 등장한 인물들은 사회적으로나 정치적으로 우스꽝스럽거나 논란이 될 만한 모습으로 재해석되곤 한다. 카니발은 이제 60여 개국의 많은 도시들에서 공식 행사로 치러진다. 공무원이나 정치인들은 카니발을 상업적 목적이나 국가 홍보에 이용하려고 애를 쓰지만 여전히 카니발은 상상력과 그에 대한 반응, 창의력과 저항, 크리올화와 디아스포라 사이의 상호작용을 보여 주는 매혹적인 사례다. 카니발은 크리올화의 창의적이고 저항적인 요소들을 눈앞에 보여 준다. 디아스포라적 근원의 영향력이 여전히 건재한 상황에서 공식 문화가 비판과 도전에 직면할 때, 카니발은 문화적 정체성들이 통합 및 변형을 겪는 순간을 마련한다.

그 밖의 문화적 실천

음악과 카니발이 어떤 식으로 공유 문화가 나타나는 모습을 부각시키고 구체화했는지는 4장과 5장에서 자세히 다루었다. 물론 크리올화와 디아스포라가 연결되는 과정이 드러나는 다른 문화들도 많다. 언어 · 춤 · 종교 · 음식 등이 그러한데, 이 책에서는 적절한 대목에서 그 예를 제시하려고 노력했다. 모두 따로 한 장씩 서술해 볼 만한 주제들이지만 여기에서는 짧은 요약으로 대신할 수밖에 없겠다.

① 앞에서 논의했듯이, 언어는 문화 간 상호작용과 의사소통의 중심이다. '크리올화의 기적'이라는 화려한 표현으로 지칭되는 현상은 크리올 언어의 진화와 유사할 뿐만 아니라 여기에서 유래했다.

② 서로 공유하는 언어가 나타나기 전에는 춤의 표현적 차원이 의사소통을 가능하게 했다. 몸이 마음에 선행했던 것이다. 요즘

에는 여러 가지 춤들이 뒤섞이고 국경을 넘나드는 무용단들이 늘어났으며 춤의 소비와 재해석도 활발해졌다. 이 책에서 크리올화와 디아스포라의 미묘한 춤이라고 표현한 상황까지 포함해, 이 모두는 무용수·여행자·이민자들 사이에서 살아 있는 현실이다.[12]

③ '혼합종교'라는 표현이 '크리올화한 종교'라는 표현보다 더 많이 쓰이기는 하나, 상호 침투의 과정은 비슷하다. 예전의 종교 전통이 갖고 있던 요소들이 의외의 방식으로 흡수, 변형될 때도 많다. 트리니다드의 샹고(오리샤라고 불리기도 한다), 쿠바의 산테리아, 아이티의 부두, 브라질의 칸돔블레 등의 종교들은 서아프리카 종교와 가톨릭의 결합으로 아주 심한 불평등이 존재했던 노예제 사회에서 출현했다. 크리올화한 다른 종교들도 많다. 레위니옹의 말바르족은 힌두교와 기독교를 합쳤고, 일본의 금광교金光教는 신도神道와 범신론의 혼합을 보여 주었다. 계시종교라고 자임하는 종교들은 자신들이 지닌 혼합적 성격을 인정하지 않을 때가 많지만, 열린 마음을 지닌 아브라함 계통 종교 신자라면 십계명과 함무라비 법전의 유사성이 그저 우연이 아니라는 사실을 받아들일 것이다.

④ 19세기 중반, 철학자 루드비히 포이어바흐는 "인간이란 자신이 먹은 것 그 자체"라는 인상적인 말을 남겼다. "먹는 것은 주체적이고 적극적인 존재 양식"이라는 것이다.[13] 수없이 많은 전 세계 사람들이 허브와 향신료, 고기와 생선, 과일과 뿌리, 견과

류와 열매, 향과 아로마를 섞은 재료들을 무수한 방식으로 끓이고 튀기고 구워서 탄생한 다양한 음식들의 매력에 이끌려 음식을 배우고 나누고 조합한다. 포이어바흐의 말은 인간 존재가 먹을 것에 달려 있다는 자명한 유물론적 명제처럼 들리지만, 그는 음식이 단순한 생존 수단 이상으로 중요하다는 사실을 정확하게 짚었다. 음식을 준비하고 먹는 행위는 문화적 선택이자 아주 귀중한 의례이며, 진정한 '적극적인 존재 양식'이다.

언어, 춤, 종교, 음식뿐 아니라 공예, 미술, 연극, 시장, 시, 문학, 퍼레이드, 축제, 운동경기, 스토리텔링, 의류, 보석 세공, 문신 등의 문화적·사회적 행위들도 다루어 볼 만하다. 물론 여가를 보내고 즐거움을 누리기 위한 이 활동들을 연구 대상으로 삼으면 과잉 해석의 위험이 뒤따르는 것도 사실이다. 자메이카의 어느 할머니가 손주에게 거미인간 아난시Anancy* 이야기를 들려주는 장면을 상상해 보자. 별다른 의도가 없는 자연스러운 행동이지만 할머니는 힘 없는 자들이 교활한 속임수로 권력자들을 골려 주려고 한 과거의 역사를 다시 이야기해 줬다고도 볼 수 있다. 할머니가 들려주는 이야기에 숨겨져 있는 메시지는 주인이 오히려 노예에게 예속되어 버리는 상황, 즉 헤겔이 말한 주인과 노예의 변증법을 떠올리게 해 준다.[14] 정리하

---

* [역주] 서아프리카 및 카리브해 민담에 등장하는 거미 혹은 거미인간. 주로 꾀를 써서 지배 권력을 골탕먹이는 역할이었기 때문에 아프리카계 노예들에게는 저항의 상징처럼 여겨지기도 했다.

자면 일반적인 사회적 행동양식들은 더 깊숙하게 자리한 창의성과 저항을 드러낼 수 있으며 기성 권위에 대항하는 어휘, 의식, 신념, 행위를 만들어 내기도 한다.

문화유산

미국의 '자동차 왕' 헨리 포드는 이런 말을 한 적이 있다. "난 역사를 잘 모른다. 세계의 그 어떤 역사도 나에겐 동전 한 닢만큼의 가치도 없다. 역사는 대부분 허튼소리에 불과하다. 전통도 똑같다." 그러나 그의 말과 반대로 역사는 특정 문화유산의 소유권을 주장하는 사람들에게는 커다란 의미가 있다. 소유권이 불확실할 때에는, 혼종적인 부분까지 기꺼이 받아들이려고 하는 문화계 쪽 사람들과 불순한 요소들을 제거해 하나의 이데올로기, 국민주의, 종교적 신념 등을 수호하려는 사람들이 필사적인 다툼을 벌인다.

그런 싸움은 페르디낭 드 용Ferdinand de Jong이 말했듯이 큰 참사로 이어질 수도 있다.[15] 셰이크 안타 디오프Cheikh Anta Diop의 학설대로 고대 이집트를 서구 문명의 원천으로 간주하기 위해 학계에서 이집트의 아프리카 기원을 부정해 온 것이 사실이라면 이집트학은 인종주의적 혐의를 벗기 어렵게 된다. 비슷한 주장으로 고대 그리스를 유럽 문명의 기원으로 삼기 위해 서구에서 그리스 문명의 아시아적이고 아프리카적인 뿌리를 부정해 왔다는 마틴 버낼Martin Bernal의 학설도 있다.[16] 유대인과 무슬림이 둘 다 성지로 삼고 있는 예루살렘의 성전산 혹은 하람 알샤리프는 그 진입로, 울타리, 돌벽이 무장병력에 둘러싸여 있다. 평소에는 이 상황이 우스꽝스럽게 보일지 모르지만, 양쪽의 좁은 영역을 누군가 침범하거나 작은 충돌이 생기면 곧 여러 사람이 살해당하는 끔찍한 현장으로 돌변한다. 크리올화한 문화유산의 독점권을 주장하는 사람들은 여러 곳에서 파괴적인 혼란을 일으킨다. 2015년 시리아와 이라크에서 소위 이슬람 국가가 벌인 행동들은 최악이었다. 이슬람 국가의 자칭 칼리프가 다양한 종교적·민족적 기원을 보여 주는 흔적들을 모두 없애기로 결정하면서 아시리아 기독교인들이 학살당했고, 님루드·모술·니네베·팔미라에서 헤아릴 수 없는 가치를 지닌 예술품과 유물들이 파괴되었다.

혼종적이거나 크리올화한 곳에서는 문화유산들을 관리하기가 굉장히 어렵다. 6장에서 설명했듯이 세계문화유산을 인정하는 역할을 맡은 유네스코는 모리셔스 하위국가 집단들 사이의 갈등을 중재해야 하는 곤란한 입장에 처했고, 두 하위국가 집단이 각각 추진해 온 사업을 모두 인정하는 길을 택했다. 이렇게 함으로써 의도치 않게 모리셔스 탈크리올화를 도와준 셈이었다. 아마도 가장 효과적으로 또 시끄럽게 로비를 전개한 측의 목소리에 따라가는 측면도 있을 것이다. 그 결과 유네스코는 2014년까지 1천 개가 넘는 세계문화유산을 지정하게 되었다. 루이지애나 주정부와 지역 당국은 크리올화 역사를 조명하려고 노력했고, 크리올 문화유산과 관련된 산책로, 박물관, 거리, 특정 구역, 플랜테이션, 주택, 책자, 팸플릿, 전시회 등을 정비하거나 마련했다. 크리올 박물관에서는 방문객들에게 비치되어 있는 옷을 입고 '크리올' 역할을 해 보게 하지만, 이 모방과 전유는 크리올화의 핵심이 창조적 저항이며 크리올화의 특징이 완성, 종결, 경계 긋기에 대한 저항이라는 생각을 심각하게 부정하는 행위다.

정체성의 표지

프랑스령 앤틸리스 제도에서는 세 방향에서 정체성을 규정하려는 힘이 작용한다. 크리올화, 디아스포라(네그리튀드 운동으로 표현되었다), 동화. 이 셋은 경쟁 관계에 있는 정체성의 표지들이다. 이 세 표식들을 눈앞에 선명하게 드러나도록 포착할 수 있을까? 크리올은 대체로 갈색 피부, 아프리카계는 검은 피부, 프랑스 본토 출신은 흰 피부라고 보면서 크리올화, 디아스포라, 동화를 따로 잡아낼 수 있을까? 이런 서투른 접근 방식으로는 이 섬들의 정체성 정치를 제대로 이해하기 어렵다. 동화가 큰 비중을 차지하게 된 것은 프랑스의 일방적인 강요 때문이 아니다. 앤틸리스 사람들의 선택이라는 측면도 분명히 존재했다. 프랑스 공화주의자들의 이상은 본토에서보다 식민지에서 더 큰 환영을 받았다. 자유·평등·박애는 플랜테이션, 식민주의, 인종차별로부터의 해방을 의미하는 것으로 받아들여졌다. 나치 점령 기간에 프랑스와 프랑스의 가치가 짓밟혔을 때, 식민지인들은 가장 먼저 반격에 앞장섰고 나중에는 프랑스의 해외영토가 되기로 결정을 내렸다. 마르티니크에서 네그리튀드 운동을 이끈 에메 세제르는 포르드프랑스의 시장이자 프랑스 하원의원으로서의 정치적 영향력을 십분 발휘해 동화계획을 대표하는 해외영토안의 초안을 작성했다. 1939년 출판한 탁월한 산문시집 《귀향수첩Cahier d'un retour au pays natal》에서, 세제르는 크리올 사회에서 살아가면서 겪는 기쁨과 고통을 치열하게 그려냈다. 공간, 정서, 정체성이 어떻게 연결되는지를 예리하게 포착한 부분을 소개해 본다.

이자들이 내 동포다. 표주박 같은 섬 안에서 와자지껄 떠드는 한줌의 썩어 문드러진 사람들이. 이것도 내 몫이다. 스스로를 부인하듯 노여움을 둥글게 펼쳐 든, 자신이 마치 어머니라도 되는 양 위아래 아메리카를 가늘게 이어 주려고 애쓰는, 이 다도해도, 만곡부의 달콤한 수액을 유럽인의 눈에 띄지 않게 은밀히 감추는 허벅지를 가진 다도해. 수평으로 팽팽히 이어진 적도의 길 따라 아프리카로 이르는 빛나는 통로를 가진 나의 다도해. 나의 섬, 나의 열린 세계, 그 빛나는 용기를 등판에 짊어진 다도해. 목전에는, 뒤편 능선까지 이어지는 과들루프 섬이, 우리 몰골처럼 처참하게, 둘로 갈라져 있다. 생전 처음 네그리튀드가 직립해, 스스로 인류애를 구현한 아이티도 있다. 이제 막 흑인을 목 조르는 일을 마친 우스꽝스러운 플로리다의 꼬리도 보인다. 유럽의 발밑 스페인까지 송충이 걸음으로 기어간 아프리카의 장족과 죽음의 낫을 넓게 휘두르는 아프리카의 나신이 보인다.[17]*

---

* [역주] 에메 세제르, 《귀향수첩》, 이석호 옮김, 그린비, 2011, 23~24쪽.

세제르의 삶은 마르티니크 문화정치의 복잡성을 비춰 주는 거울이다. 여러 차례의 국민투표에서 마르티니크인들은 프랑스의 일부로 남기로 결정했으나, 본국의 영향력이 디아스포라적 과거나 크리올화의 진행 과정을 완전히 제약하지는 못했다. 이곳의 복잡성을 포착하고 조악한 인종 표지를 피하기 위해, 이 책에서는 환경적 표지(바깥에서 유래해 사회에 미친 영향), 사회적 표지(사회적 관행과 가치의 구현), 문화적 표지(언어 문화적 실천의 표현) 사이의 수렴과 다름을 논했다. 우리는 이 표지들을 활용해 카리브해인들의 경험을 일반화해 보려고 했다. 다양성을 지닌 삶이 반드시 다름을 초월하거나 정체성을 뛰어넘는 것은 아니다. 오히려 공존하는 정체성은 모순이 아니라 보완으로 향할 수 있다.

갈등, 공존 혹은 크리올화

앞의 장에서는 여러 지역들을 폭넓게 조사하면서 우리의 주장이 보편화될 수 있다는 것을 보여 주는 데 주력했다. 여기서 주목하는 대상은 세계화, 도시화, 초다양성의 장소인 현대 도시들이다. 도시 환경 속에서의 상호작용을 드러내는 세 형식을 우선 구분할 필요가 있다. 갈등, 공존, 그리고 크리올화다. 이 세 가지가 상호작용의 전부는 아니다. 또 공존은 많은 하위 개념들을 품고 있는 일반적인 용어이기도 하다. 하지만 세 형식으로 나눠 보면 이 문제를 더욱 잘 조명할 수 있다.

갈등

초다양성 도시에서는 갈등이 계속 표출되는 일이 드물다. 보통은 공존 상태가 유지된다. 하지만 예외적인 경우들이 중요한 의미를 띨 때가 많다. 오랜 시간 거주한 사람들이 주택, 복지수당, 일자리, 성적 파트너를 점점 늘어나는 새 이주자들에게 빼앗기고 있다고 투덜대기 시작하면 분노, 적대감, 외국인 혐오, 인종차별이 나타난다. 당국에서 큰 어려움 없이 이 상황을 통제할 때가 많지만, 포퓰리스트 정치인들이 선동하거나 경찰이 극우파와 담합하기 시작하면 낮은 수준의 갈등도 걷잡을 수 없이 확산된다. 그리스에서 연달아 테러를 자행한 극우민족주의정당 황금새벽당을 경찰이 은밀히 지원해 준 사례가 여기에 해당한다. 갈등이 수그러들지 않으면 '분리된 도시'로 굳어진다. 울타리와 장벽이 들어서고 각자의 영역이 나누어진 상태가 지속되는 것이다. 예루살렘, 니코시아, 벨파스트가 이런 경우다. 어떤 불공정한 행위 하나 때문에 오랫동안 억눌려 왔던 분노가 폭력행위로 비화되기도 한다. 2014년 8월 미국 미주리주 퍼거슨시에서는 한 백인 경찰이 당시 18세였던 아프리카계 미국인 소년 마이클 브라운을 사살한 사건이 일어났다. 많은 미국 도시들에 여전히 인종차별이 일상화되어 있다고 여긴 수많은 사람들이 거리로 몰려나왔고 미국 전역에서 파괴, 폭동, 항의집회가 속출했다. 도시 외부에서 기인한 갈등도 오랫동안 공존해 온 역사를 지닌 도시를 망가뜨릴 수 있다. 슬픈 예를 하나 들자. 시리아의 알레포는 다양성과 관용이라는 측면에서 역사적으로 가장 모범적인 도시 중 하나였지만, 지금은 폐허로 전락해 무너진 다양성의 기괴한 상징이 되어 버렸다.

공존

많은 도시들이 공존Cohabitation을 표준으로 삼지만, 이 개념 아래 느슨하게 묶인 여러 가능성들을 분명하게 파악하기는 어렵다. 공존은 친근하게 미소를 건네며 따뜻한 악수를 나누는 일부터 자기가 혐오하는 소수자들의 존재를 마지못해 인정하는 것, 심지어 타자의 존재를 가능한 한 최소한으로만 받아들이는 태도까지, 모든 상호작용을 포괄하는 말일 수 있기 때문이다. 남아프리카공화국의 아파르트헤이트처럼 법적으로 분리되는 상황까지는 아니더라도 스스로 분리를 택하는 경우가 일반적이며 사람들은 일종의 평행세계에서 산다. 공원, 거리, 레저 시설, 경기장, 쇼핑센터, 전시회 등의 공공장소에서 계속 접촉이 일어나면 분리가 주는 긴장이 덜해질 수 있다. 그러나 이 평행 상태 자체는 학교에서 통합교육이 실시되거나, 지역사회가 활성화되거나, 여러 집단에 속한 사람들이 군복무를 함께하도록 하는 등의 노력을 기울이더라도 극복되기가 쉽지 않다. 많은 경우 사적 영역(분리가 인정되는 영역), 공적 영역(모두에게 하나의 표준이 강요되는 곳. 예를 들면 법원), 양가적 영역(공존 방식이 확정되지 않아 공공 관례로 자리 잡지도, 사적 영역으로 분류되지도 않은 영역) 등의 세 영역이 두드러지게 나타난다.[18]

공존이 갖는 양가성을 모두가 동의할 만한 개념으로 포착하려는 노력들은 계속 있어 왔다. 3장에서 다루었듯이, 주잔느 베센도르프는 '평범한 다양성commonplace diversity'이라는 개념을 사용하여 런던의 해크니에 거주하는 다양한 민족과 세대들이 보여 주는 충성 및 분리의 형식들을 분석하였다. 이 연구에 따르면 이곳에서는 평화로운 공존을 가능하게 할 만큼의 상호작용이 발생하지만 깊이 있는 교류는 거의 일어나지 않는다.[19] 다양성을 받아들이면서도 피상적인 교류만 오가는 모습은 '다문화multiculture', '일상의 세계시민주의everyday multiculture', '공생conviviality'등의 엇비슷한 개념들을 낳았다. 벤 기들리는 공공주택처럼 좁은 공간에 여러 기원을 갖는 사람들이 모여 사는 환경 때문에 '일상의 다문화everyday multiculture'가 일반화되었다고 말한다.[20] 스티븐 버토벡과 로빈 코헨은 여행과 이주가 증가하고 직장, 거리, 집 근처, 학교, 휴양지에서 이방인들과 가까이 지내야 할 상황이 늘어났다면서 이때 맺는 관계들을 '일상의 세계시민주의'라고 부른다.[21] 폴 길로이는 "영국의 도시 지역이나 다른 탈식민 도시에서의 사회 생활에서 다문화주의를 일반적인 특성으로 만드는 공존 및 상호작용의 과정"을 가리키기 위해 조금 색다른 '공생conviviality'이라는 용어를 썼다.[22] 마지막으로 미국 사회학자 엘리자 앤더슨Elijah Anderson의 개념을 소개한다. 그는 '세계시민주의적 지붕cosmopolitan canopy'이 "다양한 배경의 사람들이 모여 낯선 이들과 함께 어우러지고, 그런 사회 경험을 통해 자신과 다른 사람들에 대한 중요한 정보와 사회적 지성을 획득하는 상황 속에서 더욱 중요해진다"고 주장했다.[23]

크리올화

폴 길로이의 공생 개념은 더 깊은 상호작용과 접촉, 즉 크리올화로 건너오는 좋은 다리 역할을 해 줄 수 있다. 길로이가 말하는 공생은 이 말에서 흔히 연상할 법한 의미와는 다르다. 사람 좋은 누군가가 모두에게 인사를 건네고 따뜻한 악수와 건배를 나누면서 등을 툭툭 두드려 주는 광경을 떠오르게 하는 말이지만, 그는 이 말을 스페인어 'convivir'(영어로는 동거, 공존cohabitation)에서 따왔을 뿐이다〔영어 단어 conviviality는 파티에서의 유쾌함, 혹은 그런 파티라는 의미를 갖는다〕. 길로이는 "불변의 경계처럼 보이던 인종, 문화, 정체성, 민족을 뛰어넘는 접촉, 협력, 갈등을 어디서든 일상적으로 경험할 때 예견되는, 종잡을 수 없고 다문화적인 미래"를 논하면서 공동체와 민족 집단이라는 관습적인 범주를 뛰어넘는 길을 찾으려고 노력했다.[24]

길로이의 관점은 우리가 이해하는 크리올화에 근접하지만 완전히 똑같지는 않다. 크리올화는 공존에 대한 여러 논의나 공생 개념과도 다르다. 오랫동안 이어져 온 문화와 새로 들어온 문화가 상호작용하면서 근본적인 변형 과정을 거치는 것이 크리올화다. 새로운 정체성과 실천이 나타나 옛것을 대체한다. '크리올화한' 문화 형식과 정체성에는 그 기원이 남긴 흔적이 남아 있을 때도 많은데, 이 흔적들은 문화 갱신을 위해 다시 활용된다. 기억, 망각, 혹은 발명된 과거를 일깨우는 것을 우리는 '디아스포라적 메아리'나 '디아스포라적 흔적'이라고 칭했다. 서로 다른 문화 간의 교류는 불완전할 뿐더러 비대칭적이고 위계적이다. 하지만 크리올화 개념으로 접근하면 문화 간의 접촉이 불평등한 만남에서 생겨났으나 비대칭성을 그저 되풀이하지만은 않았다는 것을 알 수 있다. 그 접촉들이 얼마나 창의적이고 생산적이며 전복적일 수 있는지를 조명해 주기 때문이다. 맥락을 이해하면 내용을 더 잘 이해할 수 있다. 역사적으로 크리올화는 섬과 항구도시에서 나타났고 현대 도시들에서는 다시 초다양성으로서 등장했다.

미래를 상상하기

디아스포라와의 관계를 고려할 때, 크리올화에는 세 가지 핵심 요소가 있다. 현대 세계에서의 정체성을 분석하고 초다양성이 더욱 강화된 공간에서의 삶이 처한 도전을 논할 때 유용한 이 세 가지는 역사, 공간, 권력이다. 첫째, 디아스포라와 크리올화의 교차점에 초점을 맞추면 사회문화적 형식과 정체성의 출현에서 역사의 중요성을 생각하지 않을 수 없다. 둘째, 그 교차점은 플랜테이션, 섬, 항구도시, 그리고 초다양성 도시들이 자리한 현대의 접촉 지역에까지 이르는 문화와 공간의 역동적 관계를 이야기할 때도 활용 가능하다. 셋째, 디아스포라와 크리올화는 우리가 살고 있는 역동적이고 서로 연결된 세계, 즉 운동의 세계, 이주의 세계, 글리상의 표현처럼 '관계성'의 세계에서 정체성이란 무엇인지를 사유할 때 결정적인 개념이다. 이 부분은 아주 중요하다. 디아스포라와 크리올화는 국민주의나 종교적 신념이 강력하게 제 주장을 밀어붙이는 상황에서 정체성의 대안을 제시하며, 견고하게 문을 닫아걸고 있는 민족·인종 범주에 도전한다. 바로 이 도전에서 아래로부터 저항하는 힘이 나온다. 디아스포라와 크리올화 개념을 확장하면 "고정된 인종 정체성이라는 거짓에 갇히기보다는, 독창적인 생각과 대담한 창의력이 피어나는 접속과 연결의 장소에서 사람들이 더 성장한다는 사실이 증명"된다.[25]

이 책에서 전제로 삼은 것은, 크리올화와 비교적 유사한 과정을 겪는, 즉 고립·불평등·억압과 다양성이 새로운 문화의 출현을 이끄는 다른 공간들에도 이 개념을 적용할 수 있으며, 결과적으로 크리올화는 현대의 문화 세계화 과정과 관련된 다른 현상들을 포괄할 수 있다는 생각이다(물론 유용성을 따지지 않고 무분별하게 적용해서는 안 될 것이다). 사회학자 미미 셸러Mimi Sheller는 이런 질문을 던졌다. "이론이, 혹은 이론가가 명확한 기반이 없고 유동적이라면, 주류 문화 속에서 소비되거나 저항성을 잃어버리지 않겠는가?"[26] 우리가 이 의견에 동의하지 않는다는 사실을 분명하게 언급하고 넘어가야겠다. 디아스포라와 크리올화 개념이 여러 지역에 적용되므로, 또 우리가 이 책에서 이 개념들을 발전시키려고 했으므로, 우리가 우선은 개념의 손상이나 전치, 다음으로는 창조성과 저항성의 훼손을 막으려고 노력했다는 것을 확실하게 밝혀 둘 필요가 있다. 우리는 이 개념들을 사용하고 확장하면서 다른 문맥에 적용했을 때에도 원래의 의미를 인식하고 유지하려고 했다. 4장과 5장에서 음악과 카니발을 다룰 때처럼, 문화 엘리트층이 반헤게모니적인 대중문화나 그 실천을 포섭할 가능성도 염두에 두었다. 그리고 이 용어들을 원래 맥락을 떠나 사용하게 되면, 크리올화 및 디아스포라 과정이 (그리고 그 내부에서 발생하는 권력 작용이) 일상의 삶과 사회 현실에서 어떻게 나타나는지를 주의 깊게 살펴보았다. 직업, 사회적 관계, 주거 상태 등의 사회적 위치가 크리올화를 포용하기보다는 경계가 분명한 디아스포라 정체성 쪽을 선택하도록 영향을 끼치는지에 관한 질문도 잊지 않았다.

이 결론을 마치기 전에 다른 두 가지 문제도 짚어 볼 필요가 있다. 앞에서 우리는 다름을 지우는 것을 원하지 않으며, 가능하다고 보지도 않는다고 밝혔다. 이 책의 제목은 '다름과 만나기'이다. 여기서 다룬 많은 문화적·사회적 행위들은 사람들이 민족, 종교, 언어, 국적, 젠더, 계급, 세대 등 인류를 나누고 있는 주요 단층들을 가로질러 연결될 수 있다는 것을 입증한다. 디아스포라적 갈망을 지니고 있다고 해서 이웃 집단들과의 소통과 협력을 도외시하는 경우는 거의 없다. 이때 경계가 그대로 유지된 채로 혼합이 일어나며, 크리올화는 이 경계에 도전한다.[27]

인종/민족과 종교가 만든 구분이 현재 가장 큰 문제들을 만들어낸 원인이라고 말해도 그리 과도한 단언은 아닐 것이다. 그러나 1장에서 밝혔듯이 세계시민주의를 받아들이는 것은 해결책이 될 수 없다. 스토아학파의 창시자인 그리스 철학자 제논은 세계시민주의적인 성향을 갖고 있었다. 그는 남자와 여자가 똑같아 보이도록 성별을 구분하기 어려운 옷을 만들었다고 전해진다. 소소한 예처럼 보이지만, 우리가 말하고자 하는 핵심이 여기서 잘 드러난다. 철학이나 이데올로기가 다름을 해소할 수는 없다. 스튜어트 홀이 말했듯이 그런 시도는 나르시시즘이고 오만하다. 이 방식이 최선이거나 모두 동의할 만한 대안이 이것뿐이라고 증명할 수는 없다. 무엇보다, 자아의 본질과 정의는 타자와의 비교에 의지한다.[28] 따라서 다름을 인정하고 받아들여야만 한다. 엘리트들이 만든, 획일적이고 차이를 부정하는 인간중심주의의 오만은 거부되어야 한다. 다른 인간들과 동떨어져 있겠다고 말하는 독선적인 태도도 마찬가지다. 크리올리테 운동을 이끌었던 파트리크 샤무아조의 말을 들어 보자.

> 어느 누구도 전 세계에서 앞으로 무슨 일이 일어날지를 예측할 수는 없다. 어느 시대든 하나의 정체성으로 도피하는 사람들이 있을 것이다. "나는 흑인이다!", "나는 아프리카인이다!"라고 말하는 사람들이 있을 것이다. "나는 나다!"라고 말하는 사람들도, 모호한 종교 전통에서 안정을 찾는 사람들도 있을 것이다. 자기 안에 움츠러드는 성향, 민족의 순수함을 찾으려는 욕망, 잃어버린 환상적 근원을 보존하려는 욕망도 남아 있을 것이다. 하지만 이 모든 것들에도 불구하고 크리올화의 거대한 시학은 존재한다. 그때에도 언어의 총체, 문화의 총체를 표현하는 상상력은 존재할 것이다.[29]

그러나 크리올화의 거대한 시학도 과거로 돌아가고 과거를 재생하려는 디아스포라를 무시할 수는 없다. 이 책의 여러 곳에서 분명하게 밝혔듯이 탈크리올화는 일어날 수 있고 실제로 일어나기도 했다. 크리올화와 디아스포라는 따뜻하고 친밀하게 서로를 포용하면서 함께 춤을 춰야 한다. 마지막으로 신조어를 사용하는 것이 허용된다면, 이를 '크레스포라creospora'라고 불러 보면 어떨까. 그렇지만 가장 부드러운 안무와 누구보다 훌륭한 짝을 만났다 해도, 여기에 어떤 목적론이나 크리올화의 상상력이 디아스포라의 부름과 힘을 합쳐 승리해야만 하는 필연성은 존재하지 않는다. 신의 섭리나 사회진화론자의 계획대로 일이 진행되지는 않는 법이다.

주

1장 세 가지 개념 도구

1 William Safran, 'Diasporas in modern societies: myths of homeland and return', *Diaspora: A Journal of Transnational Studies*, 1(1), 1991, pp. 83-99; William Safran, 'The Jewish diaspora in a comparative and theoretical perspective', *Israel Studies*, 10(1), 2005, pp. 36-60; Khachig Tölölyan, 'Rethinking diaspora(s): stateless power in the transnational moment', *Diaspora: A Journal of Transnational Studies*, 5(1), 1996, pp. 3-36; and Robin Cohen, *Global Diasporas: An Introduction*, 2nd edn, London: Routledge, 2008.

2 Haim Hazan, *Against Hybridity: Social Impasses in a Globalizing World*, Cambridge: Polity, 2015, p. 2. 혼종성 개념을 확장하고 발전시키는 데 가장 큰 역할을 한 연구자는 호미 바바다. Homi Bhabha, 'Signs taken for wonders: questions of ambivalence and authority under a tree outside Delhi, May 1817', *Critical Inquiry*, 12(1) 1985, pp. 144-65.

3 Charles Stewart, 'Syncretism and its synonyms: reflections on cultural mixture', *Diacritics*, 29(3), 1999, p. 40. 찰스 스튜어트는 혼종성, 크리올화, 혼합주의를 균형 있게 설명해 주었다. 8년 후 그가 크리올화 개념을 중심으로 하는 중요한 편서를 냈다는 사실도 언급해 둔다. Charles Stewart (ed.), *Creolization: History, Ethnography, Theory*, Walnut Creek, CA: Left Coast Press, 2007.

4 문화상호주의는 영국의 공동체 응집 논의를 거치며 많이 다듬어졌다. Ted Cantle, *Interculturalism: The New Era of Cohesion and Diversity*, Basingstoke: Palgrave Macmillan, 2012. 우리는 쿠바 사회학자 페르난도 오르티스의 '문화횡단transculturation' 개념에도 큰 빚을 졌다. Fernando Ortiz, *Cuban Counterpoint: Tobacco and Sugar*, Durham, NC: Duke University Press, 1995 (originally published in Spanish in 1940).

5 Richard Jenkins, *Social Identity*, London: Routledge, 2004, pp. 8, 11.

6 Erik H. Erikson, *Childhood and Society*, New York: W. W. Norton, 1963 (originally published 1950).

7 Peter L. Berger and Thomas Luckmann, *The Social Construction of Reality: A Treatise in the Sociology of Knowledge*, New York: Anchor, 1967.

8 Benedict Anderson, *Imagined Communities. Reflections on the Origin and Spread of Nationalism*, London: Verso, 1983.

9 Ulf Hannerz, 'Flows, Boundaries and Hybrids: Keywords in Transnational Anthropology', Working Paper, Transnational Communities Programme, University of Oxford, WPTC-2K-02, 2002; http://www.transcomm.ox.ac.uk/working%20papers/hannerz.pdf.

10 이 부분의 착상은 아래의 두 논문에서 시작되었다. Robin Cohen, 'Social identities, diaspora and creolization', in Kim Knott and Seán McLoughlin (eds), *Diasporas: Concepts, Identities, Intersections*, London: Zed Books, 2010, pp. 69-73; and Olivia Sheringham, 'A delicate dance: creolization, diaspora, and the metropolitan "pull" in the

French Antilles', paper given at the Caribbean Studies Association annual conference, 28 May–1 June 2012, Guadeloupe.

11 Ralph Premdas, 'Public policy and ethnic conflict', Management of Social Transformations, Discussion Paper Series No. 12, Paris: UNESCO, 1996.

12 Thucydides, *The Peloponnesian War*, London: J. M. Dent, 1910, 2.39.1; http://www.perseus.tufts.edu/hopper/text?doc=Perseus%3Atext%3A1999.01.0200%3Abook%3D2%3Achapter%3D34.

13 Steven Vertovec and Robin Cohen, 'Introduction', in Steven Vertovec and Robin Cohen (eds), Conceiving Cosmopolitanism: Theory, Context and Practice, Oxford: Oxford University Press, 2002, p. 9.

14 Stuart Hall, 'Living with difference: Stuart Hall in conversation with Bill Schwarz', *Soundings: A Journal of Politics and Culture*, 37, 2007, p. 155.

15 David Chariandy, 'Postcolonial diasporas', *Postcolonial Text*, 2(1), 2006; available at http://journals.sfu.ca/pocol/index.php/pct/article/view/440/159.

16 Rogers Brubaker, 'The "diaspora" diaspora', *Ethnic and Racial Studies*, 28(1), 2005, pp. 1–19.

17 Stephan Palmié, 'Creolization and its discontents', in Robin Cohen and Paola Toninato (eds), *The Creolization Reader: Studies in Mixed Identities and Cultures*, London: Routledge, pp. 55, 57.

18 Ulf Hannerz, 'The world in creolization', *Africa*, 57(4), 1987, pp. 546–59.

19 Édouard Glissant, 'Creolization in the making of the Americas', *Caribbean Quarterly*, 54(1/2), 2009, pp. 81–9.

2장 다름의 탐사: 초기 상호작용

1 Samuel P. Huntington, *The Clash of Civilizations and the Remaking of World Order*, New York: Simon & Schuster, 1996.

2 Brenna M. Henn et al., 'Hunter–gatherer genomic diversity suggests a southern African origin for modern humans', *Proceedings of the National Academy of Sciences*, 108(13), 29 March 2011, pp. 515462; Sarah A. Tishkoff et al., 'The genetic structure and history of Africans and African Americans', *Science*, 324(5930), 22 May 2009, pp. 1035–44. 유전학에 대한 일반적인 설명은 아래 논문에 담겨 있다. Paul Salopek 'Out of Eden', *National Geographic*, 224(6), 2013, pp. 21–60. 2015년 9월 10일 남아프리카 '인류의 요람'에서 호모 날레디Homo naledi가 발견되었다는 발표는 상당한 흥분을 불러일으켰다. 호모 날레디는 호모 사피엔스만 가진 특성을 공유한다는 주장도 있다.

3 Charles Darwin, *On the Origin of Species by Means of Natural Selection, or, the Preservation of Favoured Races in the Struggle for Life*, Harmondsworth: Penguin, 1968 (originally published 1859); Charles Darwin, *The Descent of Man, and Selection in Relation to Sex*, Princeton, NJ: Princeton University Press, 1981 (originally published 1871); http://

www.christs.cam.ac.uk/darwin200/pages/index.php?page_id=c8.

4 알 타바리는 기념비적인 업적을 남겼다. 그 영어 번역본의 분량은 40여 권에 달한다. 쉽게 정리한 번역선집은 다음을 참조. Franz Rosenthal, *Tūrūkh al-rusul wa-al-mulūk: General Introduction and From the Creation to the Flood*, Albany: State University of New York Press, 1989.

5 James George Frazer, *Folklore in the Old Testament: Studies in Comparative Religion, Legend and Law*, vol. 1, London: Macmillan, 1918, pp. 377-87.

6 http://www.elyricsworld.com/tower_of_babel_lyrics_elton_john. html.

7 http://www.saatchi-gallery.co.uk/artists/diana_hadid.htm?section_name=unveiled.

8 Leonard Schwartz, 'After Babel' (2002) http://towerofbabel.com/ sections/bard/ thenewbabel/.

9 Peter Bradshaw, 'London: The modern Babylon–review', Guardian, 2 August 2012. 창의적인 건축가들과 디자이너들이 힘을 합쳐 '바빌런던'이라는 가상의 도시를 창조하기도 했다. 아래는 이 도시에 대한 가짜 위키의 링크다. http://www.theaoc.co.uk/docs/texts/ babylondon.html.

10 Robert Fine and Robin Cohen, 'Four cosmopolitan moments', in Steven Vertovec and Robin Cohen (eds), *Conceiving Cosmopolitanism: Theory, Context and Practice*, Oxford: Oxford University Press, 2002, pp. 140, 144.

11 David Harvey, 'Cosmopolitanism and the banality of geographical evils', *Public Culture*, 12(2), 2000, pp. 524-64.

12 Emmanuel Chukwudu Eze, *Race and the Enlightenment: A Reader*, Oxford: Blackwell, 1967, pp. 48-9, 65.

13 Norbert Elias, *The History of Manners*, Oxford: Basil Blackwell, 1978, pp. 49-50.

14 Fred Inglis, *Culture*, Cambridge: Polity, 2004.

15 http://www.statemaster.com/encyclopedia/Johann-GottfriedHerder.

16 서신을 교환하며 도움을 준 에릭센에게 감사를 표한다.

17 James Axtell, *Natives and Newcomers: The Cultural Origins of North America*, New York: Oxford University Press, p. 40.

18 Inga Cledinnen, *Dancing with Strangers: The True History of the Meeting of the British First Fleet and the Aboriginal Australians*, 1788, Edinburgh: Canongate, 2005, pp. 8-9.

19 Cledinnen, *Dancing with Strangers*, pp. 6-7.

20 Barbara Ehrenreich, *Dancing in the Streets: A History of Collective Joy*, London: Granta Books, p. 1.

21 Ehrenreich, *Dancing in the Streets*, p. 3.

22 William Arens, *The Man-eating Myth: Anthropology and Anthropophagy*, New York: Oxford University Press, 1979, p. 21.

23 Gananath Obeyesekere, *Cannibal Talk: The Man-Eating Myth and Human Sacrifice in the South Seas*, Berkeley: University of California Press, 2005, pp. 255-8.

24 Charles van Onselen, *Chibaro: African Mine Labour in Southern Rhodesia*, 1900 – 1933, London: Pluto Press, 1976, pp. 234-5.

25 Donald Winford, *An Introduction to Contact Linguistics*, Oxford: Wiley—Blackwell, 2002, p. 268. 윈포드는 권위 있는 저널인 'Journal of Pidgin and Creole Languages'의 편집자다.

26 Derek Bickerton, *Bastard Tongues: A Trailblazing Linguist Finds Clues to Our Common Humanity in the World's Lowliest Languages*, New York: Hill and Wang, 2008, pp. 3-16, 97-114.

27 Rajend Mesthrie, 'Language contact 2: pidgins, creoles and "new Englishes"', in Rajend Mesthrie, Joan Swann, Andrea Deumert and William L. Leap (eds), *Introducing Sociolinguistics*, Edinburgh: Edinburgh University Press, 2009, pp. 279-315, quote at p. 297.

28 Bambi B. Schieffelin and Elinor Ochs (eds), *Language Socialization across Cultures*, Cambridge: Cambridge University Press, 1987.

29 Bickerton, *Bastard Tongues*, p. 247. 빅커튼은 노암 촘스키의 이론과 거리를 두지만, 그의 진술에는 촘스키의 영향이 분명히 남아 있다.

3장 정체성 형성의 장소: 접촉 지역

1 Doreen Massey, 'Politics and space/time', *New Left Review*, 196, 1993, pp. 70, 81.

2 Françoise Vergès, 'Is creolization a useful concept today?' Presentation at a conference, 'Identities: Creolization and Diaspora in Comparative Perspective', University of Oxford, 6-7 December 2012.

3 Françoise Vergès, 'Postcolonial challenges', in Nicholas Gane (ed.), *The Future of Social Theory*, New York: Continuum, 2004, p. 195.

4 Françoise Vergès, 'Kiltir kréol: processes and practices of créolité and creolization', in Okwui Enwezor et al. (eds), *Créolité and Creolization*, Kassel: Documenta, 11, 2003, p. 181.

5 ISISA (International Small Islands Study Association), 2010; http:// tech.groups.yahoo.com/ group/ISISA/message/468.

6 Maeve McCusker and Anthony Soares, 'Introduction', in Maeve McCusker and Anthony Soares (eds), *Islanded Identities: Constructions of Postcolonial Cultural Insularity*, Amsterdam: Rodopi, 2011, pp. xii-xiii.

7 David Pitt, 'Sociology, islands and boundaries', *World Development*, 8(12), 1980, pp. 1055, 1056.

8 Michaela Benson and Karen O'Reilly (eds), *Lifestyle Migration: Expectations, Aspirations and Experiences*, Farnham: Ashgate, 2009, pp. 1-13.

9 Phillip Vannini, 'Constellations of ferry (im)mobility: islandness as the performance and politics of insulation and isolation', *Cultural Geographies*, 18(2), 2011, p. 267.

10 Melville J. Herskovits, *The Myth of the Negro Past*, Boston, MA: Beacon Press, 1996; and Gilberto Freyre, *The Master and the Slave: a Study in the Development of Brazilian Civilization*, New York: Knopf, 1964.

11 Michel—Rolph Trouillot, 'Culture on the edges: creolization in the plantation context',

Plantation Society in the Americas, 5(1), 1998, pp. 8–28.

12   Aisha Khan, 'Journey to the center of the earth: the Caribbean as master symbol', *Cultural Anthropology*, 16(3), 2001, p. 272.

13   Édouard Glissant, *Poétique de la relation*, Paris: Gallimard, 1990; Antonio Benítez-Rojo, *The Repeating Island: The Caribbean and the Postmodern Perspective*, Durham, NC: Duke University Press, 1996. See also Thomas Hylland Eriksen, 'In which sense do cultural islands exist?', *Social Anthropology* 1(18), 1993, pp. 133–47.

14   Stuart Hall, 'Créolité and the process of creolization', in Robin Cohen and Paola Toninato (eds), *The Creolization Reader: Studies in Mixed Identities and Cultures*, London: Routledge, 2010, p. 29.

15   Richard D. E. Burton, 'The French West Indies à l'heure de l'Europe: an overview', in Richard D. E. Burton and Fred Reno (eds), *French and West Indian: Martinique, Guadeloupe, and French Guiana Today*, London: Macmillan, 1995.

16   Maeve McCusker, 'Writing against the tide? Patrick Chamoiseau's (is)land imaginary', in Maeve McCusker and Anthony Soares (eds), *Islanded Identities: Constructions of Postcolonial Cultural Insularity*, Amsterdam: Rodopi, 2011, p. 42.

17   Glissant, *Poétique de la relation*, p. 71.

18   Édouard Glissant, 'Creolization in the making of the Americas', *Caribbean Quarterly*, 54 (1/2), 2008, p. 81.

19   Henk Driessen, 'Mediterranean port cities: cosmopolitanism reconsidered', *History and Anthropology*, 16(1), 2005, p. 131.

20   Information from http://www.jewishvenice.org/.

21   Anita L. Allen and Michael R. Seidl Cross-cultural commerce in Shakespeare's The Merchant of Venice', *American University International Law Review*, 10(2), 1995, p. 858.

22   William Shakespeare, *The Merchant of Venice*, Act 3, Scene 1.

23   Driessen, 'Mediterranean port cities', p. 138.

24   버토벡과 코헨의 주장에 따르면, 이는 세계시민주의의 여섯 가지 양태 중 하나다. 아래 책의 서론을 참고할 것. Steven Vertovec and Robin Cohen (eds.) *Conceiving Cosmopolitanism: Theory, Context, and Practice*, Oxford: Oxford University Press, pp. 8–14.

25   Paul Atterbury, 'Steam and speed: industry, power & social change in nineteenth century Britain'; http://www.vam.ac.uk/content/ articles/s/industry-power-and-social-change/.

26   Nurçin ileri, 'Rewriting the history of port cities in the light of contemporary global capitalism', *New Perspectives on Turkey*, 47, 2012, p. 206.

27   Anon, 'Spice routes: Cladia Roden's culinary diaspora', *New Yorker*, 5 September 2007; http://www.newyorker.com/magazine/2007/09/03/spice-routes.

28   Alison Blunt and Jayani Bonnerjee, 'Home, city and diaspora: AngloIndian and Chinese attachments to Calcutta', *Global Networks*, 13(2), 2013, pp. 220–40.

29   그 예들은 아래를 참고할 것. John Friedman, 'The world city hypothesis', *Development and Change* 19(2), pp. 69–83; Saskia Sassen, *The Global City: London, New York,*

Tokyo, Princeton, NJ: Princeton University Press, 1991; and Peter Marcuse and Ronald Van Kempen (eds), *Globalizing Cities: A New Spatial Order?*, Oxford: Blackwell, 2000.

30 Steven Vertovec, 'Super-diversity and its implications', *Ethnic and Racial Studies*, 30(6), 2007, p. 1049.

31 Jennifer Robinson, *Ordinary Cities: Between Modernity and Development*, London: Routledge, 2005, p. 1. See also Shail Mayaram (ed.), *The Other Global City*, New York: Routledge, 2009, for a critique of the global cities paradigm.

32 Stuart Hall, 'Cosmopolitan promises, multicultural realities', in Richard Scholar (ed.), *Divided Cities: The Oxford Amnesty Lectures 2003*, Oxford: Oxford University Press, 2006, p. 25.

33 Okwui Enwezor, 'Introduction', in Okwui Enwezor et al. (eds), *Créolité and Creolization*, Kassel: Documenta, 11, 2003, p. 16.

34 Vergès, 'Is creolization a useful concept today?'

35 Gill Valentine, 'Living with difference: reflections on geographies of encounter', *Progress in Human Geography*, 32(3), 2008, pp. 323–37.

36 Karen Fog Olwig, 'Notions and practices of difference: an epilogue on the ethnography of diversity', *Identities: Global Studies in Culture and Power*, 20(4), 2013, p. 471. 유럽의 정치인과 평론가들이 다문화주의를 광범위하게 공격한 것은 실질적인 실천 차원의 변화보다는 담론상의 큰 전환을 의미한다는 점에서 주목된다. Steven Vertovec and Susanne Wessendorf (eds), *The Multiculturalism Backlash: European Discourses, Policies and Practices*, London: Routledge, 2009.

37 Mette Louise Berg and Nando Sigona, 'Ethnography, diversity and urban space', *Identities: Global Studies in Culture and Power*, 20(4), 2013, p. 352.

38 Susanne Wessendorf, *Commonplace Diversity: Social Relations in a Super-diverse Context*, London: Palgrave Macmillan, 2014.

39 Ben Gidley, 'Landscapes of belonging, portraits of life: researching everyday multiculture in an inner city estate', *Identities: Global Studies in Culture and Power*, 20(4), 2013, p. 367.

40 Thomas Hylland Eriksen, 'Rebuilding the ship at sea: super-diversity, person and conduct in eastern Oslo', *Global Networks*, 15(1), 2015, pp. 1–20.

41 Alex Rhys-Taylor, 'The essences of multiculture: a sensory exploration of an inner-city street market', *Identities: Global Studies in Culture and Power*, 20(4), 2013, pp. 393–406; Fernando Ortiz, *Cuban Counterpoint: Tobacco and Sugar*, Durham, NC: Duke University Press, 1995.

42 Pratt, *Imperial Eyes*, p. 8.

43 H. Adlai Murdoch, *Creolizing the Metropole: Migrant Caribbean Identities in Literature and Film*, Bloomington, IN: Indiana University Press, 2012, p. 207.

44 Michael Peter Smith 'Transnational urbanism revisited', *Journal of Ethnic and Migration Studies*, 2005, 31(2), p. 237.

45 Vergès, 'Postcolonial challenges', p. 193.

46　Hall, 'Cosmopolitan promises, multicultural realities', p. 23.

4장 혼성 정체성의 표현: 음악

1　Denis–Constant Martin, 'The musical heritage of slavery: from creolization to "world music"', in Bob W. White (ed.), *Music and Globalization*, Bloomington: Indiana University Press, 2012, p. 17.

2　Tobias Green, 'The evolution of creole identity in Cape Verde', in Robin Cohen and Paola Toninato (eds), *The Creolization Reader: Studies in Mixed Identities and Cultures*, London: Routledge, p. 157.

3　Márcia Rego, 'Cape Verdean tongues: speaking of a "nation" at home and abroad', in L. Batalha and J. Carling (eds), *Transnational Archipelago: Perspectives on Cape Verdean Migration and Diaspora*, Amsterdam: Amsterdam University Press, 2008, pp. 145–59. See also Elizabeth Challinor, 'A history of Cape Verde: centre/ periphery relations and transnational cultural flows', paper given at the International Conference on Cape Verdean Migration and Diaspora in the Centro de Estudos de Antropologia Social (ISCTE), Lisbon, 6–8 April 2005.

4　Miguel Vale de Almeida, 'From miscegenation to Creole identity: Portuguese Colonialism, Brazil, Cape Verde', in C. Stewart (ed.), *Creolization: History, Ethnography, Theory*, Walnut Creek, CA: Left Coast Press, 2007, pp. 108–32. See also Challinor, 'A history of Cape Verde'.

5　Richard Lobban, *Cape Verde: Crioulo Colony to Independent Nation*, Boulder, CO: Westview Press, 1995, p. 61.

6　Lobban, *Cape Verde*, p. 129.

7　Nick Spitzer, 'Monde Creole: the cultural world of French Louisiana Creoles and the creolization of world cultures', in R. Baron and A. C. Cara (eds), *Creolization as Cultural Creativity*, Jackson: University Press of Mississippi, 2011, p. 44.

8　Challinor, 'A history of Cape Verde', p. 32.

9　John D. Folse, *The Encyclopedia of Cajun and Creole Cuisine*, Gonzales, LA: Chef John Folse & Company, 2005, p. 6.

10　Gwendolyn Midlo Hall, *Africans in Colonial Louisiana: The Development of Afro–Creole Culture in the Eighteenth Century*, Baton Rouge: Louisiana State University Press, 1992.

11　George Washington Cable, *The Grandissimes: A Story of Creole Life*, New York: Charles Scribner's Sons, 1880. '크리올'이라는 용어의 법적인 의미나 시대에 따른 의미 변화는 아래의 자료에 잘 정리되어 있다. Virginia Dominguez, *White by Definition: Social Classification in Creole Louisiana*, New Brunswick, NJ: Rutgers University Press, 1986.

12　Mark Mattern, 'Let the good times unroll: music and race relations in Southwest Louisiana', *Black Music Research Journal*, 17(2), 1997, p. 159.

13　Carl A. Brasseaux, *The Founding of New Acadia: The Beginnings of Acadian Life in*

Louisiana, 1765–1803, Baton Rouge: Louisiana State University Press, 1987.

14 Susan E. Dollar, 'Ethnicity and Jim Crow: the Americanization of Louisiana's Creoles', in Michael S. Martin (ed.), *Louisiana beyond Black and White: New Interpretation of Twentieth-Century Race and Race Relations*, Lafayette: University of Louisiana at Lafayette Press, 2011, pp. 1–2.

15 Timothy Sieber, 'Popular music and cultural identity in the Cape Verdean post-colonial diaspora', *Etnográfica*, 9(1), 2005, pp. 123–48.

16 Fernando Arenas, *Lusophone Africa Beyond Independence*, Minneapolis: University of Minnesota Press, 2011, p. 45. See also Lobban, Cape Verde, and Sieber, 'Popular music'.

17 Lobban, *Cape Verde*, p. 78.

18 Sieber, 'Popular music', pp. 142–3; see also Arenas, *Lusophone Africa*, p. 65.

19 Fieldwork notes, February 2013; see also Arenas, *Lusophone Africa*, p. 69.

20 Arenas, *Lusophone Africa*, p. 102. See also C. F. Gonçalves, *Kab Verd Band*, Praia, Cape Verde: Instituto do Arquivo Histórico Nacional, 2006.

21 Gonçalves, *Kab Verd Band*, p. 17.

22 Gonçalves, *Kab Verd Band*, p. 17.

23 Interview with Margarida Brito Martins, 5 February 2013.

24 Margarida Brito, *Os Instrumentos Musicais em Cabo Verde*. PraiaMindelo, Cape Verde: Centro Cultural Português, 1999.

25 Interview with Margarida Brito Martins, 5 February 2013. See also Gonçalves, *Kab Verd Band*, pp. 16–27, for an in-depth discussion of Batuque.

26 Lobban, *Cape Verde*, p. 78.

27 Lobban, *Cape Verde*, p. 82.

28 Arenas, *Lusophone Africa*, p. 80.

29 다음 링크를 통해 확인해 볼 수 있다. http:// www.luracriola.com/ and http://www.bbc.co.uk/radio3/worldmusic/a4wm2008/2008_mayra_andrade.shtml.

30 Sieber, 'Popular music', p. 144.

31 Arenas, *Lusophone Africa*, p. 49.

32 Márcia Rego, 'Cape Verdean tongues: speaking of a "nation" at home and abroad', in L. Batalha and J. Carling (eds), *Transnational Archipelago: Perspectives on Cape Verdean Migration and Diaspora*, Amsterdam: Amsterdam University Press, 2008, p. 147.

33 Sieber, 'Popular music', p. 138.

34 Sieber, 'Popular music', p. 123.

35 Fieldwork notes; see also JoAnne Hoffman, 'Diasporic networks, political change, and the growth of cabo-zouk music', in L. Batalha and J. Carling (eds), *Transnational Archipelago: Perspectives on Cape Verdean Migration and Diaspora*, Amsterdam: Amsterdam University Press, 2008, pp. 205–20.

36 JoAnne Hoffman, 'Diasporic networks', p. 207 and p. 211. See also Timothy Sieber, 'Popular music'.

37 Lester Sullivan, 'Composers of color of nineteenth-century New Orleans.' In Sybil Kein (ed.) *Creole: The History and Legacy of Louisiana's Free People of Color*, Baton Rouge: Louisiana State University Press, 2005, p. 77.

38 Sybil Kein (ed.), *Creole: The History and Legacy of Louisiana's Free People of Color*, Baton Rouge: Louisiana State University Press, 2000, pp. 12-13. 위의 저자는 'crapo'를 개구리로 번역했지만, 사탕수수 농장에서 해충 방제를 위해 키우는 크고 못생긴 두꺼비로 보는 것이 옳겠다.

39 Gary A. Donaldson, 'A window on slave culture: dances at Congo square in New Orleans, 1800 – 1862', *Journal of Negro History*, 69(2), 1984, pp. 64, 65.

40 James Lincoln Collier, *The Making of Jazz: A Comprehensive History*, London: Macmillan, 1984, p. 43.

41 Barry Jean Ancelet, 'Zydeco/zarico: the term and the tradition', in James H. Dorman (ed.), *Creoles of Color of the Gulf South*, Knoxville: University of Tennessee Press, 1996, pp. 126-143; and Hubert Daniel Singleton, *The Indians who Gave Us Zydeco: The AtakapasIshaks (a–TAK–a–paws EE–shaks) of Southwest Louisiana and Southeast Texas*, Place of publication unstated: Author, 1998.

42 Ancelet, 'Zydeco/zarico', p. 139.

43 Mark Mattern, 'Let the good times unroll: music and race relations in Southwest Louisiana', *Black Music Research Journal*, 17(2), 1997, pp. 159, 151-2.

44 R. Reese Fuller, *Angola to Zydeco: Louisiana Lives*, Jackson: University Press of Mississippi, 2001, p. 60.

45 Frank A. Salamone, 'Nigerian and Ghanaian popular music: two varieties of creolization', *The Journal of Popular Culture*, 32(2), 1998, p. 22.

46 George Lipsitz, *Dangerous Crossroads: Popular Music, Postmodernism and the Poetics of Place*, London: Verso, 1994, p. 36.

5장 축제와 저항: 카니발

1 Abner Cohen, 'A polyethnic London carnival as a contested cultural performance', *Ethnic and Racial Studies*, 5(1), 1982, p. 34.

2 Mikhail Bakhtin, *Rabelais and his World*, Bloomington: Indiana University Press, 1984, p. 10.

3 Bakhtin, *Rabelais and his World*, p. 10.

4 Daniel J. Crowley, 'The sacred and the profane in African and African–derived carnivals', *Western Folklore*, 58(3/4), 1999, p. 224.

5 Adela Ruth Tompsett, '"London is the place for me": performance and identity in Notting Hill Carnival', *Theatre History Studies*, 25, 2005, p. 43.

6 Peter Jackson, 'Street life: the politics of carnival', *Environment and Planning D: Society and Space*, 8, 1988, p. 213.

7 Toni Weiss, 'The economic impact of the Mardi Gras season on the New Orleans

economy and the net fiscal benefit of staging Mardi Gras for the city of New Orleans', unpublished paper prepared for the Carnival Krewe Civic Foundation, Inc., New Orleans, 2001, p. 20.

8   Kevin Fox Gotham, 'Marketing Mardi Gras: commodification, spectacle and the political economy of tourism in New Orleans', *Urban Studies*, 39(10), 2002, pp. 1735, 1752–3.

9   Wesley Shrum and John Kilburn, 'Ritual disrobement at Mardi Gras: ceremonial exchange and moral order', Social Forces, 75(2), 1996, pp. 423–58.

10 George Lipsitz, 'Mardi Gras Indians: carnival and counter–narrative in black New Orleans', *Cultural Critique*, 10, 1988, p. 115.

11 Roger D. Abrahams, with Nick Spitzer, John F. Szwed and Robert Farris Thompson, *Blues for New Orleans: Mardi Gras and America's Creole Soul*, Philadelphia: University of Pennsylvania Press, 2006, pp. 71–2.

12 Joseph Roach, 'Mardi Gras Indians and others: genealogies of American performance', *Theatre Journal*, 44(4), 1992, pp. 469, 478.

13 Abrahams et al., *Blues for New Orleans*, p. 75.

14 Nicholas R. Spitzer, 'Mardi Gras in l'Anse de 'Prien Noir: a Creole community performance in rural French Louisiana', in James H. Dorman (ed.), *Creoles of Colour of the Gulf South*, Knoxville: University of Tennessee Press, 1996, pp. 88, 95 et seq.

15 Carolyn E. Ware, 'Anything to act crazy: Cajun women and Mardi Gras disguise', *Journal of American Folklore*, 114(452), 2001, pp. 225–47.

16 João Manuel Chantre, 'Opinião: a industria do carnaval', *Expresso das Ilhas*, 11 March 2011; http://www.expressodasilhas.sapo.cv/ opiniao/item/23578–opiniao—a–industria–do–carnaval.

17 Roger D. Abrahams, 'Questions of criolian contagion', *Journal of American Folklore*, 116(459), 2003, pp. 73–87.

18 Lyrics on the Café Atlántico album. Quoted in Fernando Arenas, *Lusophone Africa beyond Independence*, Minneapolis: University of Minnesota Press, 2011, p. 76.

19 Moacyr Rodrigues, cited in A Nação, 'Carnaval: "Mandingas" na verdade são Bijagós' (online edition 27 January 2013); http://www. alfa.cv/anacao_online/index.php/ destaque/4119–carnaval–mandingas–na–verdade–sao–bijagos.

20 Robert Baron and Ana C. Cara, 'Introduction: creolization and folklore: cultural creativity in process', *Journal of American Folklore*, 116(459), 2003, pp. 4–8.

21 Michel de Certeau, *The Practice of Everyday Life*, trans. S. Rendall, Berkeley: University of California Press, 1984, pp. 91–110.

22 Lord Kitchener (Alwyn Robert), 'London is the place for me', London: Honest Jon's Records Ltd, 2002.

23 Tompsett, '"London is the place for me"', p. 43.

24 Jackson, 'Street life: the politics of carnival', p. 214.

25 Richard D. E. Burton, 'Cricket, carnival and street culture in the Caribbean', *The International Journal of the History of Sport*, 2(2), 1985, pp. 179–97.

26 Cohen, 'A polyethnic London carnival', p. 35; see also Jackson, 'Street life: the politics of carnival', p. 215.

27 See http://thelondonnottinghillcarnival.com/about.html for a brief history of the Notting Hill Carnival.

28 Rhaune Laslett, quoted in Esther Peeren, 'Carnival politics and the territory of the street', Thamyris/Intersecting, 14, 2007, p. 70.

29 Jackson, 'Street life: the politics of carnival', p. 221.

30 Tompsett, '"London is the place for me"', p. 49.

31 See http://www.carnaval.com/london/2008/bands/.

32 Mariana Pinho, 'Escolas brasileiras brilham no carnaval londrino de Notting Hill'; http://www.portugues.rfi.fr/geral/20140825—car naval—de—notting—hill—tem—apresentacoes—de—escolas—brasileiras.

33 Kwesi Owusu, Struggle for Black Arts in Britain: What Can We Consider Better Than Freedom?, London: Cengage Learning, 1986, p. 8.

34 Melissa Butcher, 'Negotiating Notting Hill'. OpenLearn, Open University Podcast, 2009; http://www.open.edu/openlearn/society/politics—policy—people/sociology/negotiating—notting—hill.

35 Martin Coomer, interview with Hew Locke; http://www.timeout.com/london/art/hew—locke—interview—this—is—about—trying—to—getto—an—essence—of—carnival.

36 Tompsett, '"London is the place for me"', p. 43.

37 Cohen, 'A polyethnic London carnival', p. 35.

38 Robin Cohen, 'A diaspora of a diaspora? The case of the Caribbean', Social Science Information, 31(1), 1992, pp. 193-203.

39 이 표현은 아래의 책에서 빌려 왔다. Paul Gilroy, The Empire Strikes Back, Race and Racism in 70s Britain, London: Hutchinson, 1982.

40 '창조는 저항이며, 저항은 창조다.' 감동적이지만 과장이 섞인 이 말은 '점거 운동'의 선전 책자에 실려 있다. Stéphane Hessel, Time for Outrage (Indignez—vous), London: Charles Glass Books, p. 37.

41 Carole—Anne Upton, 'Why performance matters', Performance Arts, Bristol: Intellect Books, 2013, p. 23.

6장 문화유산의 구축

1 Eric Hobsbawm and Terence Ranger (eds), The Invention of Tradition, Cambridge: Cambridge University Press, 1983.

2 어떤 왜곡이 있었는지는 아래 링크 참조. http:// www.scottishhistory.com/articles/independence/braveheart.html.

3 Megan Vaughan, Creating the Creole Island: Slavery in Eighteenthcentury Mauritius, Durham, NC: Duke University Press, 2005, p. 2.

4 Bernardin de Saint-Pierre, *Journey to Mauritius*, trans. and ed. Jason Wilson, Oxford: Signal Books, 2002, pp. 122, 123 (first published in 1773).

5 이 정보를 알려 준 토마스 휠란 에릭센에게 감사를 표한다.

6 Jawaharlal Nehru, *India's Foreign Policy: Selected Speeches, September 1946 – April 1961*, Delhi: Government of India, 1961, p. 130.

7 Adele Smith Simmons, *Modern Mauritius: The Politics of Decolonization*, Bloomington: Indiana University Press, 1982, pp. 35-44.

8 Cited in Smith Simmons, *Modern Mauritius*, p. 77.

9 Rosebelle Boswell, 'Heritage tourism and identity in the Mauritian villages of Chamarel and Le Morne', *Journal of Southern African Studies*, 31(2), 2005, p. 294.

10 Roger Moss, *Le Morne/Lemorn, bi-lingual English/Kreol edition*, Port Louis: Ledikasyon pu Travayer, 2000, pp. 2-4.

11 Nick Spitzer, 'Monde Creole: the cultural world of French Louisiana Creoles and the creolization of world cultures', in R. Baron and A. C. Cara (eds), *Creolization as Cultural Creativity*, Jackson: University Press of Mississippi, 2011, p. 58.

12 Gary B. Mills, *The Forgotten People: Cane River's Creoles of Colour*, Baton Rouge: Louisiana State University Press, 1977; Elizabeth Shown Mills, *Isle of Canes. A Historical Novel*, Provo, UT: MyFamily. com Inc., 2004.

13 Gary B. Mills, *The Forgotten People*, p. 45.

14 Kathleen M. Byrd, *Colonial Natchitoches: Outpost of Empires*, Bloomington, IN: Xlibris, 2008, p. 154.

15 Gary B. Mills, *The Forgotten People*, p. 194.

16 http://en.wikipedia.org/wiki/List_of_Louisiana_Creoles.

17 Robin Cohen, 'Creolization and cultural globalization: the soft sounds of fugitive power', *Globalizations*, 4(3), 2007, p. 378.

18 Richard Seale, Robert DeBlieux and Harlan Mark Guidry, *Natchitoches and Louisiana's Timeless Cane River*, Baton Rouge: Louisiana State University Press, 2002, p. 119.

19 노동자 교육 대학의 활동은 아래 사이트에 잘 정리되어 있다. 여기에서 제공하는 사전도 유용하다. http://www.lalitmauritius.org/

20 Arnaud Carpooran, *Diksioner morisien*, Paris: Editions Bartholdi, 2005.

21 Vijaya Teelock, *Mauritian History: From Its Beginnings to Modern Times*, Mauritius: Mahatma Gandhi Institute, 2001.

22 Boswell, 'Heritage tourism and identity', p. 294.

23 이 표현은 토마스 휠란 에릭센과 주고받은 사적 서신에서 인용한 것이다.

24 Ulf Hannerz, 'The world in creolization', *Africa*, 57(4), pp. 546-59의 서술은 본문과 같은 목적으로 한 말은 아니지만 비슷한 가능성을 암시한다.

25 Peggy Levitt, *Artifacts and Allegiances: How Museums Put the Nation and the World on Display*, Oakland: University of California Press, 2015, p. 141.

26 로빈 코헨은 수년간 모리셔스 대학에서 학생으로 있으면서 일종의 외부 관찰자로 이 현상을 지켜보았다.

1 Katherine E. Browne, *Creole Economics: Caribbean Cunning under the French Flag*, Austin: University of Texas Press, 2004, p. 223.

2 William Miles, 'When is a nation "a nation"? Identity–formation within a French West Indian people (Martinique)', *Nations and Nationalism* 12(4), 2006, p. 637.

3 Richard D. E. Burton, 'The French West Indies à l'heure de l'Europe', in Richard D. E Burton and Fred Reno (eds), *French and West Indian: Martinique, Guadeloupe and French Guiana Today*, Basingstoke: Macmillan, 1995, p. 2.

4 Christine Chivallon, 'Guadeloupe et Martinique en lutte contre la "profitation": du caractère nouveau d'une histoire ancienne', *Justice Spatiale/Spatial Justice*, 1, 2009, pp. 1–14; online journal: http:// www.jssj.org/wp–content/uploads/2012/12/JSS1–7fr1.pdf.

5 Chivallon, 'Guadeloupe et Martinique en lutte', p. 9.

6 Richard Price, *The Convict and the Colonel*, Durham, NC: Duke University Press, 1998, p. 213.

7 Édouard Glissant, *Caribbean Discourse: Selected Essays*, trans. J. Michael Dash, Charlottesville: University Press of Virginia, 1989, p. 193 (originally published in French by Gallimard, 1981).

8 Richard Burton, 'The idea of difference in contemporary West Indian thought: négritude, antillanité, créolité', in Richard D. E Burton and Fred Reno (eds), *French and West Indian: Martinique, Guadeloupe and French Guiana Today*, Basingstoke: Macmillan, 1995, p. 140.

9 Shireen Lewis, *Race, Culture, and Identity: Francophone West African and Caribbean Literature and Theory from Négritude to Créolité*, Lanham, NJ: Lexington Books, 2006, p. xviii.

10 Browne, Creole Economics, p. 92. 브라운은 '식민지적 무의식'을 다룬 엘리자베스 에즈라에게서 영향을 받았다. 에즈라는 식민지 동화 담론 아래에 '식민지적 주체와 잠재적이지만 강력한 문화적 차별화 욕구 사이의 높은 양가성'이 있다고 주장했다. Elizabeth Ezra, *The Colonial Unconscious: Race and Culture in Interwar France*, Ithaca, NY: Cornell University Press, 2000, p. 153, cited in Browne, *Creole Economics*, p. 236.

11 Burton, 'The idea of difference in contemporary West Indian thought', p. 141.

12 Jean–Paul Sartre, 'Black Orpheus', *The Massachusetts Review*, 6, 1964, p. 18 (originally published in French by Presses universitaires de Frances, 1948), trans. J. MacCombie.

13 Mireille Rosello, 'Introduction: Aimé Césaire and the Notebook of a Return to my Native Land in the 1990s', in *Notebook of a Return to my Native Land*, trans. M. Rosello and W. Pritchard, Newcastleupon–Tyne: Bloodaxe Books, 1995, p. 12 (originally published in French by Editions présence africaine, 1956).

14 Michel Giraud, 'Les identités antillaises entre négritude et créolité', *Cahiers des Amériques Latines*, 17, 1994, p. 145.

15 Jean Bernabé, Patrick Chamoiseau and Raphaël Confiant, *Éloge de la créolité*, Paris: Gallimard, 1989, pp. 13, 27.

16 Celia Britton, 'The créolité movement in Martinique: authenticity and/or exoticism?', presented at a conference, 'Islands and Identities: Creolization and Diaspora in Comparative Perspective', University of Oxford, 6–7 December 2012.

17 Giraud, 'Les identités antillaises'.

18 Richard Price and Sally Price, 'Shadowboxing in the mangrove', *Cultural Anthropology*, 12, 1997, p. 15; Britton, 'The créolité movement in Martinique', p. 5.

19 Édouard Glissant, *Poetics of Relation*, trans. Betsy Wing, Ann Arbor: University of Michigan Press, 1997, p. 90 (originally published as *Poétique de la Relation (Poétique III)*, Paris: Gallimard, 1990).

20 Glissant, *Caribbean Discourse*, pp. 105–6.

21 Price, *The Convict and the Colonel*, p. 180; see also Patrick Chamoiseau, *Écrire en pays dominé*, Paris: Gallimard, 1997, pp. 69–70 (Olivia Sheringham's translation).

22 Renée Gosson, 'What lies beneath? Cultural excavation in neocolonial Martinique', in S. Hood-Washington, P. Rosier and H. G. Lanham (eds), *Echoes from the Poisoned Well: Global Memories of Environmental Injustice*, Lanham, MD: Rowman & Littlefield, 2006, p. 226.

23 Adlai Murdoch, 'Édouard Glissant's creolized world vision: from resistance and relation to opacité', *Callaloo*, 6(4), 2013, p. 881.

24 See Aisha Khan, 'Journey to the center of the earth: the Caribbean as master symbol', *Cultural Anthropology*, 16(3), 2001, pp. 271–302.

25 Burton, 'The French West Indies à l'heure de l'Europe', p. 5.

26 Price and Price, 'Shadowboxing in the mangrove', p. 14; Browne, *Creole Economics*, p. 98.

27 Richard Price and Sally Price, 'Shadowboxing in the mangrove', p. 14.

28 Burton, 'The French West Indies à l'heure de l'Europe', p. 12.

29 Murdoch, 'Édouard Glissant's creolized world vision', p. 312.

30 Michael Dash, 'Introduction', in Glissant, *Caribbean Discourse*, p. xxv.

31 René Ménil, *Antilles déjà jadis: précédé de tracées*. Paris: Place, 1999, p. 29, cited in Murdoch, 'Édouard Glissant's creolized world vision', p. 308 (Olivia Sheringham's translation).

32 Natalia K. Bremner, 'Looking elsewhere: the construction of cultural identity in Réunion and Mauritius,' MA thesis, University of Leeds, Department of French, School of Modern Languages and Cultures, 2010, p. 83.

33 William Miles, 'When is a nation "a nation?"', p. 649.

8장 다름과 만나기: 결론

1 Stuart Hall, 'Living with difference: Stuart Hall in conversation with Bill Schwarz', *Soundings: A Journal of Politics and Culture*, 37, 2007, p. 155.

2 Mark Wallace, 'Introduction', in Paul Ricoeur: *Figuring the Sacred: Religion, Narrative, Imagination*, Minneapolis, MN: Fortress Press, 1995, p. 11.

3 유럽 및 미국 이론에서의 탈중심화, 탈식민지화의 일환으로 크리올화를 바라보는 관점은 아래 자료를 참고할 것. Shu-mei Shih and Françoise Lionnet, 'Introduction: the creolization of theory', in Françoise Lionnet and Shu-mei Shih (eds), *The Creolization of Theory*, Durham, NC: Duke University Press, 2011, pp. 1-33.

4 Michel-Rolph Trouillot, 'Culture on the edges: creolization in the plantation context', *Plantation Society in the Americas*, 5(1), 1998, p. 8.

5 C. Magbaily Fyle, 'Official and unofficial attitudes and policy towards Krio as the main lingua franca in Sierra Leone', in Richard Farndon and Graham Furniss (eds), *African Languages, Development and the State*, London: Routledge, 1994, pp. 44-54.

6 이 부분은 아래의 중요한 저작을 참고하였다. Gananath Obeyesekere, *Cannibal Talk: The Man-Eating Myth and Human Sacrifice in the South Seas*, Berkeley: University of California Press, 2005.

7 Mary Louise Pratt, *Imperial Eyes: Travel Writing and Transculturation*, London: Routledge, 2008, p. 7.

8 Robin Cohen and Olivia Sheringham, 'The salience of islands in the articulation of creolization and diaspora', *Diaspora: A Journal of Transnational Studies* 17(1), 2008, pp. 6-17 (published in 2013).

9 Ralph Crane, '"Amid the alien corn": British India as human island', in Maeve McCusker and Anthony Soares (eds), *Islanded Identities: Constructions of Postcolonial Cultural Insularity*, Amsterdam: Rodopi, 2011, p. 128.

10 Margaret J. Kartomi, 'The processes and results of musical culture contact: a discussion of terminology and concepts', *Ethnomusicology*, 25(2), 1981, pp. 244-5.

11 Frank A. Salamone, 'Nigerian and Ghanaian popular music: two varieties of creolization', The Journal of Popular Culture, 32 (2), 1998, p. 22.

12 See Hélène Neveu Kringelbach and Jonathan Skinner (eds), *Dancing Cultures: Globalization, Tourism and Identity in the Anthropology of Dance*, Oxford: Berghahn, 2012.

13 포이에르바흐의 말을 너무 곧이곧대로 해석하는 경향이 존재한다는 지적도 있다. Melvin Cherno, 'Feuerbach's "Man is what he eats": a rectification', *Journal of the History of Ideas*, 24(3), 1963, pp. 397-406.

14 Robin Cohen, 'Althusser meets Anancy: structuralism and popular protest in Ken Post's history of Jamaica', *The Sociological Review*, 30(2), 1982, pp. 345-57.

15 Ferdinand de Jong, 'Hybrid heritage', *African Arts*, Winter 2009, pp. 1-5.

16 Cheikh Anta Diop, *The African Origin of Civilization: Myth or Reality*, trans. Mercer Cook, New York: L. Hill, 1974; Martin Bernal, *Black Athena: The Afroasiatic Roots of Classical Civilization*, 3 vols, New Brunswick, NJ: Rutgers University Press (1987, 1991, 2006). 확실한 논거를 들어 디오프와 버낼의 주장을 반박하거나 수정한 사례가 많다는 것을 밝혀 둔다.

17 Aimé Césaire, *Notebook of a Return to My Native Land*, trans. Mireille Rosello and Annie

Pritchard, Newcastle—upon—Tyne: Bloodaxe Books, 1995, pp. 89–90.

18 사적 영역과 공적 영역의 구분은 하버마스의 이론을 참고했다. 우리는 여기에 양가적 영역을 포함시켰다. Jürgen Habermas, 'The public sphere', *New German Critique*, 3, 1974, pp. 49–55.

19 Susanne Wessendorf, *Commonplace Diversity: Social Relations in a Super–Diverse Context*, London: Palgrave Macmillan, 2014.

20 Ben Gidley, 'Landscapes of belonging, portraits of life: researching everyday multiculture in an inner city estate', *Identities: Global Studies in Culture and Power*, 20(4), 2013, p. 367.

21 Steven Vertovec and Robin Cohen, 'Introduction', in Steven Vertovec and Robin Cohen (eds), *Conceiving Cosmopolitanism: Theory, Context And Practice*, Oxford: Oxford University Press, 2002, p. 5.

22   Paul Gilroy, *Postcolonial Melancholia*, New York: Columbia University Press, 2004, p. xv.

23 Elijah Anderson, 'The cosmopolitan canopy', *Annals of the American Academy of Political and Social Science*, 595, 2004, pp. 14–31.

24 Gilroy, *Postcolonial Melancholia*, p. xii.

25 Robin Cohen, 'Social identities, diaspora and creolization', in Kim Knott and Seán McLoughlin (eds), *Diasporas: Concepts, Identities, Intersections*, London: Zed Books, 2010, p. 73. 크리올화 개념을 유럽 여러 지역에 적용하려는 대담한 시도들도 있다. 아래 문헌 참조. Encarnación Gutiérrez Rodríguez and Shirley Anne Tate (eds), *Creolizing Europe: Legacies and Transformations*, Liverpool: Liverpool University Press, 2015.

26 Mimi Sheller, 'Creolization in discourses of global culture', in Sara Ahmed, Claudia Castaneda and Anne—Marie Fortier (eds), *Uprootings/Regroundings: Questions of Home and Migration*, Oxford: Berg Publishers, 2003, p. 284.

27 이 지점을 발전시키도록 좋은 지적을 해 준 토마스 휠란 에릭센에게 감사한다.

28 Hall, 'Living with difference', pp. 148–58.

29 Cited in Raphaël Confiant, Jean Bernabé and Lucien Taylor, 'Créolité bites', *Transition*, 74, 1997, p. 160.

다름과 만나기

2019년 2월 28일 초판 1쇄 발행

지은이 | 로빈 코헨 · 올리비아 셰링엄
옮긴이 | 최영석
펴낸이 | 노경인 · 김주영

펴낸곳 | 도서출판 앨피
출판등록 | 2004년 11월 23일 제2011-000087호
주소 | 우)07275 서울시 영등포구 영등포로 5길 19(양평동 2가, 동아프라임밸리) 1202-1호
전화 | 02-336-2776 팩스 | 0505-115-0525
블로그 | bolg.naver.com/lpbook12
전자우편 | lpbook12@naver.com

ISBN 979-11-87430-59-9 94300